JN101744

人物叢書

新装版

高台院

こうだいいん

福田千鶴

日本歴史学会編集

吉川弘文館

高台院画像（高台寺蔵，本文256頁参照）

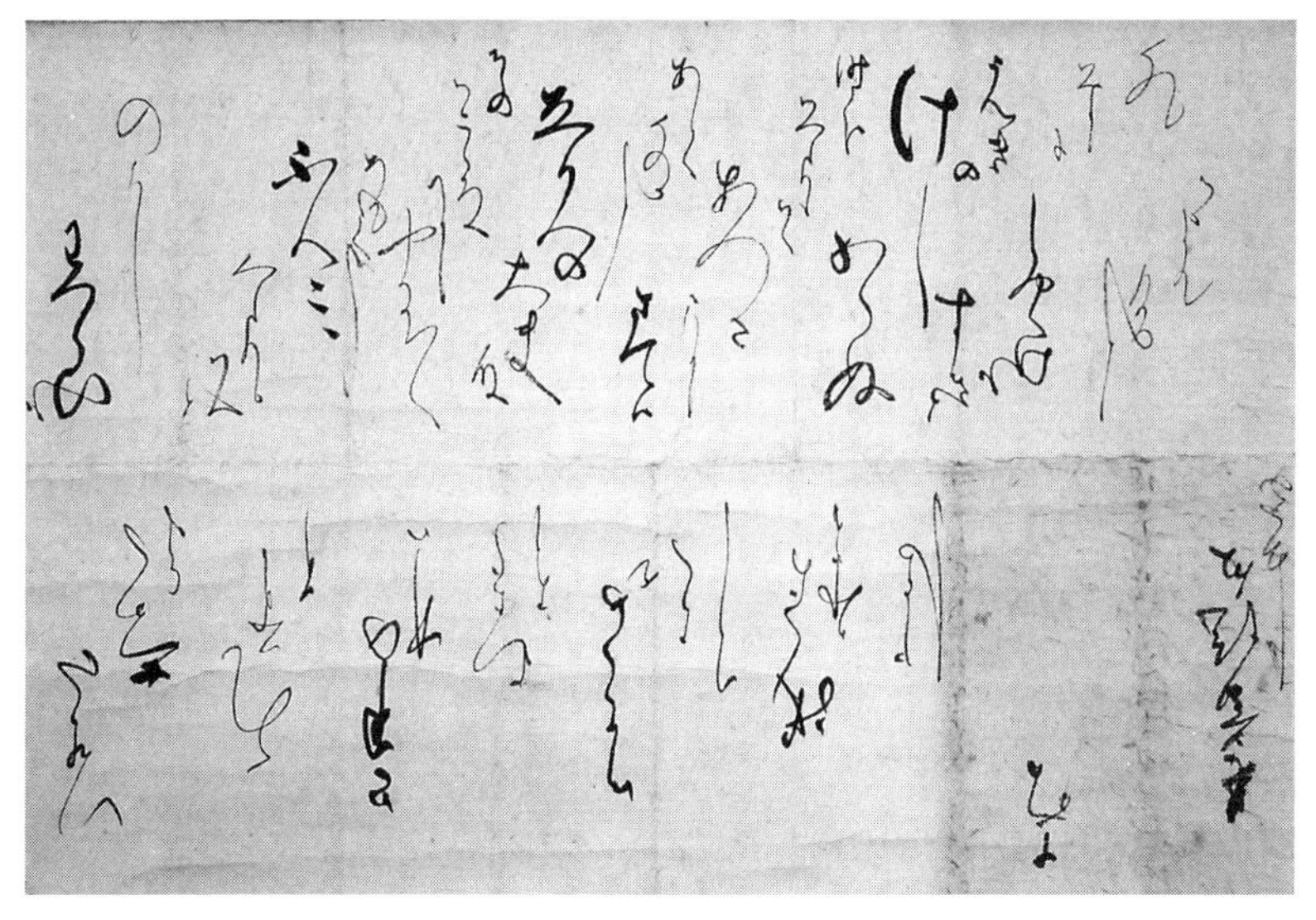

長慶院宛高台院自筆書状（大阪城天守閣蔵，本文 259～260 頁参照）

お申候て
お入候　給へ
はす候　く候
に
しやくけ
も
うんき　すきと
の
けし
時分　からぬ
おくたり候
ハ、
あつさ
あしく　にて候
御入候　さてハ
へく候
ゑもんの
その　大夫
御こころへ　殿
候へく候
やかてく
めてたくかしく
ふんこへ
くたり候
ハん
と
のよし
わつらひ
も

いまた
しかぐ
とも
御入候ハす候に
と用の
中ハ
むよう
にて候
御とゝめ
候て
よく
候へく候
我々方
かやうに
申候よ
し

十五日

長慶院殿
申給へ　称

はしがき

本書の主人公は、戦国の世を終わらせ、天下統一を果たした豊臣秀吉の第一位の妻となった女性である。法号を高台院という。本書では、これを書名とした。法号は死後の諡であることが多く、その人物を代表させる名とするには躊躇される場合もあるが、高台院は朝廷から勅許を得て生前から用いられた号なので、その点での問題はない。とはいえ、彼女の場合は、夫が朝廷における最上位職である関白に就いたことで、その本妻の呼び名「北政所」の号で一般には知られている。北政所といえば、秀吉の本妻のことを指すと思っている方も多いだろう。

しかし、北政所とは平安時代に三位以上の公卿の本妻の呼び名だったもので、時代が下ると宣旨をもって特に摂政・関白の本妻に授けられる称号として用いられた。つまり、日本歴史上に北政所と称えられた女性は複数いた。こうした客観的な史実に照らせば、北政所は彼女に固有の号ではないし、北政所といえば秀吉の本妻のことだけを指すと固定的に考えるのは、誤った歴史認識である。さらに、高台院を北政所の称号で叙述するならば、その夫は実名(じつみょう)の秀吉ではなく、関白、あるいは関白を譲ったあとに称した太閤(たいこう)と表記しなければ、記述の統一がとれないことになる。右のような問題提起の意味もあり、書名には北政所を採用しなかった。この点を最初にご理解いただきたい。

また、高台院の名は、久しく「ねね」として親しまれてきた。その菩提寺である京都高台寺では、今なお「ねね」を用いている。歴史研究者でも、「ねね」を用いて叙述する場合も少なくない。「ねね」の支持者は、根強く広範に存在するといってよい。その「ねね」の名を広く定着させることに貢献したのは、一九八一年に日本放送協会（ＮＨＫ）の大河ドラマ「おんな太閤記」が放映されたことだろう。原作および脚本を橋田寿賀子が担当し、女性の視点から戦国時代を描いた点でも画期的な作品となった。それまで「刺身のつま」のような描かれ方だった「ねね」を、歴史の主人公に押し上げることに成功した（ＮＨＫアーカイブス番組ＮＨＫ放送史　大河ドラマ『おんな太閤記』）。佐久間良子演じる「ねね」は大好評を博し、西田敏行演じる木下藤吉郎(きのしたとうきちろう)秀吉が「ねね」を「おかか〜」と呼ぶことでも話題となり、足軽だった秀吉を天下人にまで出世させた「糟糠(そうこう)の妻」としての「ねね」のイメージがここに確立することになった。

ところが、豊臣秀吉研究で著名な桑田忠親は、彼女の自筆消息に「ね」と署名があり、また秀吉書状の宛名でも「おね」とあることから、「ね」か「おね」が正しいとし、大河ドラマ放映の翌年には、「ねね」の名は「太閤素生記」や「絵本太閤記」の誤伝だと主張した（『豊臣秀吉研究』、『読める年表』四）。以後、次第に「ねね」ではなく、正しくは「おね」とする文献が増えることとなる。それは、田端泰子が二〇〇七年に出版した『ミネルヴァ日本評伝選』の書名を『北政所おね』としたことに象徴される。ただし、高台院自身が「ね」と署名したのならば、「おね」の「お」は尊称の類である。田端は「丁寧語である」と正しく本文で指摘したが、その一方で「その名は「おね」」と明記し、書名にも「おね」を採用したことで、さらに「おね」の名が定着することになった。

しかし、「おね」を実名（正式の名前）とする点には、疑念が残る。詳細は第一章で述べるが、筆者の名前でわかりやすく例えるなら、「千鶴」を「おちづ」と呼ぶようなものである。明治生まれの祖母が、筆者のことをよく「おちづさん」と呼んでいた。女性の名前に「お」を付けて呼ぶ習慣は、昭和の時代まではよくあることだった。では、「おちづ」が実名かと問うてみれば、それは実名ではなく、愛称・略称に過ぎないとわかる。また、「ちい」と呼ばれたり、「ち」と書いたり、書かれたりすることもある。とはいえ、正式の名前はあくまでも「千鶴」であり、「おちづ」や「ちい」「ち」などではない。一般書ならともかく、学術書に愛称・略称を用いることは極力避けるべきと考える。

しかも、江戸時代までは、名前に「お」や「姫」を付けて呼ぶためには相応の地位や格式が必要であり、誰でも「お」や「姫」を付けて呼んでよいわけではなかった。浅井三姉妹は大名の娘なので、生まれた時から「お」や「姫」を付けて呼ばれていただろう。そこで、妹二人を「お初」「お江」と呼ぶのなら、長女も「お茶々」となる。秀吉が「おちゃ〳〵」と書いた書状も残る。ところが、なぜか茶々だけは「茶々」と呼び捨てにされる。また、秀吉の妹が最初から姫付けで呼ばれていたとは思えないが、旭を「旭姫」と呼ぶのなら、茶々も「茶々姫」とすべきだが、そうした表記はなされない。こうした不統一が生じることや、その人物の立場の変化や相手との関係でも敬称の類は常に変化するので、正確な記述とならないことが危惧される。そのため、筆者は学術研究においては、名前に敬称の「お」や「姫」などは付けないという姿勢を貫いている。

　右を踏まえ、「おね」から敬称あるいは接頭語・丁寧語の「お」を取れば、名前は「ね」の一文字となるが、女性の名前が一文字である実例を他にみない。そのため、「ね」は高台院の実名を略したものではないかとの疑念が残るのである。そこで、不確定な要素の多い「ねね」「おね」「ね」などではなく、確実な高台院を書名に採用することにした。

　さて、本書の構成であるが、高台院の人生は大きく次の五期に分けられる。第一は、出生して木下藤吉郎秀吉と結婚するまでの時代。第二は、織田信長の家中として活躍する秀吉が得た近江長浜城で暮らした時代。第三は、関白豊臣家の誕生により「北政所」としての役割を果たした時代。第四は、秀吉の死から五年後に出家して高台院を名乗り、秀吉のもう一人の妻である浅井茶々とともに豊臣家の存続に尽力した時代。第五は、大坂夏の陣後の徳川政権下で、豊国社（とよくにしゃ）と豊臣姓木下氏を存続させることに努め、死去する日まで、である。以下、この構成で彼女の全生涯を叙述していく。

単著としてまとめられた先行研究には、まず中村孝也『秀吉北政所』がある。田端泰子『北政所おね―大坂の事は、ことの葉もなし―』は、中村の研究を踏まえつつ実証的な分析を進めたが、大坂の両陣による豊臣家の滅亡までが叙述の中心である。一方、津田三郎『北政所―秀吉歿後の波瀾の半生―』は、秀吉没後の高台院の動向を豊国社との関係から描いていて貴重だが、その前半生を欠く。小和田哲男『北政所と淀殿―豊臣家を守ろうとした妻たち―』は高台院と「淀殿」（浅井茶々）との関係、河内将芳『大政所と北政所』は「大政所」と「北政所」が秀吉の母と妻の代名詞となった経緯の分析が中心である。よって、高台院を主軸にして、その全生涯にわたって通時的に叙述する人物伝は本書が初めてとなろう。

なお、二〇〇六年に跡部信が高台院と「淀殿」は連携関係にあったと指摘して以降（「高台院と豊臣家」）、二人の対立関係を基軸にして当該期を描く叙述は大きく見直しが進んだ。筆者も二〇〇七年に刊行した『淀殿―われ太閤の妻となりて―』において、跡部の視角ををとる。継承した。本書でも、高台院と浅井茶々は豊臣家の存続のために連携していたとする立場をとる。

以上を踏まえて本題に入ることにしたいが、あらかじめ本書を読む際の留意点を述べておきたい。「北政所」として語り継がれた女性の生涯に取り組むなかで強く感じたことは、思いのほか事実誤認が多いという点である。史料を丹念に読み直すと、高台院の行動と思われていた事象が、実は秀吉母のことだったり、浅井茶々のことであったりと、見直すべき点が多くある。また、豊臣家を支えた侍女たちについても、何の検討もなされぬまま「北政所」付の女中として扱われ、彼女たちを宛所とする秀吉書状の解釈を誤らせてきた。これは、「糟糠の妻」としての「北政所」像が、あまりにも大きな存在として描かれがちであったことに起因するといわざるをえない。こうした点への問題提起も含めて、本書ではいったん「糟糠の妻」のイメージを取り除き、「北政所」像に結び付けられた糸を丁寧に解きほぐし、等身大の高台院を描いてみたい。そのために、多少、微に入りこむところがあるが、歴史の読み解き方として楽しんでいただきたい。

引用史料は読みやすさを考えて読み下し文とし、当用漢字に改め、現代仮名遣いとし、適宜、濁点や句読点を付けた。仮名書きの消息文(しょうそく)は、仮名を漢字に置き換えて引用した(原文通りの引用は、その旨を注記した)。よって、史料の再利用にあたっては、史料集などの原典にあたるようお願いしたい。高台院の書状に関しては、『豊太閤真蹟集』、佐藤暁・工藤智弘編著『北政所消息の研究』、『日出町誌』史料編二、各種図録などに原文の翻刻がある。ただし、写真版などから翻刻文を作成し直し、読み誤りを修正したところがある。また、登場人物の居所と行動については、藤井讓治編『織豊期主要人物居所集成』（第二版）に多くを依拠した。居所に関する史料の出典を確認したい場合には、同書を参照していただければ幸いである。

本書は、ＪＳＰＳ科研費ＪＰ２１Ｋ００８７１の研究成果の一部である。加えて二〇二二年四月から九月まで、東京大学史料編纂所の国内研究員に受け入れていただき、史料調査において多大の便宜をご供与いただいた。本書では、その際に収集した史料を多く活用させていただいたので、この場を借りて御礼を申し上げたい。

二〇二三年五月八日

湖碧　福田千鶴

目次

はしがき
第一　誕生から結婚まで……一
一　高台院の本名……一
二　誕生をめぐる三説……八
三　実家杉原氏とその家族……一三
四　木下秀吉との婚姻と養家浅野氏……二一
第二　近江長浜時代……三三
一　織田信長の教訓状……三三
二　近江長浜での生活……四五

三　本能寺の変……五三
四　山崎城から大坂城へ……五九
第三　北政所の時代……六九
一　関白豊臣秀吉の妻……六九
二　聚楽城と大坂城……八八
三　小田原の陣……一〇四
四　豊臣家の後継者……一一〇
五　秀次事件と秀吉の死……一二五
六　寺社の再興……一四〇
第四　高台院と豊臣家の存亡……一四八
一　京都新城への移徙……一四八
二　関ヶ原合戦……一五五
三　出家の道……一六七

四　豊臣秀頼との交流……一七五
五　大坂冬の陣・夏の陣……一八五
第五　晩年とその死……一九五
一　豊国社の解体……一九五
二　高台院の経済力……二〇〇
三　木下家定と浅野長政の死……二〇八
四　木下家の人々との交流……二一九
五　古き友との再会と別れ……二三五
六　高台院の最期……二四九
おわりに……二五七
杉原家・浅野家・木下家略系図……二六六
豊臣家略系図……二六八
略　年　譜……二六九
参考文献……二八一

口絵

高台院画像
長慶院宛高台院自筆書状

挿図

羽柴秀吉掟書……六
高台院画像……一一
長慶院画像……二〇
豊臣秀吉画像……四二
織田信長朱印状……四二・四三
織田信長朱印状模写（「下郷共済会所蔵文書」）……四二
織田信長朱印状模写（「文書雑集」）……四三
阿弥陀寺宛浅野寧寄進状……七二
秀吉時代の京都……七四

聚楽城概念図……九七
醍醐の花見を楽しむ秀吉と寧……一三八
高台院屋敷配置図……一五六
豊国社臨時祭……一七一
高　台　寺……一七三
高台院宛豊臣秀頼返礼状……一九二
木下家・萩原家略系図……二二〇
孝蔵主・客人宛浅野長政自筆書状……二二三
高台院画像……二五五

挿　表

高台院の領地高……二〇二・二〇三

第一　誕生から結婚まで

一　高台院の本名

近代になって戸籍ができる前の女性の名前（幼名・通称・実名など）は、大名家に生まれた娘でも不明な場合が多い。これは驚くべきことなのだが、実際の生活の場では名前を必要とする場面がほとんどないためであり、大名家の娘であれば、生まれてから死ぬまで「姫」と呼べば事が足りた。「姫」は若い娘に限らない。老齢の女性であろうと、「姫」は死ぬまで「姫」であった。摂関家や将軍家出身の娘であれば、「姫君」になる。また、婚姻して妻になれば、夫や婚家の格式に応じて「御台所」「御簾中」「御前」「奥方」「御上」などの妻の尊称で呼ばれた。「北政所」も、これに相当する。つまり、女性の場合は、その置かれた立場や相手との関係——娘なのか、妻なのか、母なのか、隠居なのか——によって呼び名が変化するが、これらの呼称を用いれば名前をわざわざ用いる必要がなかった。それゆえに、記録に名前が残されることが少なかったのである。

杉原氏から浅野氏へ

女性の名前が不明の場合に、歴史研究では実家や婚家の氏名を用いる方法を採用する。高台院の場合は「杉原氏」としたものが多いが、これは生家の氏名である。また、高台院は伯母の養女に迎えられ、木下（羽柴・豊臣）秀吉と婚礼を挙げることになった。この養家の氏名は、「浅野氏」である。よって、高台院は氏名を「杉原氏」から「浅野氏」に変えており、筆者はこれまで「浅野氏」を用いてきた。たとえば、高台院の甥の小早川秀秋は、生家の「杉原氏」や秀吉の養子としての「羽柴氏」ではなく、最終的な養子先の「小早川氏」を用いることが定着している。これに鑑みれば、高台院の場合も養家の「浅野氏」が適切だとする考えにも妥当性があろう。ただし、高台院の死後は、その手元で育てられ、養子となった利次が、旗本木下家を立てた。これが高台院の名跡立てである点を考慮すれば、高台院の氏名は「木下氏」を採るべきなのかもしれない。

「ねね」説

次に、高台院の実名に関しては、古くは「ねね（祢々）」として親しまれ、近年では「おね」が定着しているが、「ねい（寧・祢居）」とする説もある。

古典的研究では、渡辺世祐『豊太閤の私的生活』（最終稿である一九八〇年刊文庫本を利用）が「北政所」の章を設け、次のように解説した。

> このお禰丶を浅野考譜にはおや丶と誤って書いてあるが、高台寺文書には吉子と書いてある。しかし、木下家譜・寛政重修譜その他の文書には寧子と書いてあるか

ら、幼名はお禰禰であるが、一時吉子と改めたが、普通にはやはり、お禰あるいは寧子と読んだのであろうと思う。

右のように、「お禰禰」は幼名とし、実名は「吉子」に一時改めたが、普通の呼び名（通称）は「お禰」や「寧子」が用いられていたとの見解を示した。これに続く中村孝也『秀吉北政所』では、名前の検討はなく、「おね丶」「於禰々」「於寧々」などを用いており、統一されていない。

「ね」「おね」説

そのなか、桑田忠親は一歩踏み込んで、次のように説明した（『豊臣秀吉研究』）。

> このおねのことを、俗に「おね丶」といっているが、これは『絵本太閤記』の誤記である。北政所の自筆の消息には、みな、「ね」と署名している。そして、秀吉の自筆消息の宛名には、「おね」としている。「ね」か「おね」が、正しい。『木下家譜』や『寛政重修諸家譜』には、「寧子」と書いている。ただ、『高台院文書』には、吉子としてある。

つまり、高台院の自筆書状に「ね」と署名があり、秀吉の書状の宛名にも「おね」とあることを根拠に、「ね」か「おね」が正しいとした。

これに対し、日本の女性の名前を博捜して分析した角田文衛は、「当代の女性は、消息に名の一文字を自署する場合が多かった」と指摘し、二代将軍徳川秀忠の本妻となる

「ね」は「ねゝ」の略称

浅井江（あざいごう）が「五（ご）」、細川忠興（ほそかわただおき）の本妻の明智玉（あけちたま）（洗礼名はガラシャ）が「た」と署名した例をあげつつ、次のように桑田説に修正を求めた（『日本の女性名』）。

文禄二年（一五九三）三月ごろ、正妻（せいさい）に宛てた秀吉の自筆消息には、「ねもじ」とみえるが、これは「ねゝ」に対する略称であって、彼女の名が「ね」であったことを証指してはいない。また、「おねへ」という宛名は、愛称である。これらを採り上げて、秀吉の正妻は、「ね」または「おね」という名であったなどと帰結するのは、失当と認められるのである。（中略）ねとかおねといった女性名は、室町時代にも桃山時代にも全く検出されない。それゆえ、秀吉の正妻の名は、従来言われているとおり、ねゝ（禰々）であったと認むべきである。

要するに、「ね」は「ねゝ」の略称、「おね」は愛称（筆写補――「へ」は宛所（あてどころ））として退け、「ねゝ」が正しいとした。筆者の経験からも、当時の女性が名を略して一字のみを署名し、あるいは「ねもじ」「ともじ」「ごもじ」などと、名の一字に「もじ」を付けて略称する慣習があることは首肯（しゅこう）できるので、「ね」「おね」を略称・愛称とする角田説には大いに賛同するものである。

ただし、角田は「ねゝ」であるとする根拠を示しておらず、また諱（いみな）に関しては、「初め寧子（やす）、のちの叙位（じょい）に際しては吉子と改めたのであろう」と桑田説を追認したが、「寧子」を「やすこ」と読むべき理由も示していない点で課題を残した。

「ねい」説

その後、足守木下家文書が発見され、その整理にあたった人見彰彦は、系図に「ねい」とあることを紹介した（「北政所（高台院）と木下家の人々」）。たとえば、高台院の母方（実母）の木下氏（杉原氏から改称）の系譜『平姓杉原氏御系図附言』には「於祢居」、養家浅野氏の系譜『寛政重修諸家譜』には「寧子」とある。「於」「子」は丁寧語・美称なので、名は「ねい」であり、「祢居」や「寧」の漢字が宛てられたのである。また、人見は、「ねへ」と呼ばれた可能性をも指摘した。『日本国語大辞典』第二版（小学館）によれば、「“ねい”は本来 nei の二重母音にあたるが、普通の発音では“ね”の長音をこれにあてる地方が多い」とある。つまり、「ねい」と書いて「ねへ（え）」と発音する。実際に、秀吉の自筆書状にも「じんざいもん」「よざいもん」と書いたものがあり、これは「甚左衛門」「与左衛門」のことだから、現用表記では「じんざえもん」「よざえもん」となる。秀吉の時代に、文字表記の「い」を「え（へ）」と発音した実例といえよう。

「ね丶」説の再評価

これらに対し、堀新は「北政所の実名」という短文を二〇一六年に発表し、天正十三年（一五八五）十一月二十一日付「掟」（名古屋市秀吉清正記念館蔵、次頁写真参照）の第三条に秀吉が自筆で「お祢丶」と記していることを根拠に、高台院の実名は「ね丶」であると主張した。かつ、「ねい」説については、系図に「ねい」が複数ある重みはあると認めつ

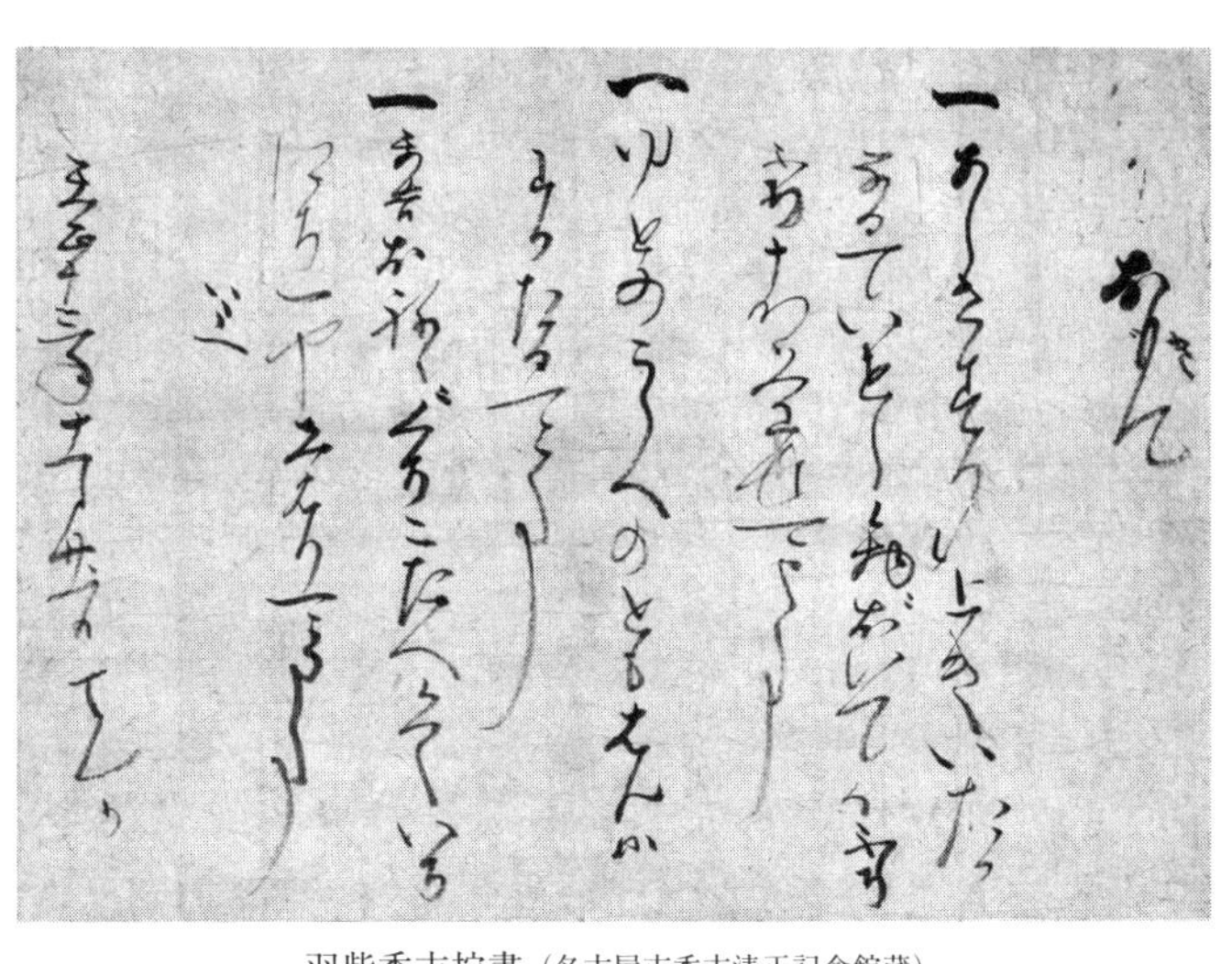

羽柴秀吉掟書（名古屋市秀吉清正記念館蔵）

つも、いずれも「二次史料による推論」として、「ねい」説に否定的な見解を示した。

以上のように、高台院の実名に関しては決定打を欠くが、どれほど多く一次史料に「ね」や「おね」と出てこようとも、古文書学的見地を踏まえれば、それは実名を略記した略称に過ぎない。よって、名前が「ね」や「おね」ではないことだけは確かといえよう。これを前提として、筆者の見解を述べておきたい。

冒頭で述べたように、前近代の女性の名前を確定することは難しい。しかも、それを一次史料のみで証明せよ、といわれれば、たとえば角田が紹介した浅井江、明智玉ですら、一次史料で「江」「玉」

であることを証明できず、ほとんどの女性は「某」と表記せざるをえなくなる。確かに「ねい」とするのは後年に編纂された二次史料ではあるが、これだけ共通して系図などに「ねい」と出てくる点は、やはり重視されるべきであろう。高台院の実家や養家では、高台院の実名を「ねい」だと公認していたのである。

公認名は「ねい」

一方、堀が根拠とした「掟」は確かに一次史料だが、「おきて」を「おもて」と書き誤るなど、正式な公文書とはいいがたく、秀吉の走り書きのような印象を得る。私的な文書には愛称が用いられることもあるから、秀吉が「お祢ゝ」と書いたとしても、それが愛称ではないとはいい切れず、実名だという決定的証拠にはなりえていない。ただし、「清須翁物語」（後述二六頁参照）や「太閤素生記」（後述二八頁参照）といった尾張出身者の聞書に共通して「ねゝ」と出てくる点は、桑田のように誤記だと切り捨てるのではなく、「ねゝ」の愛称（もしくは幼名）が当時から広く浸透していたと再評価すべきだろう。

「ねゝ」は愛称・幼名

以上のように、高台院の名前の表記や音読みはさまざまにあったと考えられる。よって、本書では高台院を名乗る前の名前としては、高台院の実家や養家が公認した名が「ねい」であること、かつ漢字表記の簡潔性という理由により、「寧」と表記することにしたい。

二　誕生をめぐる三説

寧の生年には、①天文十一年（一五四二）説、②天文十七年説、③天文十八年説の三説がある。

天文十七年説

まず、研究史の流れから、②天文十七年説を検証する。これを主張するのは、桑田忠親である。桑田は、秀吉の生年を天文六年とするので、「十一ちがいの夫婦である」とした（『豊臣秀吉研究』）。辞典などでも②説を採るものが多く、通説化しているが、史料的根拠は不明である。『姫路城史』の著者橋本政次は、出典を「足守家譜」および渡辺世祐『豊太閤と其家族』としたが、足守木下家の「木下家譜」には出生年の記述はなく、生年を記す「足守家譜」の所在は不明である。人見彰彦も②説を採り、木下家「系図」や『平姓杉原氏御系図附言』に言及はあるものの、これらの史料に生年の記事はなく、やはり根拠は不明である（「足守木下家文書調査」）。よって、②説の根拠は渡辺世祐『豊太閤と其家族』のようだが、同書では寧の生年を「天文十七年」とする一方で、享年は「七十六」とし、これを没年の寛永元年（一六二四）から逆算すると天文十八年生まれとなる（享年は数え年なので、一年減らした「七十五」で計算する）。つまり、渡辺書には②説と③説が混在しており、②天文十七年説は、享年から生年を逆算する際に「七十六」のままで計算したことによる誤認と推察される。

天文十一年説

次に、①天文十一年説を採るのは、中村孝也『秀吉北政所』と田端泰子『北政所おね』である。これは寧の養家の浅野氏の譜（『寛政重修諸家譜』）に、享年八十三とあることによる。ちなみに、同史料には「寛永の木下系図に七十六に作る。今姑新呈の譜にしたがふ」との割注があり、「寛永の木下系図」（『寛永諸家系図伝』）の享年とは異なるとの指摘がある。つまり、近世後期の寛政期（一七八九〜一八〇一）になって①説が現れたことになるが、浅野氏はこの後に同家の編年記録「済美録」を編纂する際には、①説を否定するに至る（後述二四頁参照）。

右に対し小和田哲男は、『義演准后日記』に木下家定を寧の「舎兄」とあり、その家定が天文十二年生まれであれば、①天文十一年説には従えないとし、②天文十七年説は「史料的根拠が何なのか問題はある」としながらも、②説を支持した（『北政所と淀殿』）。とはいえ、史料的根拠が不明であれば、より信頼性のある史料に基づいて論証していくのが歴史学の手続きだろう。

天文十八年説

③天文十八年説の史料的根拠は、『寛永諸家系図伝』の木下氏の譜である。これは、寧の実父杉原助左衛門尉道松から始まり、寧の兄家定の系列である足守木下家を中心

に、寧の甥延俊（家定三男）から始まる日出木下家、寧の養子となり旗本木下家を立てる利次（家定次男利房の次男）までを載せる。その寧の該当記事を示すと、次のようにある。

女子

政所　従一位

秀吉の正妃となり、従一位に叙し、高台院と号ず。大権現（徳川家康）、河内国にをひて一万六千石をたまふ。寛永元年九月六日に薨す。七十六歳。法名湖月。

享年を七十六としており、これを逆算すると天文十八年生まれとなる。『寛永諸家系図伝』は、寛永十八年から編纂を開始し、同二十年に完成して三代将軍徳川家光に献呈された。寧の没年から約十九年後のことになり、寧の実家に伝わる享年として信憑性が高い。右を根拠に、『国史大辞典』（今井林太郎執筆）は③説を採用した。

加えて、従来の研究では注目されていなかったが、旗本木下家に伝来する「高台院画像」（名古屋市秀吉清正記念館蔵）の賛に着目したい。旗本木下家とは、寧が兄家定の孫利次を養子に迎え、寧の死後にその旧領高から三〇〇〇石を得て旗本に取り立てられた家系を指す。利次は南禅寺僧録司であった笠隠崇五（南禅寺第二七八世）に依頼し、寛文六年（一六六六）五月六日付で画像の賛を作ってもらった。画像上部には「高台院殿肖像」「寛文丙午仲夏初六日」「前南禅見僧録司笠隠叟崇五」とある。賛部と画像部分に継ぎなどはな

享年七十六

く、同じ画面上に賛が記されている。

何より注目すべきは、寧の享年を「禅尼春穐（秋）七十有六」、つまり七十六と記した点である。これは寧の没後、約四十年の作になる。かつ、寧に幼少から育てられ、その菩提を弔うべき人物が、養母の供養のために作らせた画賛の享年を誤記させることも考えにくい。不明であれば、あえて書かないか、「七十有余」などと記すのが作法だろう。

なお、右の三説のほかでは、秀吉に関する聞書「清須翁物語」には、「太閤北政所、天文六年乙酉（きのととり）八月十五日に尾州春日井郡朝日村にて誕生、歳八十二、元和四年戊午（つちのえうま）

高台院画像（名古屋市秀吉清正記念館蔵）
賛の８行目に「禅尼春穐七十有六」とある

年（ママ）京都にて病死、死去の月日知れず、北政所生れ年ゟ今年百六年なり」とある。寧の没年は寛永元年であり、元和（げんな）四年（一六一八）ではない。また天文六年は丁酉（ひのととり）であり、乙酉ではないし、天文に乙酉は存在しない。それゆえ、天文六年誕生・享年八十二説の成立する余地はない。

天文十八年生まれ

以上をまとめると、①天文十一年説は、近世後期の『寛政重修諸家譜』のみにあり、史料的根拠が弱い。②天文十七年説は、史料的根拠が不明、かつ計算間違いの可能性が高い。そこで、寧の没後から約十九年後に作られ、ほぼ同時代史料とみなされる『寛永諸家系図伝』（足守木下氏および日出木下氏の譜）の信頼性が高い点、および没後から二番目に近い寛文六年に旗本木下家で作成させた「高台院画像」（前頁掲載写真参照）の賛でも、同じ享年七十六が確認できる点により、本書では③天文十八年説を採用する（より詳しくは、拙論「高台院（浅野寧）に関する素描五点」を参照のこと）。

秀吉とは十三歳差

なお、秀吉は没する前年の慶長（けいちょう）二年（一五九七）三月一日付で、「御歳丙申（おんとしひのえさる）」（天文五年）と記した釣燈籠（つりどうろう）を京都北野社（きたのしゃ）に奉納した。これを根拠に、本書では秀吉は天文五年誕生説を採り、これに基づけば天分十八年生まれの寧とは十三歳差となる。よって、一回り以上も年の離れた夫婦となり、「糟糠の妻」のイメージはますます見直しが必要となった。以下、これを前提に、その生涯を追っていく。

三　実家杉原氏とその家族

実家杉原氏

寧の実家は、杉原氏という。『寛永諸家系図伝』によれば、その先祖は桓武天皇六代の伊勢貞盛に始まり、その曽孫の左衛門尉貞衡から八代の孫光平が初めて杉原を名乗り、光平から十代の孫時盛の時に断絶したとする。宝暦元年（一七五一）に編纂された『平姓杉原氏御系図附言』では、光平から十一代の孫に隆泰を置き、その子が彦七郎正重であり、正重に実子がなかったため、七郎兵衛門尉家利の長男七郎左衛門尉家次を養子として家督を継がせたと伝承する。ただし、近世後期に編纂された『寛政重修諸家譜』では右の確証が得られないとし、杉原氏の初代は寧の祖父家利からとされた。

杉原家利

尾張には、家利の祖父の代に移住したとする。家利の履歴はまったく不明だが、男一人・女二人の三人の子が生まれた（『寛永諸家系図伝』）。なお、『寛政重修諸家譜』では男二人・女二人の四人とし、次男源七郎某を置くが、詳細は不明である。長男家次は、嫡流の杉原正重の養子となったため、次女に婿養子を迎えて家利の家督を継がせた。これが、

杉原定利

寧の実父にあたる杉原助左衛門尉定利入道道松である。ただし、その出自はよくわかっていない。杉原氏の庶流とされるが、一説には林氏だったという説もある。

入道道松

定利は「入道道松」とあるように、早くに出家したようだが、その姿はまったく表舞台に出てこない。寧の菩提寺となる高台寺の過去帳によれば、没年を文禄二年（一五九三）二月六日、法号を隆勝寺貞庵道松とする。享年不詳。一方、名古屋市の永安寺は、泰崇山と号する曹洞宗の寺院で、道松の法号を「永安寺」とし、位牌が置かれていたという（『木下家系図附言纂』）。

実母朝日

寧の実母は杉原家利の次女（一説には長女）で、兄家次が杉原氏の嫡流を継いだため、定利を婿養子に迎えた。本人の名前（通称・実名）は伝わらない。後年になり、出身地にちなむ「朝日」の名で呼ばれた。以下、朝日とする。慶長三年（一五九八）八月十一日に没した。法号は、康徳寺松屋妙貞（「高台寺過去帳」）。享年不詳。

朝日は秀吉が「卑賤」の出身であることを嫌い、寧との結婚に猛反対したため、寧は伯母の「七曲」（朝日の姉）と浅野長勝夫妻の養女となって秀吉に嫁いだのだという。その後も朝日と秀吉はお互いを嫌い、秀吉も常に「我等が舅姑は浅野長勝夫婦なり」と語っていたと伝わる（『平姓杉原氏御系図附言』）。

秀吉と朝日の関係改善

しかし、発端はどうあれ、最終的に両者の関係は改善した。たとえば、文禄三年正月二十九日に関白豊臣秀次（秀吉の甥）が、大坂城にいる秀吉に年賀に出向いた。その際に、七曲・朝日・「播磨御内」の三人も進物を受けた（『駒井日記』）。七曲は寧の伯母兼養母、朝日は寧の実母、「播磨御内」は秀吉母の妹（小出秀政の妻）で、いずれも豊臣家の女性親族である。朝日が秀吉の出自の低さを嫌い、その人格を最後まで認めなかったならば、大坂城内で秀吉の親族とともに秀次から進物を受けるはずがない。天下を統一して戦乱の世を治め、関白の地位にまで上り詰める大出世を遂げた秀吉に対して、内心はどうあれ、朝日は相応の態度で接していたと考えるのが適切だろう。また、文禄四年四月に豊臣秀保（秀吉の甥）が早世した際に、その葬儀で秀保母の智に付き添った「女房衆」は、朝日・七曲・「播磨殿内」・「紀伊守御袋」であった。「紀伊守御袋」は、秀吉の従弟青木秀以（一矩・重吉・重治）の母、つまり叔母である。寧・秀吉夫妻からみて実母・養母・叔母といった母親世代の女性たちが、「女房衆」という親族集団を形成し、豊臣家を支えていた。

奥向の役女

江戸千駄ヶ谷聖輪寺の住持増誉（～一七〇七）が著した『明良洪範』には、「朝日局は婦人に稀なる才子故、後に秀吉公奥向の役女として取しまりをさせ給ふ」とあり、朝日は豊臣家奥向（女性を中心とした家政組織）の取締りを担う役にあったとする。

大判金の分配

秀吉と朝日の関係改善が早かったことを窺わせる逸話もある。明智光秀討伐後に織田信長の財産を奪い返した秀吉は、親族たちが「大判を見たことがないだろう」といって、大判金を分配した。その子細は、まず実母に二〇〇枚、続いて朝日に二〇枚とある。これは「太閤のしうとめ（姑）」と説明され、金額は実母の十分の一だが、義母として親族の二

「清須翁物語」

番目に名があった。続いて、木下家定（寧の兄）に二〇〇枚、浅野長勝後家（七曲）に五〇枚、木下秀長（秀吉の弟）に五〇〇枚、甥の秀次・秀勝・秀保に二〇〇枚ずつ、宇喜多秀家に五〇〇枚、「京」（寧の姉）に二〇〇枚、福島市松（正則）・加藤虎松（清正）に二〇〇枚ずつ、三位法印（三好吉房）の内儀（秀吉姉の智）に三〇〇枚、青木秀以（秀吉の従弟）に五〇枚、杉原家次（寧の伯父）に一〇〇枚を配った。出典の「清須翁物語」は別名「朝日物語」「祖父物語」ともいい、尾張清須朝日村の柿屋喜左衛門が祖父の見聞談を書き留めた聞書で、名古屋市蓬左文庫所蔵「清須翁物語」には「寛永十九年（一六四二）壬午霜月吉」の奥書がある。金額などの正否はともかく、杉原氏と同じ朝日村出身の柿屋が秀吉や寧の家族たちの様子を伝聞する機会は多かったと思料されるし、少なくとも朝日と秀吉が絶縁関係にあるとは聞き及んでいなかったことになろう。

伯父杉原家次

寧の伯父にあたる杉原家次は、享禄四年（一五三一）に生まれ、初め弥七郎を称し、天正九年（一五八一）頃より七郎左衛門尉を通称とした。杉原氏嫡流の杉原正重の養子となった。「清須翁物語」によれば、家次は清須で連雀商人（荷を背負って運搬する行商人）をしており、初め秀吉は家次を主人のように敬っていたが、信長から知行七〇〇〇石を得ると、家次を七〇〇石で召し出したと伝える。『寛永諸家系図伝』では、元亀元年（一五七〇）より秀吉の家老として仕えたとするが、知行宛行状などは確認できない。天正二年に長男長房が近江浅井郡小谷に生まれており、天正元年に秀吉が小谷城主になったことに連動して、家次の家族も小谷城下に移住したらしい。よって、この頃までに秀吉に臣従したのだろう。

「竹生島奉加帳」

同時代史料での家次の初出は、「竹生島奉加帳」(竹生島宝厳寺蔵)である。天正四年五月に家次が三貫文、妻の「御内方」が一貫文、「杉原小六郎」が五〇〇文、「杉原御満丸」が五〇〇文、「同一郎」が二〇疋を奉加した。この時、家次長男の長房はまだ数えの三歳であり、通称は弥兵次なので、右の誰なのかは判断材料に欠ける。

安土城天守普請

天正五年六月に秀吉は信長より安土城天守普請の動員を掛けられ、家臣一四人を三班に分けて当たらせた(『豊臣秀吉文書集』一三八)。筆頭は伊東長久の七五人で、杉原家次は二五人で二番目に人数が多かった。秀吉の親族では、浅野長政(義弟)が一一人、小出秀政(秀吉の叔父)が一〇人だった。天正八年に秀吉が播磨三木城の別所氏を攻略すると、家次は三木城に置かれた。天正十年六月二日の本能寺の変後に、秀吉が長浜城を出て、山崎天王山城を新たに普請した際には、奉行を担当した。天正十年八月七日より翌十一年八月頃までは、京都の奉行となった。天正十一年八月一日に秀吉より近江に所領を与えられ、坂本に在城した。その後、大坂城普請に参加し、時期は不明ながら丹波福知山へ移り、天正十二年九月九日に五十四歳で没した。法名浄庵。秀吉を支えた親族かつ重臣の突然の死だった（『寛永諸家系図伝』）。

杉原長房

家次の没後、嫡子長房は浅野長政の養子となったが、すぐに独立し、天正十四年に十三歳で秀吉に仕え、摂津西代尻池を与えられ、十六歳で従五位下・伯耆守に叙任された。文禄二年閏九月に、知行一〇〇〇石を与えられた（『駒井日記』）。翌三年に豊後杵築城主となって豊臣蔵入地を管理し、慶長二年に但馬豊岡城主二万石に移され、播磨三木城の城代も務めた。慶長十五年に妻子を江戸に移し、翌年には常陸新治郡小栗庄五〇〇〇石を与えられ、豊岡も同様に拝領した。大坂の陣では徳川秀忠付の年寄酒井忠世組に属し、寛永六年（一六二九）二月四日江戸に没した。享年五十六。法名道無（『寛永諸家系図伝』ほか）。

義姉雲照院

家次には娘が三人いた。長女は真崎兵庫の妻、次女は木下家定（寧の兄）の妻、三女は伊東与一郎の妻となった（『平姓杉原氏御系図附言』）。次女の雲照院は、家定とはいとこ婚だった。京都高台寺開山堂内には、家定と雲照院夫妻の木像が安置される。大分県速水郡日出町の康徳山松屋寺には、雲照院の肖像画が伝来する。雲照院は、寛永五年九月十八日に没した。法号は、雲照院齢嶽永寿。享年不詳（『九州に残った豊臣氏』）。

兄木下家定

家定は、天文十二年（一五四三）に生まれた。寧とは六歳違いの兄であり、秀吉よりは七歳若い。系図などでは「若年より秀吉に仕えた」とするが、初期のことはよくわからない。通称は孫兵衛。天正十年に秀吉が明智光秀討伐に向かう際に城代として姫路城に残され、同十一年に秀吉が大坂城に移ると同城の留守居となり、同十三年閏八月に羽柴秀長が大和郡山に移された後に姫路城に入ったとするが（橋本秀次『姫路城史』）、一次的な記録での確認はとれない。天正十五年九月二十四日付秀吉朱印状では、播磨国内で黒田惣吉直之・毛利壱岐守吉成・戸田民部少輔勝隆の知行を引き継ぐ形で一万一三四二石を得た（『豊臣秀吉文書集』二三二二）。宛名は「木下孫兵衛」であり、すでに杉原から木下に改めている。天正十九年九月二十五日付で従五位下・肥後守に叙任され（『豊臣期武家口宣案集』）、文禄四年八月十七日には、播磨加西・印南・揖東・神東・加東・加古・飾東郡で一万三六六〇石を加増され、都合二万五〇〇〇石（うち、五〇〇〇石無役）となった（『豊臣秀吉文書集』五二九一）。宛名は「木下肥後守」である。関ヶ原合戦後は備中足守二万五〇〇〇石に移され、寧付として側に近侍した。慶長六年正月十二日夜に家定の屋敷が火災にあっており、京都に屋敷があったことが確認できる（『北野社家日記』）。慶長九年七月二日に二位法印に任じられ、同十三年八月二十六日に没した。享年六十六。法名は常光院茂叔浄英。建仁寺塔頭常光院に葬られた。

実姉長慶院

寧の姉は、医者の三雪全友に嫁ぎ、京都に居住した。名を「くま」とする文献が多いが、「清須翁物語」では名を「京」とする。出家して長慶院と号した。臨済宗の京都妙心寺内には、長慶院が開基となって慶長五年に創立した菩提所の長慶院がある。妙心寺聖沢派八祖中の一人、東漸宗震を開祖とした。三雪は、東漸の「俗弟」(在家)だったという。慶長三年六月十二日に没した。法号は、杏林院三折(雪)全友。『増補妙心寺史』では、寧が東山に高台寺を建立した際に東漸を招いたが、「師は夫人の尊大自ら矯るの風あるを厭ひ、数々請すと雖ども之に趣かず、北政所の姉なる夫人は法山に長慶院を営むや師は喜び迎えられて之が開祖となつた」と説明する(ただし、史料出典は不明)。長慶院に伝来する「長慶院画像」は、細面の瘦せぎすな顔立ちで、ふくよかな寧とは対

長慶院画像(妙心寺長慶院蔵)

照的である。寛永二年正月二十三日に没した。法号は長慶院寮（松）岳壽保。享年不詳。

四　木下秀吉との婚姻と養家浅野氏

寧の幼少期に関してはほとんど伝わらないが、『森家先代実録』に次の記事がある

一、太閤御台政所高台院殿は尾州浅井庄浅野与七郎娘、幼名ヲ禰井と云、養雲院殿筆子にて、太閤木下藤吉郎たる時、御台御縁組の節、藤吉唯人にてなければ遣わされ候へと、因幡守、与七郎へ差図これあり、又信長公へも木下殿を執成を成さる、

（『岡山県史』に翻刻があるが、写真版により一部文字を修正した）。

養雲院の「筆子」

寧（「太閤御台政所」「禰井」）は養雲院の「筆子」であった。つまり、養雲院は寧の手習い師匠であり、その夫「因幡守」が、非凡な秀吉との縁組を寧の父に指図し、織田信長にも秀吉のことを取り成したのだという。なお、「浅野与七郎」は浅野長右衛門の誤認だろう。

名古屋敦順

因幡守は、名古屋敦順といい、また高久と伝わる。尾張に生まれた。父が織田信秀の妻の兄弟なので、信長は従弟だった。「織田家譜」（羽前天童本）では、信秀の弟信次の孫娘を「那古屋因幡守敦順室」とするので、夫婦ともに織田氏の一族であった。敦順は、

名古屋山三郎

初め信長に仕えたが、不足に思うことがあり、天正年間（一五七三〜一五九二）に伊勢安濃津城主の織田信包（信長の弟）のもとで浪人分として合力一〇〇〇石を得ていた。秀吉は文禄三年（一五九四）九月に信包を改易したが、敦順には伊勢内の居住を許したので、そのまま伊勢で過ごし、同地に病死した（享年不詳）。六人の子がおり、長女は金森可重（飛驒高山城主）の妻、長男千丸は十九歳で早世、次男は美男子として名の通った名古屋山三郎である。四女が森忠政の妻の岩であり、その関係から「名古屋因幡守」に関する事績が『森家先代実録』に記された。五女は小沢彦八郎の妻、六女は各務藤兵衛の妻であった。

　秀吉は敦順が信長に取り成してくれた恩義に報いるため、妻の養雲院に後家料として摂津国内の尾坂田（伊丹市小阪田）に知行を与えて生活を保障した。そのお陰で、養雲院は晩年を京都四条の屋敷で自由に暮らした。ここは、出家した寧が晩年を過ごした三本木からも近い。没年は伝わらないが、養雲院の守役であった谷前茂助と浅井五郎右衛門の二人が、養雲院の死後に森忠政に召し出された。忠政は寛永十一年（一六三四）七月七日没なので、養雲院はそれ以前に没したことになる。このように、『森家先代実録』では、寧と秀吉の婚姻に尽力したのは、名古屋敦順であったとする。

浅野家の伝承

　一方、寧が養女となる浅野家は、江戸時代には安芸広島藩主となり、幕末まで同地を支配した。その八代藩主浅野斉賢は、寛政十二年（一八〇〇）に「御記録編纂御系譜編修係」

三人を置いて歴代藩主の系譜を作ることに着手し、「済美録（せいびろく）」を編纂させた。そのなかで、寧と秀吉の婚姻については、主に次の三説を伝える。

永禄八年婚姻説

その一は、「武家筆記」「旧記傳語（でんご）」などに基づく説である。永禄（えいろく）八年（一五六五）八月三日に、浅野長季・柴田勝家・大橋重賢の三人が長勝の娘を秀吉と婚礼させる段取りを整え、長季の居宅にて河野善左衛門と高間小左衛門が取り持ちとなり、織田信長からは恒川（つねかわ）久蔵を使者として黄金一〇両、および腰刀の祝儀が贈られた。事前に長勝が「長生院（ちょうせいいん）」（長勝の先妻の子、浅野長政の妻）に婚礼の相談をすると、「藤吉郎」に私の「妹」（正しくは姉）を遣わすのは「是非もなし」と落涙したので、「殿（信長）の思し召し」がよいので末々は長勝が秀吉の門に馬を繋ぐことになるだろう、となだめたのだという。この時、秀吉三十歳、寧は十四歳だったとする。

要するに、二人の婚姻は柴田勝家らが仕組み、織田信長も認めるものであり、義妹の「長生院」が秀吉との婚姻を悲しんだものの、養父長勝は秀吉の将来を期待して婚礼を進めたということになる。右の登場人物のうち、婚礼場所を提供した浅野長季は、後述の史料では長勝の兄または父とする。柴田勝家は、信長の宿老の一人、恒川久蔵は津島出身で、永禄元年に信長から三〇貫の地を宛行（あてが）われた織田家中である（谷口克広『織田信長家臣人名辞典』）。大橋重賢の先祖は、南北朝期以来、津島に勢力を伸ばした国人領主であ

津島の地縁

り、重賢の父重定の時に織田氏に降った（津島市教育委員会編『大橋家史料目録』）。河野と高間は不詳。後述（二八〜二九頁参照）するように、長勝は津島の「有徳人」だったので、津島という地縁のなかで婚儀が執り行われた様子が窺える。

この説に関して「済美録」の編者は、寧が十四歳というのは信じがたいとし、寧は天文十八年（一五四九）生まれで、寛永元年の享年は七十六なので、この時は十七歳だと疑義を呈した。ちなみに、永禄八年に寧が十四歳なら、天文十一年生まれとなる。『寛政重修諸家譜』で享年を八十六としたのは、この説を採った可能性が高いが、「済美録」編纂の段階ではこれを誤りとみなし、寧の生年は天文十八年説を採るようになった経緯が明らかとなる。

その二は、「木下氏系図」に出典を求め、永禄八年三月三日に信長が前田利長に命じて、秀吉と寧の婚姻を実現させたとする。「済美録」の編者は、これは利長ではなく利家だと修正したが、その正否については言及するところがない。

永禄四年婚姻説

その三は、正徳二年（一七一二）成立の「浅野考譜」を出典とし、永禄四年八月三日に前田利家が媒酌をし、長勝の兄浅野長季の家に宅を構え、秀吉を置いて婚礼を整えたとする。婚礼には、河野善左衛門の妻と高間小左衛門の妻が陪侍した。信長はこれを聞き、恒川久蔵を使者として長勝に腰刀を送り、長勝はこれを秀吉への引出物とした。この時、秀吉は「二十六歳」だった。寧は、その時の様子を次のように語っていたという。

> 我祝言の時は、又左衛門（右）兄和泉（浅野長季）が長屋に入て、竹簀子に縁取にて婚礼を調え居住せし、

「済美録」の編者は、この説は「旧事考異」にもみえるが、いずれとも断定しかねるので後考を俟ちたいとした。諸書で寧と秀吉の婚姻を永禄四年とするのは、この説を採るのだろう。寧は十三歳、秀吉は二十六歳の時となる。この頃の武家社会の女性は、十三歳を機に成人となる例が多いため、本書では永禄四年婚姻説を採っておきたい。

ところで、渡辺世祐『豊太閤の私的生活』は、大正八年（一九一九）刊行の『豊太閤と其家族』の誤謬を正し、その後に発見された秀吉自筆書状を大幅に加えて再論したもので、秀吉の家族に関する基本文献であり、よく参照されるのは次の文章だろう。

> その婚儀は浅野家の長屋に太閤が入婿となって行なったのであって、長屋は茅葺きで簀掻藁をしき、その上に薄縁をしいて祝言したと、のちに北政所がつねに戯れて侍女らに話していたというから、よほど手軽な婚儀であったように思われる。

「土間」での婚礼説

なお、渡辺は史料の出典を記していない。そのためか、その後の研究では出典を示さずにこの文章が参照された。特に桑田忠親は渡辺書と同様の記述をしながら、婚姻場所は「土間」であったとした（『豊臣秀吉研究』）。その根拠は示されていないが、桑田が「土

間」と書き加えたことで、貧乏所帯での婚儀であったというイメージを増幅させることになった。たとえば、田端泰子『北政所おね』（九頁）では、次のように説明された。

二人の婚姻の場は恐らく藤吉郎の家においてだったのであろうが、質素なものだった。「土間」に「簾掻藁（すがきわら）に薄縁（うすべり）を敷いて」結婚式を挙げたという。この時代の京の町屋の造りの平均的なものは、細長い敷地の入り口部分は土間であるが、敷地の奥半分は板敷きの間になっているのが普通である。ところが、藤吉郎の家とおぼしきこの家には、板敷きの間がないのである。「晴れ」の儀式である結婚式が土間に藁と薄縁を敷いて挙行されたという点から見て、藤吉郎のおねとの婚姻の頃の状態は、農民の暮らしとそれほど変わらない質素なものであったことが知られる。

田端も出典を明記せず、渡辺書と同様の叙述に続き、婚姻場所が「土間」であったとし、そこから「農民の暮らしとそれほど変わらない質素なもの」と結論づけた。

「太閤素生記」の婚礼記事

さて、右の記述の出典は、「太閤素生記（すじょうき）」（後述二八頁参照）の次の箇所だろう。

一、妹幼名祢々御料人、後政所（後、高台院と号す）位牌高台寺にあり、太閤本妻也、浅野又右衛門姪也、太閤藤吉郎の時、浅野又右衛門長屋へ入聟（いりむこ）と成りて来らる、其長屋茅葺、簾ガキ藁ヲ敷き、上に薄縁を敷き祝言をしつると政所殿戯物語、

長屋は茅葺であり、簾ガキ藁を敷いた上に薄縁（布で縁どった茣蓙（ござ）のこと）を置いて婚礼

を挙げたと、寧が戯言（ざれごと）のように物語ったという。念のため諸種の伝本を確認したが、「土間」と書いたものはいっさい確認できなかった。参考までに、元禄（げんろく）十五年（一七〇二）に新井白石が編纂した『藩翰譜』の浅野家の譜には、「秀吉を長勝が入聟にして、竹簀子（たけすのこ）に縁取（ふちど）りし座敷で婚礼せしと、後に北政所と仰れしとなり」とあり、ここでは「簾ガキ藁」は「竹簀子」、場所は「座敷」と、より高級なものへの書き替えが進められている。いずれも同時代史料ではないため、すべてが信頼できるわけではないが、「土間」とはどこにも書かれていないのである。

「土間」とは書かれていない

「清須翁物語」の婚礼記事

「清須翁物語」にも、婚礼の様子がある。婚礼衣装は織田信長が左義長（さぎちょう）（正月十四、五日頃に行われる火祭り）で用いた木綿の染物の旗を継いで上着に仕立て、色は「もふぎ」（萌黄ヵ）と「すおふ」（蘇芳（すおう））であった。その様子は、かなり見苦しいものだった（「中々浅ましき体なり」）と伝える。確かに関白になって金糸・銀糸の絹織物を纏（まと）う栄華と比較すれば見るに忍びないが、木綿栽培は十六世紀になってようやく日本でも普及し始めた農法であった。また、東南アジアから輸入された蘇木（そぼく）で染める蘇芳は最高位の色である紫に次ぐ高位の色でもあるから、信長から拝領した染色木綿は、見方を変えれば貴重な品であったといえよう。

養父浅野長勝

また、『寛永諸家系図伝』の浅野家の譜では、養父長勝を次のように説明する。

長勝　又右衛門。生国尾州。織田信長の弓衆たり。長政が父安井弥兵衛と親族たり。安井も又源氏なり。長勝男子なき故、二人のむすめを養て、一女ハ秀吉に嫁し、一女ハ長政に嫁す。長政弓矢に長ずるを以て、浅野氏をついで、弓衆となる。其後、信長の命により、秀吉に属す。

長勝は織田信長の弓衆であり、男子がいなかったため、二人の娘を養い、一人は秀吉、一人は長政に嫁し、長政が弓矢に長じていたので浅野氏の家督を継いだと説明する。長勝の没年は、「清須翁物語」では永禄十一年没、「高野山過去帳」では永禄十二年三月二十日没、「浅野家過去帳」では天正三年（一五七五）九月十日没と三説ある。浅野家では、享保九年（一七二四）に百五十回忌を高台寺で営んだ。法号は勝海院金光善性。のちに高台寺に廟が建てられた。

「有徳人」の長勝　「太閤素生記」

「太閤素生記」ではまた、浅野長勝を次のように説明する。

一、太閤本妻ハ同国津嶋ト云所ニ浅野又右衛門ト云有徳人アリ、又右衛門姪也、

「太閤素生記」の著者土屋知貞の養母は、秀吉の出身地である尾張中中村の代官稲熊助右衛門の娘で、秀吉と年の頃が同じであった。寧とも懇意であり、知貞は養母に連れられて寧をよく訪ねたという。「太閤素生記」は、そうした関係で得た情報を記した聞書である。また、「有徳」とは、「富裕な、豊かな（人）」を意味する（『日葡辞書』）。長勝

が何によって財力を蓄えたのかを伝えていないが、津島湊は尾張と伊勢をつなぐ要衝の地として栄えており、そこで財を得て「有徳人」となり、織田信定（信長の祖父）がこの地を押さえるに至って、その「弓衆」として召し抱えられることになったのだろう。

正式の結婚

　要するに、寧と秀吉の新居が、板の間、あるいは座敷のない「土間」だけの貧乏長屋だったと記す史料はない。にもかかわらず、そうした憶測が根強く支持されるのは、秀吉の出自を「卑賤」とみなすからだろう。しかし、二人の婚姻は、有徳人の浅野長勝がわざわざ養女を迎えて執り行ったもので、婚姻儀礼を伴う正式の結婚であった。右の諸説をみても、質素であったにしても、「土間」での婚礼というのはまったく根拠のない話であり、「農民の暮らしとそれほど変わらない」との結論には飛躍がある。

「野合」

　さらに、寧の実母朝日が秀吉の「卑賤」を嫌って反対したため、伯母七曲と浅野長勝夫妻が寧を養女にして秀吉に嫁がせたという逸話も、こうした憶測を後押しする。しかし、この話の出所は、宝暦元年（一七五一）に日出藩重臣の菅沼政常が編纂した『平姓杉原氏御系図附言』のみである。これが何の検証もなく繰り返し引用されたことで、こうした憶測が通説化した点は否めない。しかも、『平姓杉原氏御系図附言』には、朝日が二人の婚姻を猛反対した理由は、「野合」だったからとする説も載せる。

　或説云、政所君秀吉公に嫁し給ふは実は野合也、故に朝日君快とし給はざりし

を七曲君御侘言にて秀吉公を御婿となし給ふといへり、御家伝の意味を考るに実説
　なるべきか、

この場合の「野合」とは、通説的には私通（婚前性交）とされる。しかし、これも『平姓杉原氏御系図附言』のみに載る話であり、かつ木下家の伝承であれば実説かもしれない（傍線部）とする程度のことであり、確証があるわけではない。今後は、朝日が二人の婚姻に反対した話を針小棒大に取り上げることは、戒められるべきだろう。

恋愛感情の根拠は不明

加えて、数えの十三歳だった寧が、秀吉に強い恋愛感情を持ち、母親の反対を押し切って結婚を実現させたことから、彼女に戦国女性としての自己主張の強さを読み取ろうとする文献もあるが、この婚姻に関して寧の強い意思があったとする史料は確認できない。右に述べた経緯から人間関係を丁寧に読み解けば、まず跡継ぎの男子がいない浅野長勝の家督問題があり、先妻の娘に長勝と血縁のある甥の長政を婿養子に迎えた。一方で、後妻となった七曲には子がなかったので、妹夫婦の次女寧を養女に迎え、当時、非凡の才能があると見込まれていた木下秀吉を聟に迎えた、ということになる。

義弟浅野長政

寧・秀吉夫妻の義弟となる長政は、天文十六年生まれで、慶長十六年（一六一一）四月七日に没した。享年六十五。寧には二歳年上、秀吉とは十一歳年下となる。長政が秀吉の義弟という夫との関係により、寧は長政より年下ながら、長政の義姉となる。

義妹長生院

長政の妻となる屋々（まつ・長生院、「太閤素生記」では「奥」）は、高野山悉地院にある位牌には元和二年（一六一六）二月二十二日没、享年六十とあり、ここから弘治三年（一五五七）生まれとなる（「済美録」）。一方、高野山悉地院に伝来する「浅野家過去帳」には、元和二年に没した際の享年を六十六としていて齟齬があるが、本書では位牌の没年を採っておく。ゆえに、屋々は寧より八歳下の義理の妹となる。屋々と長政は十歳違いとなり、屋々が長勝の実子であれば、血の繋がったいとこ婚となる。ただし、『寛永諸家系図伝』には長勝が「二人のむすめを養い」とあり、屋々は先妻樋口氏の連れ子だった可能性がある。ゆえに長勝と血縁のある長政を聟養子に迎えたとすれば、整合的である。武家社会の家督相続では、血の継承が第一に重要だった。なお、屋々を杉原定利の娘とし、寧の実の妹とするのは、明らかな誤りである。

「浅野考譜」によれば、浅野長政（長吉）の父は安井五兵衛重継で、尾張丹羽郡宮後村出身とする説、近江浅井郡小谷出身とする説があり、浅野家でもわかっていない。母は、尾張丹羽郡浅野の郷士浅野又兵衛尉長詮の娘であり、これが長勝の姉であった。長勝には男子が一人いたが、織田信長に仕えて和泉岸和田城に没したという。そこで、甥の長政を養子に迎え、先妻（樋口美濃守の娘）の娘屋々と婚姻させた。つまり、長政は浅野家の血縁関係者なので、同家を継ぐことになった。長政と屋々の婚姻時期は、浅野家でも確定できていない。一説によれば永禄十一年とされるが、浅野家ではこの年はまだ屋々が十二歳なので、信じがたいと説明する（「済美録」）。とはいえ、他の事例からみても、年齢的にありえないことではない。この時、長政は二十二歳だった。

ちなみに、「太閤素生記」で、秀吉が「入聟」だったとするのは正確ではない。秀吉は天文二十三年（一五五四）頃に信長に仕え始めたが、永禄八年十一月二日に信長が発給した知行宛行状の副状（そえじょう）に「木下藤吉郎秀吉」と署名したのが同時代史料の初見である（『豊臣秀吉文書集』一）。以後、永禄九年には美濃墨俣（すのまた）城を築城し、美濃の斎藤龍興を撃破し、同十一年には近江箕作（みつくり）城を陥落させるなどの活躍をみせる。この時期の署名はいずれも木下であり、浅野を用いた形跡はない。長政の「入聟」が永禄十一年であれば、それ以前から秀吉は木下を称し、織田家中として活動していた。よって、秀吉の「入聟」とは婚姻当時に妻の家で暮らしたことを指しており、浅野を名乗る長政とは異なる立場にあった。

以上、本章をまとめると、寧は、天文十八年（一五四九）に尾張清須朝日村に在住する杉原氏の娘として生まれて幼少期を過ごし、尾張津島の有徳人である浅野長勝の養女に迎えられて、永禄四年（一五六一）に十三歳で木下藤吉郎秀吉と婚姻した。これが、寧の人生にとって第一の、しかも最大の転機となった。

第二　近江長浜時代

一　織田信長の教訓状

天正元年（寧二十五歳）

織田家中の重臣となった木下秀吉は、天正元年（一五七三）八月の越前朝倉氏攻め、さらに近江浅井氏攻めに加わり、これを滅ぼした。その功により、浅井氏の旧領江北三郡（浅井・坂田・伊香）を与えられ、小谷城主となった。それより先、七月二十日頃より秀吉は木下を改め、羽柴を名乗るようになる。

長浜築城

翌二年春より琵琶湖に面した今浜に築城を開始し、地名を長浜へと改めた。ここは小谷城から南西に下った場所に位置し、東は関ヶ原を通って、大垣、岐阜方面へ出るのにも便利な立地である。秀吉は城下振興策として、町人には年貢と諸役を免除することにした。ところが、町人たちは縁故のある在郷の百姓を呼び寄せて、年貢・諸役を免れさせようとした。その不正を知った秀吉は、今後は町人に対しても在郷と同様に年貢・諸役を課す、と命じたので、町人たちは秀吉母に泣きついてきた。そこで、秀吉母が書状を秀吉に送って見直しを願うと、十月二十二日付で秀吉から返事があり、「それさま」の意向を立てて年貢・諸役を許すよう奉行たちに命じたので、そのことを町人たちによく申し聞かせるようにと伝えた（「かへす〴〵それさま御ことわりにて候まゝ、町の事ゆるし申候、よく〳〵此ことわり御申きかせ候べく候」『豊臣秀吉文書集』一〇三）。

こぼは秀吉付の侍女

この秀吉書状は、天正二年と推定されている。宛名は「こほ」とあり、これは秀吉母付の侍女こぼのことである。この頃、秀吉は信長に従って伊勢長島一揆攻めの最中であり、書状日付の前日二十一日は高屋城攻撃を仕掛けており、まさに陣中にあった。そのなかで、母の願いを聞き入れた。これらから、秀吉母が長浜ですでに侍女を従えて生活し、長浜町人たちからも頼られる存在だったことがわかる。先行研究ではこの書状を妻の寧宛としていたが、こぼは秀吉母付の侍女なので、母宛と修正する必要がある（拙論「豊臣秀吉発給こぼ宛書状について」）。この修正により、天正二年頃の寧の居場所が不明となるが、以下の記述からは寧も長浜で生活していたと推定される。

義母秀吉母

なお、寧の義母となる秀吉母の通称は、「なか」として知られる。ただし、これは寛政九年（一七九七）初版の「絵本太閤記」のみに出てくる名前であり、本名かどうかの確証はない。そこで、本書では、秀吉母と表記する。秀吉母は、尾張愛知郡御器所村の出身で、同郡中村の百姓弥右衛門と婚姻し、その死別後（一説には離別後）に同村の筑阿弥と再婚した。智（とも）・秀吉・秀長（ひでなが）・旭（あさひ）の四子をもうけ、秀吉の関白任官に伴い、関白の母の敬称である「大政所（おおまんどころ）」と呼ばれた。天正二十年七月二十二日没。享年七十六。法号は天瑞院春岩（「太閤素生記（すじょう）」ほか）。

「竹生島奉加帳」

この頃の寧の足跡を示す史料には、秀吉やその家族、家臣、侍女たちが近江竹生島（ちくぶじま）に金品を寄進した記録「竹生島奉加帳」がある。大半の記事は、天正四年から同六年の長浜城時代のものになる。まず、秀吉による一〇〇石寄進が大書され、寧（「御内方（おんうちかた）」）以下の寄進が記載される。重要な史料なので、以下に引用する（原文通り）。

百石　羽柴藤吉良（郎）秀吉（書判）

御初尾（穂）　五月六日

五石　御内方（浅野寧）　参拾疋　御内之しゝう殿（侍従）

同日　　　　同

□俵　大方殿（秀吉母）　五十疋　御ちよほ

十疋　天正五正月同*

同日　　　　同

百疋　石松丸　御ち（乳）の人　弐斗　うば（乳母）

十月吉日　御初尾　同

壱俵　大方殿　　弐百文　おふう

弐十疋　南殿　　参百文　同　まゝ

斗帳　羽柴筑前守殿（秀吉）　　弐十疋　同　おあこ

（後略）

「石松丸」と「南殿」

最初の五月六日の寄進は年が不明だが、ちよぼが天正五年正月に一〇疋をさらに寄進したとあるので（＊印、筆者補）、「御初尾」から秀吉が寄進した「斗帳」までが天正四年のこととみられている。上段に秀吉の家族が記され、下段に使者を務めた侍女たちが記載された。つまり、天正四年段階での秀吉の家族は、「御内方」と呼ばれた寧、「大方殿」と呼ばれた秀吉母、「石松丸」、「南殿」の四人だった。侍女は、寧付の侍従、秀吉母付のちよぼ・ふう、「石松丸」付の乳の人（養育係）と乳母、「南殿」付のまゝ、秀吉付のあこととなっている。寧付の女中が侍従という官名を名乗っており、羽柴家の奥女中の格式が整えられた様子が窺える。

寄進日の天正四年五月六日は、織田信長が大坂天王寺の一向宗徒を攻めている最中で、翌七日に降伏させた。秀吉も従軍していたから、戦地にいる秀吉の無事を祈願したものだろう。七月に秀吉は長浜に戻り、その後は在京した。その間の長浜では、城内で秀吉の実子が誕生したが、夭逝したという伝承がある（森岡栄一「羽柴於次秀勝について」、以下、「石松丸」の出生に関する諸説は同論文による）。長浜の妙法寺には、秀吉の子秀勝が天正四年十月十四日にこの地で死去したという寺伝とその法号「本光院朝覚居士」の画像（焼失）、およびこの法号が刻まれた石碑が存在する。「南殿」をその生母とする説もあるが、関連付けるものがないとして慎重な見解が多く、「石松丸」は秀吉の養子であったとする説もある。

しかし、「竹生島奉加帳」の記載方法からして、「南殿」と「石松丸」が秀吉の家族の扱いであったことは明らかである。また、天正四年十月に秀吉母・「南殿」・秀吉がいっしょに寄進しており、この月に死去する「石松丸」の快復祈願だったとすれば、「南殿」と「石松丸」は母子関係にあったとみなすことができよう。

京極龍

ちなみに、「南殿」を秀吉の別妻の一人である京極龍とする伝承もある。龍は近江守護の系譜を引く京極高吉と近江小谷の戦国大名浅井久政の娘との間に生まれた。同母兄に高次、同母弟に高知がいる。はじめ若狭守護武田義統の嫡子元明に嫁いでいたが、天正十年の本能寺の変で元明が自害すると、秀吉に保護された。よって、龍が秀吉の寵を得るのは本能寺の変後のことなので、これは史実とは異なる伝承に過ぎない。

天正五年二月に秀吉は紀伊雑賀一揆を攻め、八月には柴田勝家の北国攻めの救援のため加賀に至るが、許可なく帰陣して信長から叱責を受けた。十月からは播磨攻略に向かい、十一月には上月城を陥落させ、十二月五日に龍野に入った。中旬頃に安土に戻り、信長に戦況を報告し、乙御前釜を拝領した。その後、播磨に戻り、越年する。そのなか、天正五年十一月二十二日にも「南殿」は、次のような寄進をした。

弐斗　御城の　うば（乳母）

十疋　御城の　南殿

乳母とのみあり、「石松丸」の名はないので、誰の乳母なのかはわからない。「南殿」はこの記事を最後に、記録上には現れなくなる。

「石松丸」は「最初の秀勝」

いずれにせよ、「竹生島奉加帳」からは、天正四年から五年頃の秀吉の家族には、「南殿」という女性と、乳の人と乳母の二人を付けられた幼児「石松丸」がいたことは確かである。この「石松丸」が秀勝だとすれば、秀吉はその後に迎えた養子の二人にも秀勝を名乗らせており、この名に愛着があったことは疑いなく、「最初の秀勝」が秀吉の実子である確率は高いとする説もある（長浜市長浜城歴史博物館編『羽柴秀吉と湖北・長浜』）。

織田信長朱印状

この頃、寧は主君織田信長から一通の朱印状を受け取った（個人蔵）。信長が秀吉のことを「はげねずみ」と呼んだ史料として、よく知られている。ただし、先行研究では誤

「はけねすミ」「かみさまなりにおも〳〵しく」

読があるので、ここで丁寧に紹介してみたい（原文通り、傍線筆者補）。

おほせ（仰せ）のことく（如）、こんと（今度）ハこのち（地）へはしめて（初）こし（越）、けさん（見参）ニいり、しうちやく（祝着）に候、ことにみやけ（土産）色々うつくしさ、中々めに（目）もあまり、ふて（筆）にもつくしかたく（難）候、しうき（祝儀）はかり（ば）に、このはう（方）よりもなにやらんと思ひ候へハ（ば）、そのはう（方）より見事なる物もたせ候あひた（間）、へち（別）に心さし（ざ）なくのまゝ、まつ〳〵（先）このたひ（度）ハとゝめ（留）まいらせ候、かさねてまいり（参）のとき、それにしたかふ（従）へ（べ）し、なかんつく（就中）、それのミめふり（見目振り）、かたち（容）まて（で）いつそ（ぞ）やミまいらせ候折ふしよりハ、十の物廿ほと（程）もミあけ（見上げ）候、藤きちらう（羽柴秀吉）れん〳〵（連々）ふそく（不足）のむね申のよし、こん五たうたん（言語道断）くせ（曲）事候か、いつかた（何方）をあひた（間）つ（尋）ね候とも、それさまほと（程）のハ又二たひ（度）かのはけねすミ（剝げ鼠）あいもとめかたき（難）あいた（間）、これよりいこ（以後）ハミもち（身持）をようくわい（陽快）になし、いかにもかみさま（上様）なりにおも〳〵（重々）しく、りんき（悋気）なと（ど）にたち入てハしかるへ（べ）からす（ず）候、たゝし（但）、をんな（女）のやく（役）にて候あひた（間）、申ものゝ申さぬなりにもてなししかるへ（べ）し、なを、ふんていにはしいり、はいけんこひねかうものなり、又々かしく（朱印）、

（切封）

藤きちらう

をんな（女）とも（ど）

のふ（織田信長）

――おっしゃるように、今度はこの地（安土）へ初めて来られて見参がかない祝着です。特に色々の土産の美しさ、中々目にも余り、筆にも尽くし難いものでした。祝儀をこちらからも何か考えましたが、其方よりの見事な物に対して志が尽くせませんので、今回はやめておき、次回に来られた時に尽くしたいと思います。就中（なかんずく）、其方の見た目や容姿まで、以前に見た時より二倍に見上げるほどです。藤吉郎が繰り返し其方に不足があるというのは言語道断、曲事です。どこを探しても、其方ほどの者は二度とあの剝げ鼠が得るのは難しいでしょう。これ以後は、品行を正して、上位者の妻（「かみさま」）らしく重々しくして、悋気（りんき）などに関わるのはよくないことです。ただし、（嫉妬は）女の役なので、申す者が申さぬようにもてなすのがよいでしょう。なお、恥ずかしい文体なので、よろしく拝見をお願いしたい。

二倍に見上げるほど

天正四年（寧二十八歳）

織田信長は安土城の建造を天正四年正月に開始する。寧がこの地（安土）に初めて来たとあるので、本状は天正四年の発給と推定されている。秀吉が四十一、寧が二十八の時になる。寧の手土産の見事さを褒め、その容姿も十の物を二十倍、つまり二倍に見上げたと持ち上げ、秀吉が寧に不服をいうのは言語道断と伝え、剝げ鼠の秀吉にはもったいない妻なので、「上様（かみさま）（妻の尊称）」としてどっしりと構え、女たちのもめ事（悋気）に立ち入らず、聞くだけにしておきなさい、との教訓を与えた。

信長朱印状の解釈

本書状を最初に紹介した渡辺世祐は、『豊太閤と其家族』（『豊太閤の私的生活』）で、傍線部と同じく、「ふんてい（文躰）にはし（恥）入り、はいけん（拝見）、こひねか（願）ふものなり」と読んでいた。ところが、桑田忠親が「ぶんていに、はしハには、いけんこひねかふものなり」と読みを改め、「羽柴には意見希う者也」（羽柴（秀吉）にも見せてほしい）と修正した。つまり、寧が女癖の悪い秀吉を信長に訴えたことに対して、信長がこの書状を秀吉に見せて反省させるように促した書状だと解釈し、これが通説化した（桑田忠親『豊臣秀吉研究』、田端泰子『北政所おね』ほか）。

しかし、第一に、文中に「藤きちらう」とあり、宛所も「藤きちらう」とあるのに、文末だけ「はしハ（羽柴）」とあるのは不自然である。第二に、原文書をみると、これを「はしハにはいけん」と読むのは難しい。仮に文字をそう読んだとしても、原文書では「はしハに」と「はいけん」の間に墨継ぎ（すみつ）があり、「はしハには」とは読めない。第三に、この文書を写した「下郷共済会所蔵文書」では「者（は）し入　者（は）い希（け）ん」、色川三中の写本「文書雑集」でも「者（は）しいり　者（は）いけん」と読んでいた。以上から、ここは多数にある「恥じ入り、拝見」と読み、信長がこの恥ずかしい手紙は他見無用と伝えたという解釈を採るべきと考える（拙論「高台院（浅野寧）に関する素描五点」）。

他見無用を伝える

なお、主君たる信長が、家臣あるいは家臣の妻に「拝見」という丁寧語を使うかとい

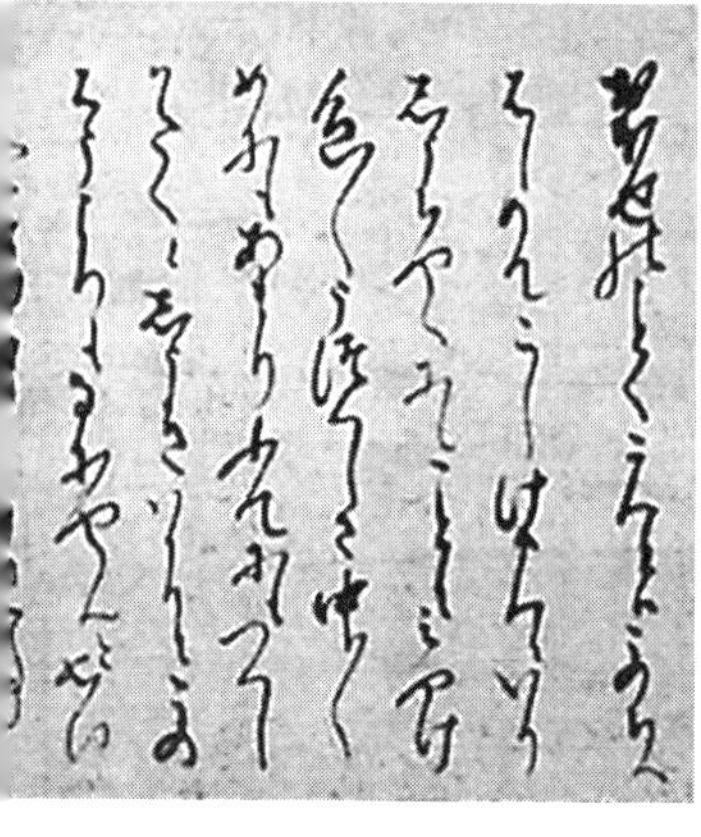

豊臣秀吉画像（高台寺蔵）

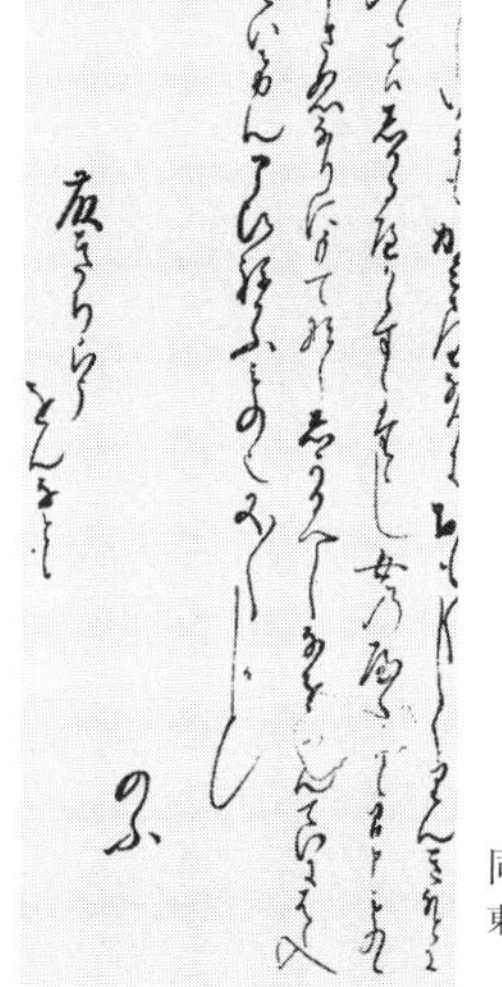

同模写（部分，「下郷共済会所蔵文書」，東京大学史料編纂所蔵）

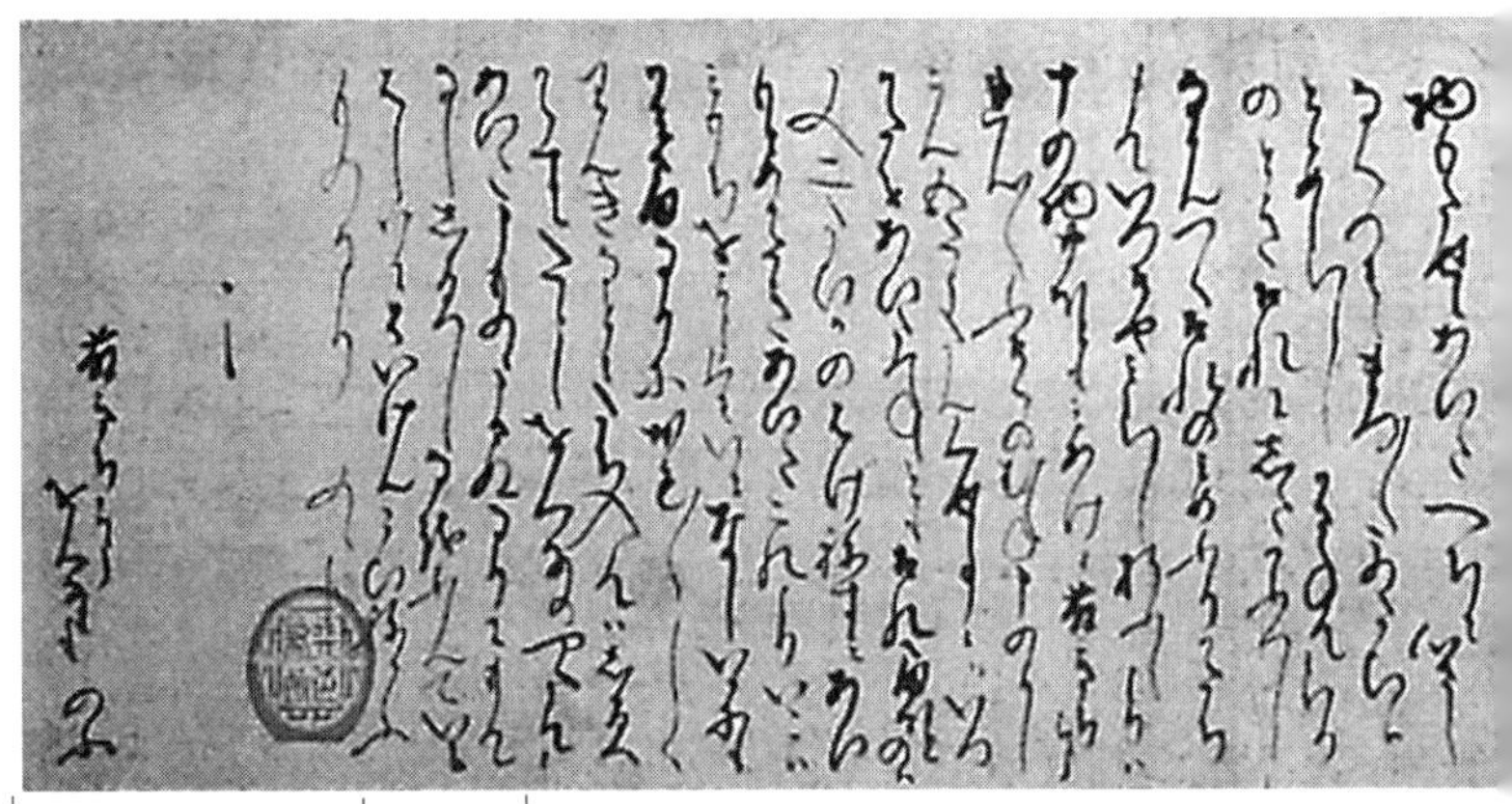
織田信長朱印状（全文，個人蔵）

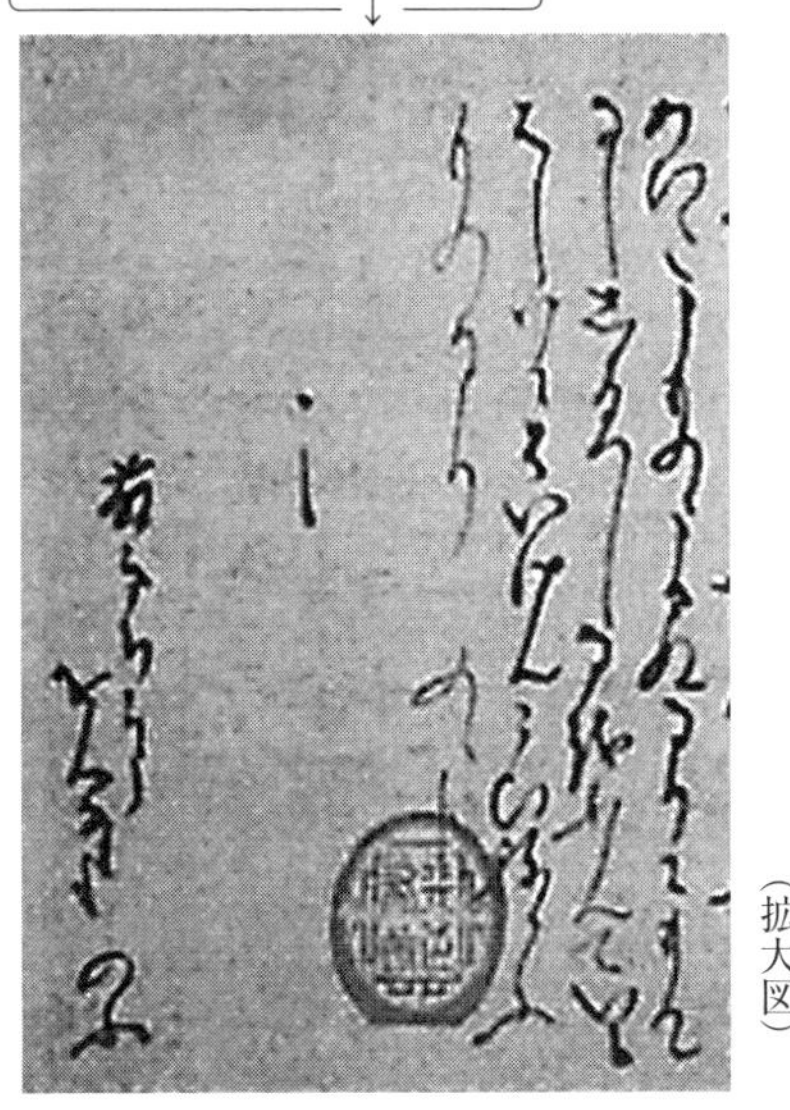
（拡大図）

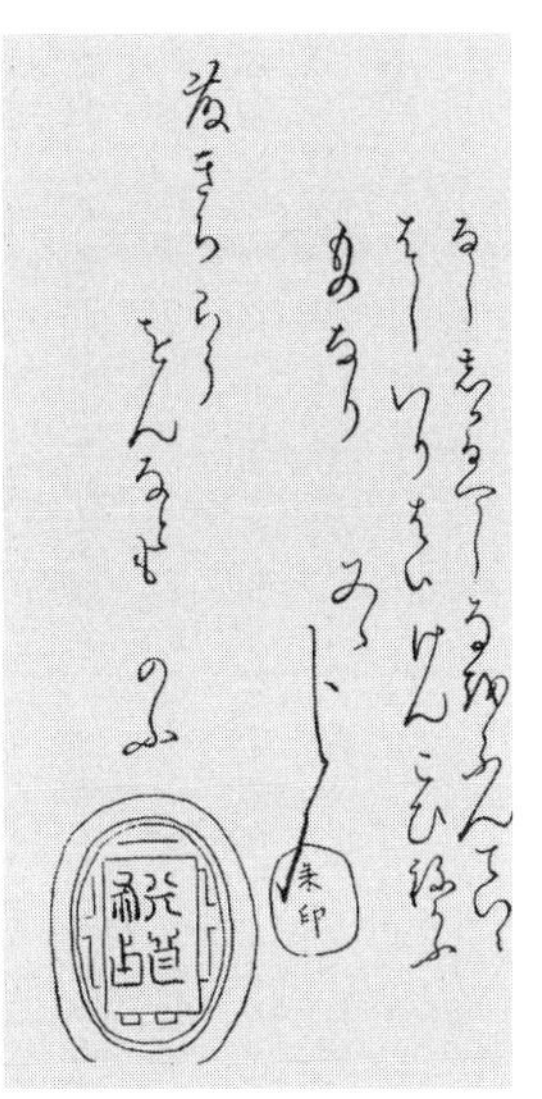

▶同模写（部分，「文書雑集」，東京大学史料編纂所蔵）

う点に疑念を持つのであれば、「はいけん」に続く「こひねがう（乞い願う）」という懇願表現や冒頭の「おおせ（仰）のごとく」（「言う」の尊敬語）の読みにも疑念を持つべきであり、「はいけん」だけでなく、「こひねがう」「おおせ」の読みも改めた釈文が提示されるべきである。逆に、「おおせのごとく」や「こひねがう」が成立するのであれば、「はいけん（拝見）」とあっても問題ないことになる。

女主人としての態度

また子細に読むと、寧が秀吉への不満を述べたのではなく、秀吉が寧に不満を述べていた。信長はそれを言語道断、曲事と寧の肩を持ち、また「悋気」（女の焼きもち）には関わらず、誰かが話すのを聞いても、聞かなかったことにして関与せず、女主人としてどっしり構えておきなさい、との趣旨である。天正四年といえば、既述のように（前掲三七頁参照）、秀吉の家族には「南殿」と「石松丸」がいた。子のいない寧に秀吉がつい不満をもらし、また寧や周囲の女性たちが子を持つ「南殿」に嫉妬心を抱き、寧の周辺に波風が立っていたことは十分に想定される。信長はそれにやんわりと釘を刺し、寧がとるべき女主人としての態度を諭したのである。一方の寧は、主君信長に秀吉の妻としての地位を公認された朱印状を得たことで、信長の意に従い、この朱印状の他見をさせずとも、心強い後ろ盾を得られて安堵したことだろう。この時、寧は数えの二十八歳となっていた。

二　近江長浜での生活

織田信長の男子

秀吉は最初の妻である寧との間には子ができず、「石松丸」をも失うと、主君織田信長の四男秀勝（一説には五男）を養子に迎えることにした。信長の長男信忠の通称は「奇妙」というが、次男信雄は「三介」、三男信孝は「三七郎」、五男勝長は「源三郎」のように、「三」が付くものが多い。これは信長の通称が「三郎」だったことに因むのだろう。四男秀勝は「御次」と書かれることが多いが、自ら「次」と署名しているので、「御」は敬称である。通称に「三」が付かないのは、おそらく養父秀吉が付けた名だからだろう。のちに誕生する秀頼の幼名は「拾」であり、秀吉は漢字一字の名を好んだ節がある。

徳勝寺の位牌

浅井氏三代の墓を祀る近江徳勝寺には秀吉と秀勝の位牌があり、その表扉には「次郎秀勝君」とある。つまり、徳勝寺では、秀勝を秀吉の「次郎君」と伝承していた。「次郎」とは秀吉次男を意味すると考えれば、長男こそが「石松丸」だった。なお、秀吉は次秀勝の死後に小吉秀勝（秀吉の姉智の次男）を養子とするため、以下では次秀勝・小吉秀勝のように表記して区別する。

次秀勝は、永禄十一年（一五六八）に生まれた。天正八年（一五八〇）三月吉日付で秀吉と連名で出した「江州坂田郡八幡宮奉加状」があり（『豊臣秀吉文書集』二二二）、署名は「羽柴次秀勝」なので、この頃までには養子に迎えられた。おそらく、長男「石松丸」が没し、秀吉が無嗣となった天正五年頃とみて大差はなかろう。本能寺の変後の秀吉書状では、信長の次男信雄と三男信孝が兄弟で名代争いをして主人不在の状況となっており、四男秀勝は十五〜十六歳（実際には数えの十五歳）、武者でもあるので、主人に用いても人が笑うことはないが、秀吉の養子なので（「我等養子ニいたし候間」）、神に誓っても主人に立てることはしないと宣言した（『豊臣秀吉文書集』五一二・五〇三）。要するに、次秀勝が秀吉の養子であることは明白な事実だった。ただし、次秀勝には生母が側近くにいて面倒をみていたので、寧がその間に入り込む余地はなかったのではないか。寧と次秀勝との親しい関係を伝える史料は、管見の限り確認できない。

天正五年（寧二十九歳）人質黒田長政

天正五年七月に秀吉は播磨攻略を命じられると、播磨御着城主小寺氏の重臣黒田孝高の姫路城に入った。小寺氏は西の毛利氏との連携に傾いていたが、孝高は信長に付くことを決め、十歳になる嫡子長政を安土城に連れて行き、人質として差し出した。長政は秀吉に預けられ、近江長浜に置かれ、寧がその世話をしたとされる。黒田関係者による覚書『黒田故郷物語』（十七世紀半ば頃の成立）では、その様子を次のように記す。

斑猫と蘇鉄を贈られる

甲斐守(黒田長政)事、政所様(浅野寧)別けて御懇なる理御座候、最前申す如く、若年の時、人質に上り候を、太閤様藤吉(郎脱カ)の時、御預りにて、江州長浜の御居城に召置かれ候、方々御陣、又安土に御詰なされ候に付、我等事は隙もなき身体なり、松千代(黒田長政)遠方より是迄呼取り、不便に思召候間、取分御心を添へられよ。殊に隙の事なれば抔、切々政所様を御頼みなされ候様に仰遣され候、就夫、別けて御懇にて、不断御前にて人となりたるに付、後迄御贔屓強く、哀れ国取になりたるを御覧なされたしと、常々思召され候、

秀吉は、遠方から長浜に人質としてやってきた長政（「松千代」）が不憫なので、寧に心添えを頼み、長政にも寧を頼みとするように伝えたという。長政は寧の側近く（「御前」）で成長したため、後年になっても寧は長政のことを贔屓にし、国持大名になったところを見てみたい、と常々思っていたという。

寧と黒田長政との関わりを伝える史料は多くはないが、寧が長政に送った書状が一通伝来する（「南部新五郎所持文書」『黒田御用記』所収）。宛所は「くろ田ちく前守」なので、長政が関ヶ原合戦後に筑前一国を領し、甲斐守から筑前守に改めた慶長八年（一六〇三）以降の書状となる。日付はなく、署名に「高台院祢」とある。それによれば、まず朝夕長政の噂をしていると伝えた。これは社交辞令ではなかった。実際に長政から美しい斑猫

二疋と蘇鉄一本を贈られた礼を述べ、これは国元に戻ってからでもよいと伝えたのにと長政の親切に感謝を述べつつ、浅野幸長（「紀伊の守」、寧の義弟浅野長政の長男）はよほど暇がないのか、来訪が遠のいているとこぼし、長政が暇になったら訪ねてくれることを待ちわびていると結んだ。ここから、上洛した長政が寧を訪ねて交流し、寧の欲しいものを急いで探し出して贈った経緯がわかる。幸長は慶長十八年八月二十五日に没するから、それ以前の交流となる。近しい関係にある甥の幸長を引き合いに出すほど、寧が長政に親しみを寄せていた様子がよくわかる。

黒田長政に銀子を用立てる

また、慶長十七年閏十月に、寧は黒田長政に銀子二貫八二二匁を用立てようとしたが、ちょうど手元に所持がなかったため、知行地の平野庄に借用を申し入れた（「東末吉文書」）。銀一枚が四三匁として、約六六枚となる。同年十二月に長政は嫡子忠之を伴い駿府に下り、大御所となっていた徳川家康に初目見えをさせた。その際に、銀一〇〇枚が相場のところ、長政は二倍の銀二〇〇枚を贈り、忠之は銀三〇〇〇枚と綿二〇〇把を贈った。翌年正月には江戸に下り、忠之は将軍徳川秀忠から松平の名字と右衛門佐の官名を与えられ、その礼として長政は銀一〇〇枚、忠之は銀三〇〇枚を贈った（『駿府記』）。このように長政は多くの銀子を必要としていたから、寧は多少なりとも援助を申し出たのだろう。要するに、寧は秀吉の死後も、長政とは親密な関係にあった。関ヶ原合戦では、この関係が小早川秀秋を翻意させる際に効力を発揮することになる（後述一六一頁参照）。

秀吉は長政を人質として預かる一方で、天正五年十二月十日には播磨三木城主別所重棟の孫娘と長政の婚姻を進める意図を両家に伝えており（『豊臣秀吉文書集』一五四）、長政を秀吉の婚姻戦略の手ごまの一つとして利用しようとしていた。ただし、この婚姻は別所氏の離反により実現しなかった。

天正六年（寧三十歳）

天正六年正月、秀吉は信長への年始の礼のため安土城に赴き、二月二十三日に播磨攻略に向けて長浜から出陣し、姫路書写山に陣を置いた。同年二月十日に寧と女中たちは、竹生島に寄進を行った。これは出陣を前にしての戦勝祈願だろう。女中は、いし・やに・中将・宮の四人である。寧が複数の女中を従えている様子がわかる。

荒木村重の離反

同年十一月になると摂津有岡城主の荒木村重が離反し、黒田孝高がその説得に赴いて幽閉されることになった。すると、信長は孝高が裏切ったと考え、秀吉に長政を殺すように命じた。生命の危機に直面した長政を竹中重治が領地の美濃奥菩提城に匿ってくれたので、長政はこの難を逃れることができた。秀吉は有岡城攻めに従事していたから、長浜城で長政の面倒をみていた寧の協力なくして、この隠蔽工作は成功しなかった。

天正七年（寧三十一歳）

秀吉は、長浜に戻ることなく、そのまま播磨で越年した。明けて天正七年、秀吉は引き続き播磨攻略に従事していたが、九月四日に安土城に出向き、備前・美作を支配する宇喜多直家の赦免を信長に願い出た。しかし、かえって信長の逆鱗に触れ、播磨に差し戻された。その往復の途中に長浜に立ち寄ったかもしれないが、状況からみてゆっくりとくつろぐ時間的余裕はなかっただろう。九月二十九日には、荒木村重が有岡城を放棄して尼崎城に移った。十一月十九日に有岡城が開城となり、黒田孝高が救出された。長政も無事に解放され、時期は不明だが長政は姫路に戻った（『黒田家譜』）。

黒田孝高の救出

天正八年（寧三十二歳）

天正八年正月十七日には三木城の別所長治が切腹して開城となった。播磨攻略も一区切りとなり、二月に秀吉は長浜に戻り、十九日には長浜城中で茶会を催すなど、久々にゆっくりする時間を過ごした。しかし、毛利勢の美作侵攻の知らせを受け、三月二十七日に京都に入り、閏三月二日に播磨三木に着陣した。長浜滞在は二ヶ月に満たなかった。

二ヶ月の長浜滞在

播磨に戻った秀吉は、孝高から姫路城を本拠地にすることを勧められ、四月頃より姫路城普請を開始し、翌九年三月五日頃までに普請をほぼ終了した（谷口克広『織田信長家臣人名辞典』）。秀吉の本拠地が姫路に移ると、長浜は秀吉の手を離れて堀秀政に与えられたとする説があったが、その後も秀吉は長浜城を確保し、江北の知行地を維持しており、天正九年以降は養子の次秀勝とその家臣たちが長浜領統治を代行していた（尾下成敏「信長在世期の御次秀勝をめぐって」）。

天正八年後半から翌九年までの秀吉の動向はつかめないが、天正九年三月二十九日に

池田恒興の母養徳院

「織田信包女」

山城清水寺で松井友閑・村井貞勝らを招いて宴会を催して在京し、四月十日には長浜城に信長を迎えており、五月四日には堺で津田宗及の茶会に参加するなど、目まぐるしい動きをみせた。六月十二日には姫路城に茶会を催しており、姫路在城が確認できる。

その間の五月二十四日に、秀吉は織田信長の乳の人であった池田恒興の母養徳院に姫路から書状を送った（『豊臣秀吉文書集』八九三）。秀吉母と養徳院が連れ立って寺社参詣や花見をして過ごし、京都や堺などに遊山に出かけることを奨め、また「ひめぢ」や「三木の五もじ」へも必ず立ち寄ってほしいと伝えた。『豊臣秀吉文書集』では、「ひめぢ」を「織田信包女」、「三木の五もじ」を「京極龍子」と比定した。しかしながら、三木は寧の伯父杉原家次が置かれた播磨三木城であり、「五もじ」（貴人の娘や妻を指す「御料人」の略称）は家次の妻だろう。妻の詳細は不明だが、天正四年五月に家次の「御内方」が竹生島に初穂を納めている（「竹生島奉加帳」）。既述のように（三七頁参照）、京極龍が秀吉と関係を持つのは本能寺の変後なので、「三木の五もじ」は家次の妻と比定する方が説得的である。

次の秀吉書状も、この頃の発給と推定される（『豊臣秀吉文書集』九四五）。

　　返々御ゆかしく候、狂い候て相待ちあるまじく候、又灸をめされ候べく候、
　お乳へ事申候、
そもじ健気にて、供御も一段まいり候や、承りたく候、御ゆかしく必ず〱やがて

姫路へ呼び申すべく候まゝ、御心安く候べく候、何なりとも越し用意にいり候はば
うけ給うべく候、かしく、

陣中より
おと(父)ゝ

五もじさま

日付はない。差出に「おと(父)ゝ」とあるので、娘宛である。本文ですぐに姫路に呼ぶと伝えており、本状は姫路城普請が終わる天正九年四月以降、秀吉が山崎に拠点を移す天正十一年六月以前の発給となる。返し書きで会いたいと告げ、「(会いたさに)狂って待つことがないように」と伝えるなど、子煩悩ぶりをみせた。なお、寧に関する記述はない。従来の研究では、宛所の「五もじ」は、秀吉が養女に迎えた豪(前田利家四女)としてきた(『豊太閤真蹟集』など)。かつて筆者もそう理解したが(「高台院(浅野寧)に関する素描五点」)、これは養女の菊(前田利家六女)と修正したい。

秀吉養女の菊

菊は天正六年に上方で生まれ、生母は笠間氏という。秀吉の養女となったが、大津商人で北国筋唐物問屋の西川孫右衛門重元に預けられ、大津で生育された。同十二年八月二十一日に七歳で早世した。法号は金渓空玉童女(「壬子集録」)。西川家の菩提寺の「西方寺記」によれば、西川重元の家に没したという。葬礼は近江坂本西教寺で営まれた。

秀吉の養女となった経緯は伝わらないが、寧の手元で育てられた養女ではなかった。書中で寧に触れていない点も、菊であることの傍証となる。また、豪は天正十一年に秀吉の養女となるので、この時期の養女は菊のみだった。

天正九年（寧三十三歳）

秀吉は、天正九年六月二十七日に姫路を発ち、但馬（兵庫県北部）を攻略しながら、七月十二日に因幡鳥取に着陣した。十月二十五日に鳥取城を攻略し、十一月には淡路岩屋城を陥落させて、十一月二十日に姫路に戻った。書状はこの陣中のどこかで書かれたものだろう。姫路帰還後は、十二月二十二日に安土城で信長に対面し、鳥取城攻略を賞する感状と褒美として茶道具十二種を与えられた後、姫路に向けて安土を発った。長浜に立ち寄ったかどうかは伝わらない。この年、寧は数えの三十三歳となっていた。

三　本能寺の変

天正十年（寧三十四歳）

天正十年（一五八二）六月二日。京都本能寺において、織田信長が明智光秀に襲撃され、自害した。秀吉は備中高松城攻めの最中であったが、知らせを受けて急ぎ毛利氏と講和し、高松城に籠城する清水宗治を四日に自害させた。七日に姫路城に戻り、態勢を立て直して九日に姫路を発ち、十三日の山崎合戦において光秀を破った。その後、近江攻略に進み、坂本城を陥落させ、十六日に安土城に着陣し、二十七日に織田家重臣による「清須会議」を経て、翌日長浜城に入った。秀吉が播磨姫路に拠点を移した後、次秀勝は長浜城の留守を預かり支配に当たったが、天正十年三月十七日に備中児嶋での毛利方との戦いで初陣を果たし、以後は秀吉の中国攻めに従い、山崎合戦も秀吉に同行した。この時、秀勝は十五歳だった。右の功績により、十月には丹波亀山城主となる。

一方、光秀に与した浅井郡山本城主の阿閉長之や官山寺城主の京極高次などが長浜城に攻め寄せた。そのため、寧たちは難を避けて長浜を離れた。次の史料は『東浅井郡志』において知られていたが、近年、原本の所在がわかり、寧の逃亡先が美濃揖斐郡広瀬北村（岐阜県揖斐川町坂内広瀬）だったことが確実となった（『豊臣秀吉文書集』四二七）。

所付

一、四百弐拾石　　高山

一、三十五石　　かうつはら（甲津原）

一、四拾五石　　すいの（杉野）

合五百石、知行有るべき也、

今度女房共相越し候処、馳走に抽ずる条、喜悦に候、忠恩として五百石扶助せしめ畢、全く領知有るべきの状、件の如し、

天正十
六月十九日　次（秀勝）（花押）
筑前守
秀吉（花押）
広瀬兵庫助殿

広瀬兵庫助の恩賞

「女房共」の広瀬行に尽力（「馳走」）したことに対し、近江国内で領知五〇〇石が宛行われた。署名は「秀吉」と「次」とある。山崎合戦から六日後であり、「忠恩」、つまり寧救出の忠義を重んじての恩賞だった。

広瀬への逃亡経路

坂田郡室町（長浜市室町）の豪族広瀬兵庫助に称名寺（浄土真宗、長浜市尊称寺町）の僧性慶が随行し、上野（米原市）の三之宮神社を通り、東草野谷より曲谷、甲津原と逃げて、最終的には兵庫助の出身地であるに広瀬に身を隠したと推定されている（『伊吹町史』通史編上）。称名寺には、七月一日付で秀吉・秀勝父子から尊勝寺郷の返還を保証する連署状が発給された（『豊臣秀吉文書集』四五一）。

『豊鑑』

また、竹中重門が寛永八年（一六三一）に著した『豊鑑』では、次のように説明する。

秀吉坂本より舟に取乗。江北長浜へ越給ふ。此所はもとより知所なればなり。北の方（浅野寧）もいまだ播磨に移らで爰になん住給へり。其外随ふ者ども妻子も多かりけり。信長うたれさせ給ふうへは爰にも敵来るべし。弓をも引ほどの者は備中に赴ぬ。年老たる者など少々残れり。とても防べき様にもあらねば。唯身を隠すにはしかじとて。伊吹の麓広瀬と云山の奥ににげ迷ふ様思ひやるべし。ちり〴〵に越ゆく様浅ましなどおろかなり。

寧（「北の方」）は播磨に移らず、近江長浜で暮らしていた。秀吉出陣後の長浜には妻子や老人ばかりで防ぎようがないため、身を隠すことにし、伊吹山の麓の広瀬という山奥に逃げた。散り散りに越え行く様が浅ましかったとあり、長浜脱出の混乱ぶりを窺わせる。

総持寺に匿われた金吾秀俊

のちに寧・秀吉夫妻の養子となる金吾秀俊（寧の兄家定の五男、のちの小早川秀秋）は、この時、近江総持寺に匿われた（「総持寺文書」）。同寺は、滋賀県長浜市（旧坂田郡宮司村）にある真言宗寺院である。秀俊はこの年に生まれたとされ（黒田基樹『小早川秀秋』）、まだ乳飲み子だった。養子になるのは三歳頃というので、寧と別行動だったのも頷ける。長浜では、家定は寧を守護して広瀬に逃げたと伝承する（『伊吹町史』通史編上）。とすれば、家定は妻子よりも、妹の保護を優先したことになる。ただし、この件で家定への恩賞がないことや、この時、家定は姫路城代だったとする説もあるので（橋本政次『姫路城史』）、同時代史料による裏付けが得られるまでは判断を留保しておきたい。

大吉寺への逃亡説

また、寧の逃亡先は、東浅井郡の大吉寺とする説がある。大吉寺は貞観七年（八六五）の草創と伝え、平治の乱のあと源頼朝が大吉寺に匿われたとの記事が『吾妻鑑』や

『平治物語』にみえる天台宗の古刹である。標高六五九メートルの山頂付近に本堂が造営されていたが、大永五年（一五二五）の六角定頼の兵火や元亀三年（一五七二）の織田信長の破却などにより、衰退の一途をたどっていた（滋賀県教育委員会「大吉寺跡」史跡指定解説文、一九九二年）。渡辺世祐（『豊太閤の私的生活』）は、「北政所は家族と共に東浅井郡の山奥大吉寺に難を遁れた」とするが、出典を示していない。田端泰子（『北政所おね』）は、天正八年春から翌九年春までの間に寧は姫路に居を移したとしながら、本能寺の変頃にはなぜか長浜にいて大吉寺に逃げたとするが、これも史料的根拠は明らかではない。大吉寺は長浜から広瀬に向かう途中に位置するので、一時的に寧たちが身を寄せた可能性はなくもないが、秀吉が大吉寺に与えた恩賞も確認できないため、これも慎重な検討が必要だろう。

秀吉母の行動

さらに、秀吉母が寧と行動をともにしたとする説も検討を要する。広瀬宛の宛行状では「女房共」とあり、秀吉にとって誰よりも大切な母が含まれていれば、「母にて候人幷女房共」などと記されたのではなかろうか。秀吉・秀勝連署状と同じ七月朔日付でト真斎信貞が発給した「尊勝寺之称名寺」宛の添状（「称名寺文書」）には、「今度筑前守足弱衆之儀、御馳走に付而」とある。「足弱衆」とは歩行能力の弱い老人・女性・子を指すので、秀吉母が含まれる可能性はあるが、母と具体的に書かれているわけではない。『豊鑑』にも、秀吉母の動向を記すところがない。「讃岐丸亀京極家譜」は、秀吉母が長浜に籠城し、その場から逃げたとするが（「攻囲秀吉公母堂籠給う所の江州長浜城」「秀吉公母堂出城而逃去云々」）、これは明治期に成立が求められる家譜史料であり、秀吉母と寧を混同した可能性もあるので、史料的な根拠とするには弱い。

秀吉母の姫路滞在説

元和七年（一六二一）から九年頃の成立とされる『川角太閤記』には、備中高松城から姫路城に戻った秀吉が、たびたび面会をせがむ母に会うために風呂に入ったこと、また合戦が負けとなり、秀吉が討ち死にすれば、「御袋様」を殺害し、城中をすべて焼き払うようにと、秀吉が姫路城を発つ際に三好吉房（秀吉姉智の夫）と小出秀政（秀吉叔母の夫）に命じた話を載せる。橋本政次はこれを典拠に、秀吉母は姫路城にいたとした（『姫路城史』）。既述のように（五一頁参照）、秀吉から姫路や三木にも足を運ぶようにと誘われていた点からすれば、秀吉母が物見遊山の足を伸ばして姫路にきていた可能性はある。

山崎城に移る

六月二十七日に清須で織田家の家督問題などが話し合われ（「清須会議」）、秀吉はその翌日、長浜に帰城した。寧たちが長浜城に戻っていれば、ここでの再会となった。話し合いでは、秀吉は長浜城を手放すことを承認し、長浜城は柴田勝家の甥柴田勝豊が在城することになった。七月三日・四日頃までは秀吉の長浜滞在が確認され、九日には京都に入った。秀吉は姫路と京都の間に位置する山崎に居城を置くことにし、普請に着手する。寧の伯父杉原家次が、奉行を担当した。光秀の居城丹波亀山城には、次秀勝を置いた。その後、七月二十日には山崎、二十四日には亀山に行き、八月三日には亀山より姫路に戻った。十一日頃には山崎に向かい、その後、京都と山崎を往来する日々となる。この間、寧の居場所は不明だが、山崎城が秀吉の本拠となり、その普請を伯父が担当したとすれば、寧も山崎城に移ったと考えるのが自然だろう。十年近くを暮らした長浜城を出て、新たな土地での生活が始まった。すでに、数えの三十四歳となっていた。

寧三十四歳

四　山崎城から大坂城へ

天正十一年（寧三十五歳）

浅井三姉妹

淀城整備

織田信長の死後に柴田勝家と対立した羽柴秀吉は、天正十一年（一五八三）四月二十一日の賤ヶ岳合戦に勝利し、二十四日には越前北庄城に立て籠る勝家を妻の織田市とともに自害させた。市が先夫浅井長政との間に生んだ三姉妹（茶々・初・江）は、勝家の嘶衆であった中村文可の手配で北庄城を出され、一乗谷に身を隠していた。秀吉はこれを受け取り安土へと移し、後に長女を別妻として迎えることにした（「太閤素生記」）。「淀の方」「淀君」「淀殿」などの呼び名で知られる浅井茶々である。その名の由来となる淀城に関しては、天正十一年七月二十九日に淀城用の塀覆一〇〇間分を大津まで運ぶようにと秀吉が指示を出しており（『豊臣秀吉文書集』七四三）、早くも淀城の整備が進められた。

同十三年十月十八日に、秀吉は坂本より淀に赴いた。その理由は、甥の小吉（秀勝）と浅井江との祝言のためであった（『兼見卿記』）。よって、後述するように、三姉妹は安土城から山崎城に移されたあと、淀城の完成後に同城に移って暮らしたと推定される（六四頁参照）。茶々は妹二人の嫁ぎ先が決まった後に秀吉の妻となることを了承したとされ（「渓心院文」）、江に続いて初を従兄の京極高次に嫁がせてから秀吉の妻に迎えられ、淀城の女主人となった。

秀吉は浅井三姉妹を保護する一方で、前田利家の三女摩阿と四女豪を引き取った。北庄城落城後に北国を平定した秀吉は、五月五日に近江長浜に凱旋し、十一日に坂本城に入り、六月一日まで同地に滞在した。その間に、「清須会議」で摂津大坂城主となっていた池田恒興を美濃大垣に移し、大坂城を自身の居城と決めた。恒興は五月十一日に大坂城を明け渡し、秀吉は六月十日までに大坂城に入った。次は、右の坂本滞在中に摩阿に出した書状とされる（『豊臣秀吉文書集』八六六）。

返す〴〵、明年な□（つカ）大坂へ呼び候て、陣なしニ一所に居中候はんまゝ、めでたがり候べく候、五もじ（前田豪）へも御心へ候て給うべく候、以上、

急ぎ其方へまづ〳〵参り申すべく候へども、坂本に居中候て、大名の知行改めさせ、又は城ども割らせ申候て、爰元暇をあけ候はば、大坂を受け取り候て、人数入れ置

き、国々の城割候て、これ以後無法なきやうニいたし申候て、五十年も国々鎮まり
候やうニ申つけ候、かしく、

より
（羽柴秀吉）
ちくせん

（切封）
（前田摩阿）
まあ　まいるお返事

急いで会いに行きたいが、坂本で大名の知行改めや城割も進め、これが片付いたら大坂城を受け取って警固の人数を置き、以後は無法がなく、五十年も国が鎮まるように命じ、明年は大坂に摩阿を呼び、出陣せずにいっしょにいるつもりなので喜んでほしい、豪（「五もじ」）のことも心得てほしい、と伝えた。この後、摩阿は大坂城ではなく、京都の秀吉屋敷に置かれた。元亀二年（一五七一）の生まれで、秀吉の死後は公家の万里小路充房と再婚した。利忠を出産し、慶長十年（一六〇五）十月十三日に没した。法号は祥雲院隆室宗盛。享年三十四。京都大徳寺芳春院に葬られた（『本藩歴譜』）。

書中の「五もじ」は、秀吉の二番目の養女となる豪（利家四女）だろう。天正二年生まれで、利家の本妻篠原まつが二十八の時の子とされる。摩阿とは二歳違いとなる。前田家の家臣村井重頼が記した「覚書」では、賤ヶ岳合戦の前哨戦となる柳瀬の陣後に秀吉が利家と和睦した際に、豪を養女として迎え、「浮田八郎」（宇喜多秀家）を婿にする約束を交わしたという。とすれば、これは天正十一年のことになる。つまり、柳瀬の陣で敗

走した利家と和睦する際に四女の豪を秀吉の養女として迎え、さらに賤ヶ岳合戦で敗走して北庄城に立て籠る柴田勝家を滅ぼし、金沢城に立ち寄った際に、柴田の人質となっていたが、逃れて金沢に戻っていた三女の摩阿を秀吉の別妻に迎え、前田家との関係を強化した。書中で摩阿に豪への気遣いを伝えたように、豪はまだ摩阿と共におり、寧の手元で育てられていなかった。この時の摩阿たちの居場所は、坂本・大坂以外の場所としかわからないが、秀吉がすぐに立ち寄れる場所に置かれていたのだろう。

畿内知行割

天正十一年八月一日には、近江・河内・摂津・山城・丹波・播磨での知行割が進められた。秀吉の関係者では、弟の羽柴秀長に播磨・但馬の二ヶ国を与え、姫路城と有子山(ありこやま)城を居城とさせた。寧の伯父杉原家次には近江坂本三万二一〇〇石を与え、豊臣蔵入地二万六六〇石を預けた(『豊臣秀吉文書集』七七〇・七七一)。義弟の浅野長政は、近江瀬田二万三〇〇〇石となった(『豊臣秀吉文書集』七四八・七四九)。

有馬湯治

三日後の八月四日に秀吉は大津から大坂へ行き、十七日より二十七日まで摂津有馬(ありま)に湯治(とうじ)に出かけた。秀吉は天正七年四月五日付で湯山阿弥陀堂(ゆのやまあみだどう)に寺領宛行状(「善福寺文書」)を与え、同年七月十七日付で仙石秀久(せんごくひでひさ)を有馬の奉行に任命した(「浅野文書」)。同年十一月二十六日付で湯山惣中に宛てた秀吉書状(「堀文書」)では、秀吉家臣の有馬居住が指示されており、家臣の一部を有馬に置いていたとわかる。このように、秀吉は天正七年か

計九回

ら有馬温泉との関わりがあり、その間にまったく湯に入らないとも思えないが、公式にはこれが最初の有馬湯治とされ、以後、同十二年八月二日〜八日、同十三年正月二十二日から二月三日、同年九月十四日〜二十日、同十八年九月二十五日から十月十四日、同十九年八月十日〜十八日、文禄二年（一五九三）九月二十七日から閏九月七日、同三年四月二十九日から五月十二日、同三年十二月八日〜十四日の計九回、有馬に湯治に出かけた（『ゆの山御てん　有馬温泉・湯山遺跡発掘調査の記録』）。

次は、天正十一年の有馬湯治に関する秀吉書状である（『豊臣秀吉文書集』八一七）。

湯へは多く候て二七日、我等は一七日程入り候べく候、普請を申つけ候はんまゝ、忙わしく候へども、それさまを湯へ入り候はんためにとて、普請、又は雑賀の陣も延べ申候、筑前（秀吉）罰当たり申候はん、よく〳〵筑前気に合い候ように、何かにつけて気に合い候ように然るべく候、以上、

又申候、留守の物一日の如くによく候べく候、大谷の五もじへ置き養いをよく置き、不便になきようにめされ候へく候、又母にて候物ハ、今但馬に居申候や、かしく、

又（欠）　　ちくせん（秀吉）より

右によれば、湯治の目的は「それさま」を湯に入れるためであり（傍線部）、秀吉は一週間（「一七日」）ほどを予定し、多くても二週間（「二七日」）程度を考えていたらしい。大坂城普請に向けて忙しいさなか、かつ紀伊雑賀（さいが）の陣も延期してのことである。そんな秀吉は罰当たりなので、自分の気に合うように尽くしてほしい、と伝えた。

本書状は宛所を欠くが、秀吉が同伴を希望した「それさま」は、おそらく寧だろう。その理由は、本文末尾に「母はまだ但馬にいるのか」と尋ねており、そうした情報を知りうる立場にいるのは寧だからである（中村博司『豊臣政権の形成過程と大坂城』）。これは、管見の限り寧宛の秀吉書状として、最も古いものとなる。なお、秀吉母は天正十年十月頃には京都で過ごしていたが（『豊臣秀吉文書集』五二二）、この頃には但馬に移っていた。つまり、秀吉の弟秀長の但馬有子山城に身を寄せていたことになる。

秀吉四十八歳、寧三十五歳、茶々十五歳

「又申候」から始まる本文では、留守のことは先日伝えたようにして、「大谷の五もじ」に養いを置いて、不便（ふべん）のないようにと指示した。「大谷」は小谷と考えられるので、浅井三姉妹を指すのだろう。よって、浅井三姉妹は、寧とともに山崎城にいたことになる。この時、秀吉は四十八歳、寧は三十五歳、茶々は十五歳だった。秀吉はようやく夫婦で過ごす時間をとり、改めて自分に尽くしてほしいと寧に伝えたが、一方で浅井三姉妹の世話を寧に任せていた。「又申候」とあるので、これに先行する書状があり、二度も書状で寧に有馬温泉行きを誘った経緯からは、寧が温泉行きを渋っていた様子が窺える。

この書状からは寧が有馬に行ったのかどうかは不明だが、この前年に貝塚御座所に居を移した本願寺光佐（顕如）と如春夫妻が、八月十九日に有馬に使者を派遣し、湯治中の秀吉に道服二と大樽五、近臣の石田三成、増田長盛にも綿五把ずつを贈った。寧への進物は不明だが、おそらくこれへの返礼だろう。九月九日に寧（「筑州御内儀」）は孝蔵主を貝塚御座所に派遣し、京染の小袖、帯五端、板物（平たく畳んだ織物）五端を贈った。如春らは、これを「一段うつくしき」と絶賛した。秀吉の妻として恥じぬよう、審美眼を発揮して贅を尽くした進物だった。孝蔵主（羽柴家の老女）からもさまざまな土産を持参して右に色を添えた（『石山本願寺日記』）。右のやり取りから、寧は有馬湯治に出かけたとしておきたい。

本願寺光佐・如春

また、八月一日の知行割で新しく近江坂本城主となった杉原家次（寧の伯父）に宛てた八月十七日付の秀吉書状（『豊臣秀吉文書集』八〇三）には、次のようにある。

今日、我ら湯治せしめ、其許留守以下事能々申付、来廿八、九日比皆々召連候て、大坂に相越すべく候、将亦姫路よりも女房共湯に入候、然者きりも湯に入度由申つるまゝ、馬にのせ、下女一人そへ、これも馬にのせ候て、其許ゟ直に相越候様に申付くべく候、ながい留守にもよく／＼申付候へと申聞かすべく候、尚以其元儀留守

以下かたく申付候て、廿八、九日比（ごろ）相越すべく候、尚重而（かさねて）申越すべく候、恐々謹言、

筑前守

八月十七日　　秀吉（書判）

（杉）□原□□□殿

家次は天正十二年九月に没したので、本書状は天正十一年の発給と確定できる。「其元」は家次の居城となった坂本であり、そこから八月二十八日から九日頃までに大坂に「皆々」（大坂城普請に必要な穴太衆（あのうしゅう）カ）を連れて来るようにと指示した。秀吉が十七日より有馬湯治を始め、姫路からも「女房共」を湯に入れたところ、「きり」も湯治がしたいというので、馬に載せて下女一人を添えて直接、坂本から有馬に来させ、長い留守をよく命じるようにと伝えた。家次には一人娘（雲照院）がいたが、木下家定（寧の実兄）の妻となり、天正元年に利房（家定次男）が生まれた。つまり、この段階で娘は親元を離れていたはずだから、「きり」は家次の妻である可能性が高い。

姫路城主羽柴秀長

また、八月一日の知行割では、姫路城は羽柴秀長の居城となった。姫路城にいた「女房共」は城を出て大坂城に移ることになり、その途中で秀吉の有馬湯治に合流した。

織田信包の娘「姫路様」

「女房共」の中心は、「姫路」と呼ばれた織田信包（のぶかね）（信長の弟）の娘だろう。「伊勢国司伝記」には、「信包ノ嫡女ヲ秀吉公ニ仕候而（つかえそうらいて）姫路様ト申御寵愛成サレ候所ニ、信包御内

室御中候、秀吉公今天下ヲ取御入候テモ本ハ織田家ノ被官也、我モ資盛ノ子孫也、我娘ヲ秀吉ノメカケ（妾）ニナシ置候事口惜トテ姫路様信包方へ御越ヲ留置返成サレズ候意趣ノ由承伝候」とある。意訳すれば、信包の嫡女が秀吉に仕え、「姫路様」と呼ばれて寵愛されていた。信包の妻は、「秀吉は、今は天下を取っていても、元は織田家の被官である。我も平資盛（平清盛の孫）の子孫なれば、わが娘を秀吉の妾にしておくのは口惜しい」として、「姫路様」が信包を訪ねた際に引き留めて返さなかったとの伝承がある、ということになる。

離縁となった信包娘

信包の娘は姫路城に御殿を与えられた妻だから、「姫路様」という居所名と尊称で呼ばれた。逆に、寧が姫路城にいれば、信包の娘を「姫路様」と呼ばせないはずだから、やはり寧は姫路には移住しなかったのである。しかし、秀吉が大坂城に拠点を移してからは、信包の娘は古株の寧や新しく迎えられた妻たち（京極龍・浅井茶々・前田摩阿）の中で、次第に地位を下げることになった。信包の妻はそれを「妾」の扱いとみなし、不服として娘を引き取ったのである。こうして、信包の娘は秀吉と離縁させられる形となったが、長命で寛永十八年（一六四一）五月八日に没した。法名は妙勝院性岩寿真（「織田氏系譜」）。

信包の娘の境遇は、寧にも重なるところがあった。振り返ってみれば、天正五年に秀吉が播磨遠征に出てからというもの、寧は長浜城に残されたままだった。姫路城に置かれた信包の娘の方が、まだ秀吉と過ごす時間は多かったかもしれない。寧は養子の次秀勝とは疎遠であり、金吾秀俊や豪も養子に迎える前だったので、一人寂しく夫の帰りを待つ日々だった。夫婦仲が冷め切るには、十分な年月だった。しかも、信包の娘を姫路に置いたのみならず、本能寺の変後は京極龍、北庄城落城後は浅井茶々や前田摩阿といった年若い女性たちを次々と妻に迎えていた。そのような状況下で、秀吉は寧を有馬湯治に誘い、今後も秀吉の気に合うように仕えてほしいと懇願した。

寧はすでに数えの三十五歳であり、実子を望むのは厳しい年齢に達していた。その寧に、秀吉は離縁を求めず、今後も妻として支えてくれることを期待したのである。寧はといえば、信包の娘と同じように、秀吉に離縁を突きつけることもできたはずだが、秀吉の意向を汲み、妻の地位にとどまることを了承した。

有馬行きへの決断は、寧が新たな人生に踏み出すための大きな区切となった。

第三　北政所の時代

一　関白豊臣秀吉の妻

天正十二年（寧三十六歳）

天正十二年（一五八四）三月になると、秀吉は織田信雄・徳川家康と対峙し、小牧・長久手合戦となる。攻防は一進一退が続いて長期化した。最終的な講和は十一月十五日だが、その間の七月二十九日に秀吉はいったん大坂に戻り、八月二日から八日までの一週間、有馬湯治に出かけた。八日に有馬を出た秀吉は、大坂城の新邸に入り、十一日には上洛して京都に滞在し、十三日には近江坂本に下向、十五日には美濃大垣に入り、尾張方面に陣取る家康らと再び対峙した。次の書状（『豊臣秀吉文書集』一二八一）は差出・宛名・年月日を欠くが、八月十五日頃に尾張出陣の予定を告げるので、天正十二年八月上旬頃の秀吉書状と推定される。

陣中の有馬湯治

返々八月十五日頃に尾張ゑ働き申すべく候、やがて〳〵本意に申つけ、凱陣いたし申すべく候、心安く候べく候、

十六日の文懇ろに見まいらせ候、はや我等虫気もよく候て、物をも喰い申候、心安く候べく候、（後欠）

秀吉の「虫気」

本文では、十六日付の文を見たこと、「虫気」（腹痛を伴う病気）はよくなり食事もとれているので安心せよ、と伝えた。よって、陣の最中での湯治は、秀吉の「虫気」療養のためであり、本書状は湯治により症状が好転した頃に出されたものだろう。

前田摩阿宛

ところで、本状は、大坂にいる寧宛と比定されてきた（「大坂なる其室杉原氏に与へし消息」『豊太閤真蹟集』九号文書解説）。しかし、七月二十九日に大坂に戻った際に秀吉は寧に会ったはずなので、それを遡る七月十六日付の寧からの書状が有馬に届き、それを見て返事を書くのは辻褄が合わない。寧が有馬に同行したかは伝わらないが、同行していれば寧宛の可能性はなくなる。養女の菊宛とすれば、菊はこの翌月の二十一日に没しており、書中でそれを気遣う様子がないのも不自然である。もう一人の養女の豪は、次に述べるように大坂城にいたので、これも寧同様に齟齬がある。したがって、本書状は京都に置かれていた摩阿宛と比定したい。本書状が前田家に伝来したことも、それを裏付ける。

九月六日付で寧付の女中いわに宛てた秀吉書状（『豊臣秀吉文書集』一一九二）では、「五もじ」と「八郎」から重陽の祝儀の小袖を贈られ、とても身丈にあったので秀吉自身が着用したこと、続いて織田信雄・徳川家康・石川数正、尾張犬山・伊勢長島から人質五

大坂城で過ごす寧

人を受け取ったこと、すぐに凱陣するので安心すること、何事も会って物語をしたい、と伝えた。「八郎」は宇喜多秀家、「五もじ」はその婚約者の豪であり、二人が大坂城で寧とともに過ごし、秀吉の帰陣を待っていたとわかる。

人質提出

その二日後の九月八日付で秀吉が前田利家に宛てた書状でも（『豊臣秀吉文書集』一一九九）、織田信雄からは「御料人」（妹の「岡崎殿」、家康長男信康の妻）、徳川家康からは次男義伊（後の結城秀康、十一歳）、家康の弟久松定勝、石川数正・織田長益（有楽）・滝川雄利の実子が人質に出されたことが伝えられた。義伊は十二月二十二日頃にまず京都に入り、二十六日に大坂に到着し、城下の「筒井ノ小屋」を借りて置かれた（『多聞院日記』）。ここで義伊は秀吉の養子となり、諱を秀康としたとされるが、寧と交流した様子は確認できない。

次秀勝の祝言

一方、養子の次秀勝は、天正十二年三月に丹波の人数を召し連れて近江草津に陣取り、四月には美濃岐阜の留守を預かるなど、羽柴家嫡男としての役割を果たしていたが、五月十六日に陣中で発病したため、丹波亀山に戻った（森岡栄一「羽柴於次秀勝について」）。半年後の十二月二十六日には、秀勝（「御次殿」）と毛利輝元の養女との祝言が大坂で執り行われた（『石山本願寺日記』）。その後、早々に夫妻は亀山に移ったようで、翌年正月十六日に吉田社の神職吉田兼見が成婚を祝うために亀山まで出向いた。折悪しく秀勝は鷹狩に出かけて留守だったので、兼見はその帰りを待ち、ようやく登城を許された。奥の座敷

天正十三年（寧三十七歳）

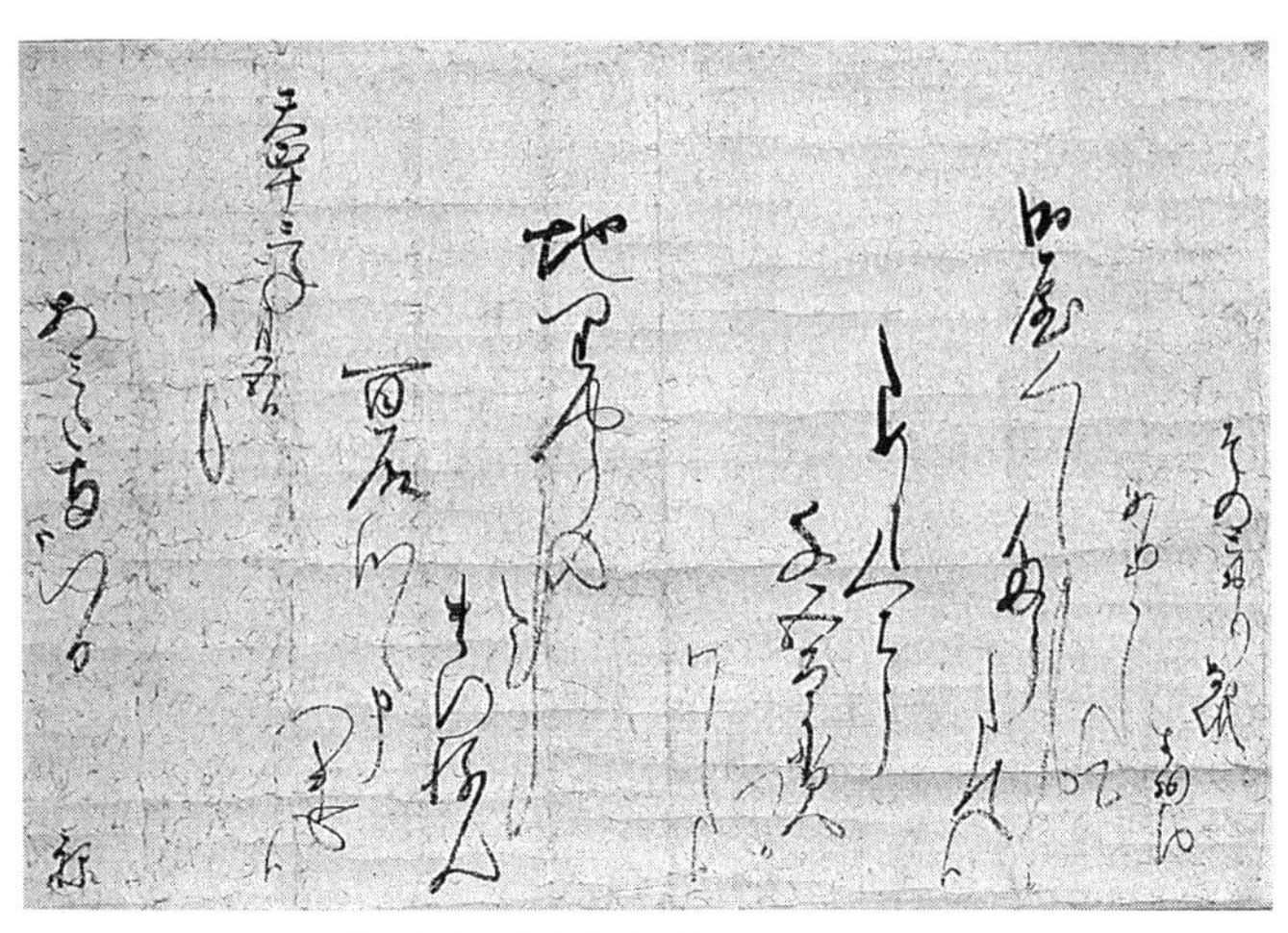

阿弥陀寺宛浅野寧寄進状（善福寺蔵）

で秀勝に対面し、太刀一腰と弓掛三具とお祓いを進上した。退出後には、秀勝の母（「御袋」）にも綿二屯・お祓い・神供を進上し、それぞれから返礼があった。兼見は夜遅くに帰京した。なお、秀勝の新妻にもお祓いを進上するようにとのことだったので、翌日、早々に亀山にお祓いと綿二屯を送り届けさせた。五月十六日にも、兼見から亀山にお祓いが届けられた。秀勝と母には、それぞれお祓いと薫衣香五ずつ、妻（「御女房」）へはお祓いのみであった。「毎度此分也」とあるので、恒例となっていた（『兼見卿記』）。

小牧・長久手の戦いをひとまず勝利の形で収めた秀吉は、天正十三年正月二十二日から二月三日まで三度目の有馬湯治に出向いた。これには、寧（「御うへ」）も同行した（『石山本願寺日記』）。その後、大坂城に戻ると、寧は天正十三年二月五日付で摂津有馬の阿弥陀寺に対し、薬師堂を立てる供養料として一五〇〇貫を遣わし、地料は毎年一〇〇石ずつを命じたことを保証する寄進状を発給した。署名は「祢」とのみある（前頁写真左下参照）。

阿弥陀寺への寄進

これは寧自身による寄進とする説（田端泰子『北政所おね』ほか）、公家社会の妻の役割として秀吉の内意を伝えたものとする説（河内将芳『大政所と北政所』）とで評価が分かれる。こうした文書はこの一通のみなので判断は難しいが、この段階ではまだ秀吉は関白に任じられておらず、公家の妻の役割とするのは時期尚早にみえる。ただし、天正十六年三月二十日に秀吉母が摂津の天王寺観音堂に寺領一〇〇石を寄進した際には、秀吉寄進状（『豊臣秀吉文書集』二四四八）が発給されている。よって、秀吉の意向を得たうえではあろうが、寧自身がこうした文書を独自に発給できた点は注目されよう。

その後、秀吉は三月五日から六日にかけて亀山を訪ねた（『兼見卿記』）。これに寧が同行したかどうかは不明である。

妙顕寺城

七月八日に、秀吉は大坂より上洛した。聚楽城（じゅらくじょう）の築城前、秀吉が在京する際の宿所は、二条の妙顕寺（みょうけんじ）を寺之内小川に移した跡地に、堀を掘り、要害（ようがい）を構えて天守をあげた妙顕寺城であり、秀吉の不在時は所司代の前田玄以（げんい）が宿所として用いた（『石山本願寺日記』）。

秀吉時代の京都

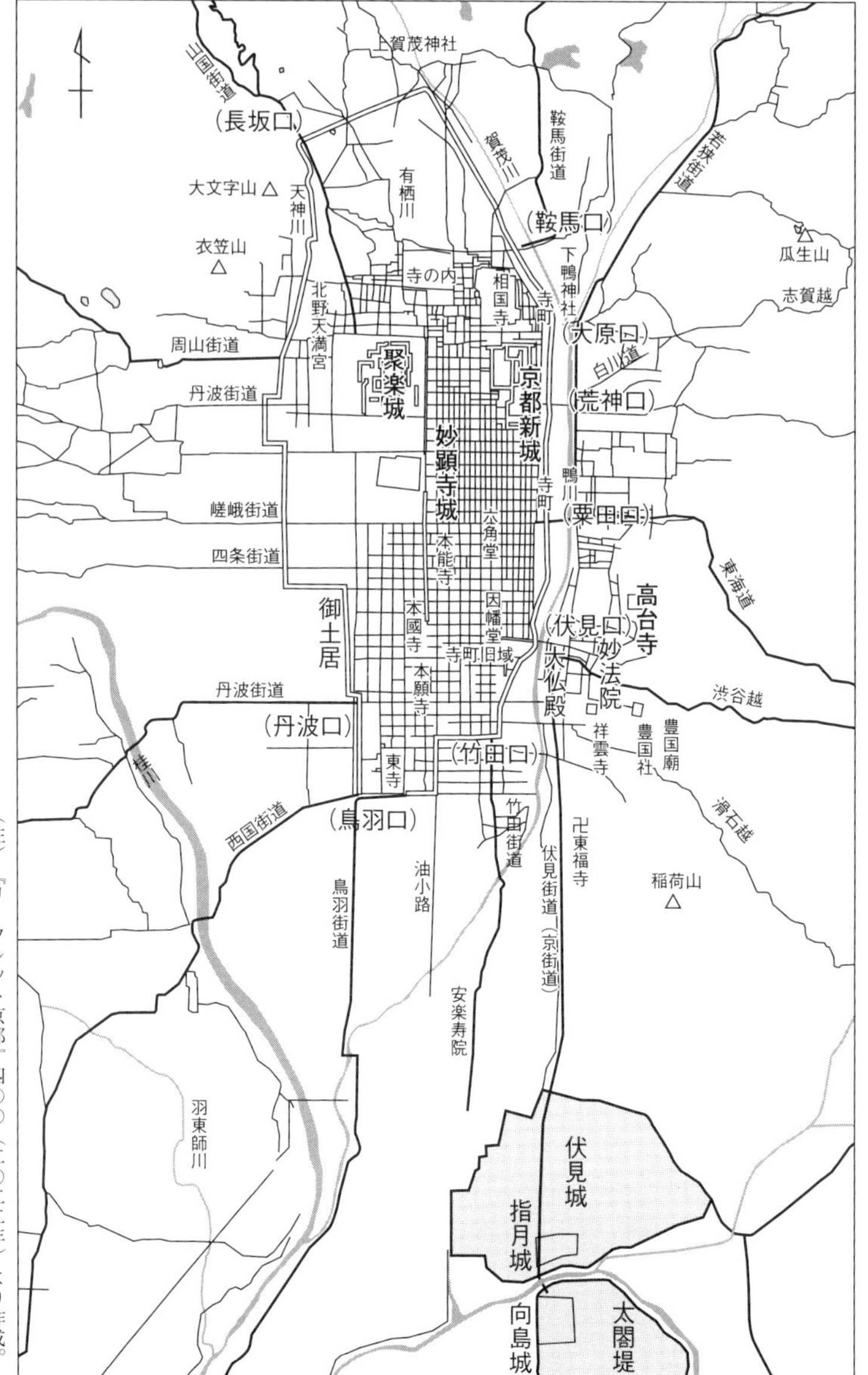

（注）『リーフレット京都』四〇〇（二〇二一年）より作成。

関白宣下

歌二首を進上

上洛から三日後の十一日には、秀吉に関白宣下があり、未刻（午後二時頃）に秀吉が参内して、常の御所で正親町帝に対面した。近衛前久の猶子となって姓を藤原とし、従一位・関白に叙任された。秀吉から帝へ白鳥三・帷子三〇、誠仁親王へ白鳥二・綿一〇〇屯、和仁王（後の後陽成帝）へ料紙を進上した後に、寧（「内府御内儀」）から銀子五〇枚が帝に進上された（『兼見卿記』）。まだ無位の寧の昇殿はなく、進物のみが贈られた。翌年のことになるが、七月二十七日に寧は歌二首を詠み、短冊にして禁裏に届けた（『お湯殿の上の日記』）。歌の具体的な内容は伝わらないが、関白の妻たる素養を披露した。

北政所

大政所

秀吉に仕えて数々の記録を残した大村由己が、天正十三年八月に著した『関白任官記』によれば、秀吉が関白に任官すると、大坂に勅使が立てられ、「御台を以て北政所に任じ、母儀を以て大政所に任ず」との勅命が伝えられたとする。中村孝也は、寧は「従三位」に叙せられ、宣旨には「寧子と記してある」と説明したが（『秀吉北政所』）、天正十三年の宣旨は未見である。この年の朝廷側の記録や奉書などの文書が確認できないため、勅使派遣の確証もとれない。

関白の妻は従三位に叙せられるのを通例としたため（金井静香「北政所考」）、その位階相当とみなされ、関白の妻の称号である「北政所」と慣例的に呼ばれた可能性が残る。また、寧が摂関家の養女となり身分格式を整えた様子も確認できず、「家」内部に夫とは別の北政所の家政組織が置かれた形跡もないが、以後、寧は「北政所」、秀吉母は「大政所」と称えられ、公家社会とも接点を持つようになる。なお、「はしがき」でも述べたように、「北政所」といえば秀吉の妻・浅野寧だと思うのは、近年のことである。寧の時代に限っても「北政所」は一人ではなかったので、文脈から秀吉の妻とわかる場合は単に「北政所」「政所」と記されたが、文脈から誰かなのかが不明な場合には、「大坂北政所」「関白北政所」「太閤政所」などと、人物を特定しうる表記が用いられた。

天正十三年七月二十一日に秀吉は大坂に下り、四国の長宗我部元親の降伏の報せを受け、八月二日には再び上洛して越中の佐々成政を攻略するため北国に向けて出陣し、閏八月一日に富山に入った。佐々は織田信雄を通じて降伏を申し入れたため、富山の城を壊し、越中一郡のみを与え、残る領地は前田利家に与える戦後処理を済ませた後、六日には砺波まで陣を移し、七日に金沢に入った。そこから閏八月七日付で母の侍女こほに宛てて書状を出し（『豊臣秀吉文書集』一五四八）、右の戦況を報告するとともに、金沢から越前北庄に移って四～五日を滞在する予定で、国の置目などを命じて、十四日頃に大坂へ凱旋するので安心するようにと伝えた。これは、母から二十五日付と二十九日付の書状が一度に届いたことへの返事だった。要するに、秀吉母も大坂城にいて、秀吉の帰りを待っていた。秀吉は閏八月十七日に坂本に到着、二十四日京都に凱旋し、二十六日に京都を発って淀に立ち寄ったのち、二十七日に大坂に帰城した。

秀吉参内

八月二十二日には次秀勝が亀山より上洛したが（『兼見卿記』）、十月六日に秀吉の参内に供奉した昇殿衆一〇人（羽柴秀長・同秀次・同秀康・宇喜多秀家・丹羽長重・長岡忠興・織田信秀・津川義近・毛利秀頼・蜂屋頼隆）の中に秀勝の名はなかった。すでに病床にあり（「御次此間御在洛、御煩也」）、二十日に兼見が見舞いに出かけると、ここ数日は快復の兆しがあるとのことだったが、十一月には重体に陥った。二日に兼見は病気平癒の祈念を命じられ、三日に実際に出向いて祈禱を行った。秀勝の母（「御袋」）も在京中であり、懇ろな返事があった（『兼見卿記』）。しかし、祈禱の甲斐なく、天正十三年十二月十日に秀勝は没した。享年十八。法号は瑞林院賢岩才公（「高野山過去帳」）。

次秀勝病死

九月八日には、本願寺光佐が妻の如春と子の光寿・佐超・光昭とともに、大坂城の秀吉に礼に出向いた。進物は、秀吉・寧（「北政所」）・秀吉母（「大政所」）・秀俊（「金吾」）の四人に贈られた（『石山本願寺日記』）。その翌日、秀吉は朝廷から豊臣姓を与えられた。ここに関白豊臣家が新たに誕生した。その後、十四日より二十日まで秀吉は四度目の有馬湯治に出かけた。十四日に貝塚御座所に立ち寄り、光佐や如春たちに進物を贈り、秀吉は如春の座敷で食事をとった。寧はいっさい出てこないので、今回は留守番だったようだ。

関白豊臣家の誕生

小吉秀勝と浅井江の祝言

十月十八日に、秀吉は坂本より淀に向かった。これは甥の小吉秀勝の祝言のためであった。小吉秀勝は、永禄十二年（一五六九）に三好吉房と秀吉の姉智の次男として生まれた。次秀勝が没したあとに、秀吉の養子に迎えられたとされる。婚姻の相手は、浅井三姉妹の末娘の江である。小吉秀勝は十七歳、江は十四歳だった。

さて、秀吉が関白になって間もない頃と思われるが、秀吉が「まんどころ」に宛てた自筆書状がある（『豊臣秀吉文書集』六七五二）。炬燵布団五つと夜着でよいものがあれば、孝蔵主に渡すようにと伝えた。「北政所」になった寧にまだ、こうした身の回りの細かい世話をさせていた。次の書状は、豪と「おひめ」がいるので、天正十五年頃のものだろう（『豊臣秀吉文書集』六七三〇、一部文字を修正した）。

返す〴〵忙はしく候へども、筆を染め候、心ざし浅からず候、以上、
又申候、尿筒一つ給うべく候、急ぎ待ち申候、
此蜜柑一桶まいらせ候、十にして五つ政所（寧）、三つ五もじ（豪）、一半金吾（秀俊）、半おひめ（小姫）、合十の分、よく〳〵分け候て、賞翫候べく候、かしく、
十月廿四日
（墨引き）
いわ　てんか

宛所は寧付の侍女いわだが、実際には寧に宛てた書状である。蜜柑一桶一〇個のうち、

五つを寧、三つを豪、一つ半を秀俊、残る半分を「おひめ」で分けて賞翫するように、とのことだった。さらに、尿筒（竹筒で作った携帯用の尿瓶）一つを急いで寄越してほしいと頼んだ。つまり、下のものまでわざわざ寧に調達させていた。秀吉にとって寧はまったく気が置けない妻であり、寧も秀吉の気に合うように心を配っていた夫婦関係がわかる。

「小姫」

なお、「おひめ」は織田信雄の娘で、天正十五年秋頃に養女となった。天正十三年生まれなので、数えの三歳だった。「おひめ」は「小姫」と書かれたり、「小姫君」とする史料（『多聞院日記』天正十八年正月二十八日条）もあるので、「おひめ」なのか、「こひめ」なのかは確定できない。そこで、以下では「小姫」としておく。

また、年未詳の七月十七日付で秀吉が前田玄以に宛てた朱印状（『豊臣秀吉文書集』六一八四）では、黄金の常器（日常用の器）五つ、皿三、金の箸、懸盤（下地は木、金塗）、金の茶壺、金の肩衝一つの製造を命じ、その支払いについては次のように指示した。

> 一、右の金子御代官衆前より北政所かり請取遣之、金子うけとり申付けべく候、由断すべからず候也、

金子は代官所から「北政所」が借用して遣わすので、その金子を受け取って注文せよとのことだった。よって、高額の什器類の資金調達も寧の役割だった。

秀吉自筆「掟」

ところで、関白という高位の格式を持つ家になったことから、豊臣家の家風を正す必

要が生じた。旗本木下家には、次の秀吉自筆掟書が伝来する（『豊臣秀吉文書集』一七五七、六頁写真参照）。

おも（き）て

一、足摩（さす）り候時、居高（いたか）なるていをし候物においては、扶持ふち（行カ）十石返させ申すべき事、

一、湯殿裏への供番（ともばん）替わりたるべく候事、

一、秀吉・お祢ヽに口答（ごた）え候はば、一日一夜縛り申すべき事、

以上、

天正十三年十一月廿一日　てんか

これは第三条に「お祢ヽ」とあることで注目されたが（堀新「北政所の実名」）、誰に対する掟書なのかはよくわかっていない。秀吉は十一月十八日には大坂におり、二十九日に坂本に移った。その間の行動はわからないが、二十一日に山城国内の諸寺社に寺領宛行（あてがい）状（じょう）をいっせいに発給しており、これが本拠地の大坂城で行われた可能性は高い。また、第三条で秀吉と寧に口答えをした者は一日一夜縛りにする、とあるので、大坂城で夫妻の側仕えをする女中たちに命じた掟だろう。発端は第一条にあり、秀吉が疲れた足を女中に摩らせると居高な態度をとった者がおり、そうであれば扶持一〇石を返却させると

女中たちの意識改革

いう。第二条では、湯殿裏の供番も変更させる事態となった。女中たちにしてみれば、以前と変わらない態度だったのだろうが、今後は関白夫妻に対して敬意をもって仕えるように厳命した掟書だった。つまり、にわか仕立ての関白家において、女中たちの意識改革を図る必要があったのである。

　十二月二十日には大坂城で吉田兼見の使者が、「北政所」と呼ばれた寧と「大政所」と呼ばれた秀吉母に祈禱札とお祓いを届けており、寧や秀吉母は大坂城で過ごしていた。

こぼ・東

ちなみに、この頃、秀吉母付の侍女筆頭はこぼであり、寧付の侍女筆頭が東だった。こぼの出自は伝わらないが、東は大谷刑部少輔吉継（吉隆）の母である。

小早川隆景・吉川元長の上坂

　十二月には、安芸の毛利家一門の小早川隆景と吉川元長が大坂に上ってきた。二十一日に饗応があり、隆景からは太刀一振、刀一腰、馬一疋、大鷹三連、紅糸一〇〇斤、虎皮一〇枚、元長からは太刀一振、刀一腰、馬一疋、大鷹三連、銀子五〇〇枚、猩々皮一枚が贈られた。特段に寧や秀吉母への進物はみられない。奏者は三好（羽柴）秀次が務めた。饗応後には、金の座敷を見物した。二十二日には羽柴秀長邸で茶の湯、その後、秀吉が隆景の宿にきて雑談した後、大坂城の天守や宝蔵などを案内され、猿楽が催された。二十三日早朝に山里邸での茶の湯の後、寧（「北政所」）と秀吉母（「大政所」）の所に案内され、さらに千宗易（利休）による茶の湯があり、焼火の間で安国寺恵瓊を交えて終夜の雑談となった。二十四日早朝より三好秀次邸での饗応を受け、能三番が催された。こうして二十五日に隆景と元長は大坂を出立した。右の間に、二人が寧たちと直接対面したのかどうかは、記録からはわからない（「小早川隆景・吉川元長上坂記」）。

天正十四年（寧三十八歳）

天正十四年に寧は秀吉とともに、大坂城で新年を迎えた。三日に、本願寺門跡三所（光佐・光寿・佐超）が秀吉に礼に出向き、如春（「上様」）と光昭（「御児様」）が寧に礼に出向いた。秀吉・寧から返礼があったと思われるが（詳細不明）、同行した女中五人にも寧から小袖が贈られた。この時のものとは限らないが、「本願寺文書」には寧の書状三通が伝来する。日付はなく、いずれも「祢」の署名があり、上﨟宛である。

ガスパル・コエリュ師

二月下旬より、諸大名が在京して、京都内野辺りに秀吉の新御殿（聚楽城）を建造するための普請を開始した。その完成前は、大坂城が秀吉の饗応の舞台であった。三月十六日には、イエズス会副管区長のガスパル・コエリュ師ら一行を饗応した。その折には、秀吉・秀吉母・寧・秀俊への進物が準備された。当日は表御殿での接待後に天守に登ったが、そこは奥向なので男性の出入りは禁止であり、すべての用務を娘たちが担っていた。最上階まで登り、茶を飲んだ後、今度は別の階段から降り、秘されたいくつかの部屋を過ぎて、秀吉は自分が「平素夫人と寝る場所」を見せ、納戸の戸を自ら開いておもむろに座った。そして、女性たちに「（伴天連を）見たければ出てくるがよい」と許可

侍女マグダレナ

するとかなりの人数の女性たちが姿を現した。その中には、寧の侍女マグダレナ（京極高次の妹、朽木宣綱の妻）とジョアナがいたが、寧の姿はなかった。のちにコエリュたちが聞いた話では、秀吉が寧に伴天連たちを引き合わせられずに残念だったと話すと、寧は「それは当然のことであり、宮殿や城内ではいかなる男子にも接しないのが慣例であるから、関白にそのようなお考えがあろうとは信じられない」と答えたという。

また、寧は贈呈された中国刺繍の短袴（サーヨ）がとても気に入り、秀吉は寧にそれを着用させて室内を歩かせ、談話の間も袴をはかせたままだった。夜になっても話は続き、寧の心中では本日の秀吉の伴天連への対応に不安を抱き、彼らの宗教の名誉を損なわずに厚遇することを願っていたが、秀吉の心遣いを嬉しく思うと感謝を述べたという。寧はある人物から伴天連への対応を依頼されていたからだが、寧はキリシタンの反対者としての表明を機会あるごとにしてきたので、コエリュらはこの好意的な態度をデウスからの特別の恩寵の賜物と理解するほどだった（『フロイス日本史』1）。

大友宗麟

四月五日には、豊後の大友宗麟が大坂城で秀吉に対面した。その時、宗麟は秀吉から秘蔵の茶壺八個のうち五個は大坂城に置き、残る「双月」を京に、「捨子」を近江に、「白雲」を淀に置いていると聞かされた。櫻井成廣はこの記事から、京の城に前田摩阿、近江大津城に京極龍、淀城に浅井茶々を置き、名物の茶壺を一個ずつ備えて茶を楽しんだのだろうと説明した（『豊臣秀吉の居城』聚楽第・伏見城編）。この時期の秀吉の別妻の位置がわかるが、秘蔵の茶壺五個を保管した大坂城に置かれた寧は別格だった。

山科言経

六月二十三日には、公家の山科言経も大坂城に登城した。この時は、大村由己の案内で座敷を見学し、その美麗さを「言語道断」と驚いた。併せて、孔雀も見物した（『言経卿記』）。さすがに由己の案内では、女性のいる奥御殿の部屋には入れなかっただろう。前述の宗麟は秀吉自身から奥を案内され、「余之見事」「光輝き候」「金銀をちりばめ候」などと驚いた。

毛利輝元

天正十六年九月十一日に大坂城を訪問した毛利輝元は、秀吉の案内で天守にある七種の部屋を見学後、秀吉の御座席と「北政所」の御座の間一つを残して、それ以外の部屋をすべて案内されたが、特段の感想はない（『毛利輝元上洛記』）。

旭と家康の婚儀

このように諸大名や伴天連たちが大坂城で次々と秀吉の饗応を受けたが、肝心の家康は上洛を拒み続けていた。そこで、秀吉は妹の旭を家康に嫁がせることにした。天正十四年四月二十八日には、板輿一二丁・乗り物三〇丁の華麗な行列が大坂を出発した（『石山本願寺日記』）。五月十四日に浜松に到着し、五月十六日から三日間の祝宴が続いた（『家忠日記』）。

その一方で、五月十九日には、秀吉母が高野山に初参詣した。羽柴秀長の家臣横浜一庵が同行して、帰路に秀長の居城郡山城に立ち寄り、興福寺にも参詣した（『多聞院日記』）。

同月末に大坂城に秀吉母が戻ったとの情報を得た兼見は、大坂城にお祓いを届けたが、これは誤伝だった（『兼見卿記』）。六月一日には郡山城下で一庵の沙汰により、秀吉母を慰めるために興福寺の神人・地下衆による芸能興行が営まれた（『多聞院日記』）。

秀吉母の病

その後、秀吉母がいつ大坂城に戻ったのか判明しないが、体調を崩したらしい。六月二十一日には、大坂城にいる寧の侍女東が、兼見に隠密の祈禱を依頼した。二十五日から祈念修行が始められ、二十七日には結願し、二十八日には大坂にお祓いが届けられた。二十五日には郡山にいた羽柴秀保（秀長の養子、秀吉の甥）のもとにも「大政所俄に霍乱」との情報が届き、秀保を大坂に迎えるために急がせたので、馬が二、三疋ほど道々に乗り殺されるほどだった。二十九日には「大政所死去」との噂も飛び交ったが（『多聞院日

死亡のデマ

記』）、これはまたしてもデマであった。ただし、七月になっても全快とはならなかったようで、八日に「大政所少し御煩気」と東から兼見に連絡があった（『兼見卿記』）。この後は病気の知らせは届いていないので、平癒したのだろう。

右の間のことに関わる秀吉の自筆書状が伝来する（『豊臣秀吉文書集』六〇二五）。

返すぐ〵、此ひばり、五もじ・金五・そもじ三人ゑまいらせ候、賞翫候べく候、
火の用心専にて候、以上、
爰元普請、早々大方いでき候、心安かるべく候、五もじ（豪）は、はや飯をまいり候や、

金五（秀俊）・よめ・五もじも、健気（けなげ）にや、腹（はら）用心専にて候、又そもじ（寧）も飯もまいり候や、
此（この）ひばり（雲雀）両三人これを進（まいら）せ候、賞翫（しょうがん）候べく候、又大政所少し煩いの由、心元なく候、

きやう

てんか

（墨引き）

前田よめ

本文末尾に「大政所少し煩い」とあり、秀吉母が病気だったとわかる。本状は宛所を欠くが、雲雀を「五もじ」・「金五」・「そもじ」で賞翫するようにとあり、養子の豪や秀俊といっしょにいる「そもじ」とは寧になるので、寧宛である。雲雀を贈られていない「よめ」は、家族ではないが、寧の近くにいて秀吉から家族同様に可愛がられた娘であり、天正五年に前田利家と篠原まつとの間に生まれた五女のことだろう。この時十歳で、天正二年生まれの豪より三歳年下となる。天正十七年に十三歳で浅野長政の嫡子幸長（よしなが）と婚約したが、文禄（ぶんろく）二年（一五九三）六月十七日に十七歳で没した。法号は養泉院花雲芳栄（『本藩歴譜』）。なお、『豊太閤真蹟集』一一五号文書解説では、原文の「ひはり」に「檜割（ひわり）」と傍注を付けたことで、これを聚楽の屋敷割とする解釈が先行研究にみられたが、ここは素直に雲雀（ひばり）の賞翫と解釈したい。

上杉景勝

六月七日には上杉景勝（うえすぎかげかつ）が上洛し、十二日には大坂に下って十四日に秀吉と対面した。その案内で城中・天守まですべて見学し、寝所で饗宴を受けたが、寧や秀吉母への対面

の様子などは伝わらない。景勝は正四位上・左近衛権少将に叙任され、二十四日に帰国の途についた（『上杉家御年譜』二）。上杉が臣従し、関東への押さえを得たことで、秀吉は八月より毛利輝元・吉川元春・小早川隆景らを九州に出陣させ、九州征討に着手した。

秀吉母の三河下向

しかし、相変わらず家康が上洛しないため、秀吉は九月二十六日に使者を派遣し、秀吉母を三河に下向させることを伝えた。これを家康が了承したため、十月十日頃に秀吉母は大坂を発ち、十月十八日に三河岡崎に到着した。入れ替わりに家康が上洛し、二十六日に大坂に到着して、秀吉の弟秀長の屋敷に宿をとった。秀吉は待ちきれずに、その夜に秀長の屋敷を訪ね、家康の手を取って奥の座敷に入り、酒宴となった（『家忠日記』）。十一月三日に秀吉は淀より上洛し、五日には家康を伴って参内し、家康は正三位・中納言に任じられ、八日には京都を離れた。この時も、寧が家康と対面した様子などは確認できない。こうして、秀吉は十二月一日に自らの九州出兵を来春三月と定めた。十六日には近衛前久の娘前子（さきこ）を養女として、前月に即位したばかりの後陽成帝の女御（にょうご）として入内（じゅだい）させた。十九日は太政大臣に任じられ、二十二日に大坂に戻った。

安禅寺宮心月女王

右の間の寧の行動としては、九月十八日に安禅寺宮心月女王（あんぜんじのみやしんげつじょおう）（誠仁（さねひと）親王三女）七歳が大坂城を訪ね、ちょうど秀吉が留守であったので寧が対応し、宮に紅梅の巻物五端（たん）と銀子五枚を進上した。幼児相手とはいえ、御付きの者たちを従えた皇族の娘に対して立派な亭主ぶりを発揮し、「一段御仕合能」との評判だった（『言経卿記』）。秀吉の関白任官により「北政所」となった寧は、関白豊臣家の第一位の妻としての重圧を感じながらも、養子たちに囲まれて、大坂城本丸で大過なく過ごしていた。

二　聚楽城と大坂城

天正十五年（寧三十九歳）

聚楽

天正十五年（一五八七）正月、寧は大坂城で秀吉とともに新年を迎えた。正月十二日に吉田兼見は大坂に行き、寧と秀吉母にお祓いを届けた。秀吉は九日に上洛し、二十七日には京都内野の新邸を「聚楽」と号することや、準備が調い次第に後陽成帝の聚楽行幸があることを公表した（『時慶記』）。実際の行幸は、翌十六年四月十四日のことになる。

九州出兵

秀吉は、三月一日に九州向けて出陣した。五月二十八日には肥後佐敷で、五月十日付の寧の書状を受け取った。翌日返信を書き、明日は肥後八代まで移る予定で、島津義久が降伏して十五歳頃の娘と島津義弘（義久の弟）の十五歳の嫡子又八、宿老どもの人質一〇人ばかりを取り、島津には薩摩・大隅両国を与え、義久は在京、義弘の嫡子ほかの人質は大坂詰とした。六月五日頃に筑前博多まで戻って普請を命じた後、七月十日頃には大坂に帰る予定で、壱岐・対馬からも人質を出し、高麗（朝鮮）に服属するよう使者を出し、来年は唐国（明）まで手に入れる予定などと壮大な計画を伝えた。その一方で、今度の陣で年を取り、白髪が多くできて抜くこともできないほどで、お目にかかるのが恥ずかしく、寧だけであれば構わないと思うが、困惑していると弱気を伝えた（『豊臣秀吉文書集』二二二〇）。その後、秀吉は六月七日に博多に着き、七月十四日に大坂に入った。

聚楽移徙

上方に戻ると、聚楽城移徙の準備が進められた。八月二十七日には寧（「くわんはく北まん所」）の参内が近いので、進物用の呉服を仕立てるために禁裏へ使者を派遣した（『お湯殿の上の日記』）。九月十三日に寧たち一行は大坂城を出て、午後に京都聚楽城に入った。輿数は二〇〇丁とも五〇〇丁ともいい、これに赤装束・衣冠姿の諸大夫が供奉し、長櫃は数知れずの豪華さだった。行列は、秀吉母、その供として大坂本願寺光佐（顕如）の妻如春尼、寧の順であり、京都御所より女中が出迎えた。男や出家には見物禁止の禁制が出ていたが、実際には洛中洛外から多くの見物人が出て、路次は隙間ないほどの混雑だった（『兼見卿記』『時慶記』『言経卿記』）。

小袖

九月十五日には、寧より諸家へ小袖が届けられた。前田玄以と浅野長政の連名の折紙も到来し、翌朝、小袖の礼は玄以にするようにとの指示だった。十八日まで小袖拝領の礼が玄以に申し入れられた（『時慶記』）。配られた小袖の全容は明らかではないが、相当数が届けられた模様である。人物により小袖の品数や質が異なったようで、吉田兼見は浅黄の縅・綿入カヤ色・袷一重を受け取った。寧とはすでに交流があったが、期待が大きかったためか、質が粗末（「一向麁草」）と不満げだった（『兼見卿記』）。

参礼

九月十六日から十七日にかけて、摂家以下諸大夫・地下人・諸道、五山はじめ近隣の寺社に至るまでが聚楽城で秀吉に参礼し、これが終わると「両政所」への参礼があった。特に寧からは、十七日に安禅寺宮に小袖二を贈り、翌日・翌々日と安禅寺宮が聚楽を訪ねてきた。記録からは不明だが、おそらく寧と対面したのだろう。二十日には「両政所」への参礼があり、鼓を響かせての宴会が催された（「公儀女中万方鼓騒」『兼見卿記』）。この日、公家の西洞院時慶の母が孫の時康を連れて寧を訪ねると、二人に盃が出され、母は白綿一〇把をもらって帰った（『時慶記』）。このような事前連絡のない訪問にも快く対応し、幅広いネットワークを構築しようとしていた様子が読み取れる。二十一日には禁裏の女中全員、二十二日は院御所の女中全員が聚楽に参礼した。既述のように寧の参内は予定されていたが、実際に参内したかどうかを記録上で確認はできない。とはいえ、聚楽城で繰り返された参礼によって、二人は京都社交界へのデビューを成功させた。

京都社交界へのデビュー

大坂下向

ただし、今回の聚楽城移徙は、定住を目的としていなかった。一連の参礼を終えた九月二十三日には寧の大坂下向が予定されていたが、延期と伝えられた（『時慶記』）。二十四日には、秀吉が寧・母・如春を伴い大坂に下向したとの情報が出たが（『言経卿記』）、

北野大茶会

実際にはその後も秀吉は在京し、十月一日の北野大茶会を迎えた。秀吉母も在京しており、十月五日には病状が伝えられた。その後、病状は快復し、二十五日には翌日秀吉母が大坂下向の予定とされたが、これも実際には雨で延引した（『兼見卿記』）。

秀吉母の病

右の間に寧が病床の義母を京都に置き去りにして一人で大坂に帰ったとも思えないが、まったく行動がみえず、大坂城に戻った時期の特定はできない。ただし、十二月には大坂在城が確認できる。十二月二日付で秀吉が寧付の侍女ちくに宛てた書状（『豊臣秀吉文書集』二三九二）によれば、いつになく装束の小袖を揃えて贈ってくれる寧に感謝し、その褒美として連歌の懐紙を贈る、秀吉は六、七日頃に戻って年を越したいので、その心得でいること、「小姫」（「おひめ」）、豪（「五もし」）、金吾（「きん五」）にも、その言伝を頼む、十二月三日には、里村紹巴（さとむらじょうは）の連歌会に参加する予定、とのことであった。

里村紹巴

天正十五年十二月三日に、秀吉は紹巴の連歌会に参加した。また、秀吉は約束通り十二月六日に大坂に下向し、天正十六年正月を大坂城で迎えた（『兼見卿記』）。これらの符合から、本状は天正十五年の発給と確定でき、寧の居場所も大坂城とわかる。このように、十二月までに大坂城に戻った寧は、三人の子（秀俊・豪・「小姫」）たちに囲まれながら、年末・年始をともに過ごすつもりで夫の帰りを待っていた。

天正十六年（寧四十歳）

明けて天正十六年になると、すぐに後陽成帝の聚楽行幸の準備が進められた。正月十六日に興正院佐超の妻（「西御方」）が山科言経を呼び出し、如春尼（「北御方」）が秀吉母と寧（「大政所・若政所」）に贈る袴に問題がないか確認してほしいと依頼した（『言経卿記』）。寧たちが帝との対面の際に着用する装束の準備だろう。正月に、寧は三貫文、孝蔵主は一貫文、東は五〇〇文、大進は扇子一〇本を近江竹生島に奉加した（「竹生島奉加帳」）。三月十日には、北野社の檜皮葺きの葺き替えに黄金一枚を奉加した（『北野古記録』）。これらの功徳を積んだのも、無事に行幸を迎えるための祈願だろう。寧たちが上洛した日時は特定できないが、こうして四月十四日に行幸の日を迎える。

行幸は、永享九年（一四三七）に後花園帝による将軍足利義教邸来訪が最後となり、帝の乗り物である鳳輦や格式の高い牛車なども久しく廃れていたため、それらの再興から着手せねばならない大がかりな朝儀復興をも意味していた。禁裏から聚楽城までは一四、五町あり、その間の辻固めの警備は六〇〇〇人を要した。女中たちには烏帽子着の侍を渡して、国母の准后（勧修寺晴子、後陽成帝の生母）と女御（近衛前子）の輿をはじめ、大典侍局・勾当内侍、そのほかの女中たちの輿が三〇丁、輿添一〇〇人余が付き従った。その様子は、「後宮のつぼね〱に至るまで、百工心をくだき、丹青手を尽す。その美麗あげていふべからず」とある。准后以下の女性たちは聚楽城の奥御殿に迎えられて、寧や秀吉母からの饗応を受けた（大阪城天守閣蔵「聚楽行幸記」）。

金吾秀俊宛起請文

秀吉はこの行幸にあわせて、天正十六年四月十五日付で起請文を提出させた。織田信雄・徳川家康・羽柴秀長・羽柴秀次・宇喜多秀家・前田利家の五名連署、織田信包(のぶかね)(「津侍従(じじゅう) 平 信兼(たいらののぶかね)」)以下二三名連署の二通であるが、いずれも宛所は「金吾殿」であった(「聚楽行幸記」)。つまり、関白秀吉の継承者が金吾秀俊(後の小早川秀秋)であると公表されたのである。秀俊を手元で育ててきた寧にとっても、これは喜びだった。

四日目の十七日に、表御殿では舞十番の上覧があった。これを終えて、座を改めて酒席となり、七献を過ぎたところで、寧と秀吉母から金吾秀俊を使者として進上物が届けられた(「聚楽行幸記」)。

一、御衣　二十重　一、黄金　五十両　砂金袋入之
一、香炉　一ケ　一、盆香合　堆紅(ついこう)
一、麝香臍(じゃこうのほぞ)　二十　一、高日紙(檀)　十帖
右、北政所殿より進上之、
一、御衣　十重　一、黄金　五十両　砂金袋入之
一、香炉　一ケ　一、盆香合　堆紅
一、麝香臍　二十　一、高日紙(檀)　十帖
右、大政所殿より進上之、

「御衣」は小袖であり、これが秀吉母は寧の半分だった以外は同じ内容の進物が贈られた。堆紅とは、彫漆の工法のことである。

従一位豊臣吉子

五日間の行幸を終えた翌日、天正十六年四月十九日付で寧は従一位に叙された。京都高台寺にその口宣案が伝来する（「高台寺文書」）。名前は、豊臣吉子とあった。諱は秀吉から一字をとったもので、実際に吉子と名乗ったわけではない。五月十七日には禁裏に三種三荷を贈った。閏五月十日には大坂下向の暇乞いとして、寧は准后・女御・長橋局・大乳の人を訪ね、禁裏女中よりも餞が贈られた。十二日には寧より道明寺粉三〇袋・浜焼二個・樽五荷が禁裏に届けられ（『お湯殿の上の日記』）、この日、寧は一同を引き連れて淀から船で大坂城に下った（『豊臣秀吉文書集』二五〇二）。翌十三日には寧の奏上により、禁裏で神楽が興行された（『お湯殿の上の日記』）。一連の行事を無事に終え、大坂城に無事に帰った寧は、さぞ安堵したことだろう。時に四十歳となっていた。

秀吉母発病

一方、秀吉母は聚楽に残った。六月八日に発病が伝えられた。秀吉から朝廷に奏上があり、十九日には京都御所において後陽成帝が直々に臨時の御拝、内侍所の御千度、千遍楽を催し、立願のため、三夜の神楽、大法の護摩、仁王経、神道の護摩、泰山府君（延命神への祈願）の五行事が営まれた。また、二十日には勅使を派遣して、伊勢・春日・八幡・住吉・賀茂上下・祇園・稲荷の各社へ本復祈願を要請し、秀吉よりは清水・愛宕・

鞍馬・八幡・北野・伊勢内宮・同外宮・多賀・春日・浅間・住吉・稲荷・祇園・賀茂の各寺社にあてて、当座の寄進として合計七一〇貫文、本復の際には各一万石合計一三万石の寄進を約束した。浅間神社のみには、内橋建立を約束した。秀吉が母の命を三年、でなければ二年、それでも無理なら三十日でもよいから延命させてほしい、と願ったことはよく知られている（「多賀大社文書」）。この時は、七月初旬には無事に快復した。

次はその間に出された七月四日付の秀吉書状（『豊臣秀吉文書集』二五三九）と推定される。

> 返す〴〵、何時と申ながら、大政所御煩いに御肝煎、満足申候、いよ〳〵機嫌にあい候ように、頼み思し召し候、小姫・五（豪）もじも、気慰みにとめおき候べく候、何なりとも心おかれずに申こし候べく候、
>
> 今度大政所へ申及ばず、金銀なりと心置かれずに御使い候べく候、白銀そなたになき（よし脱カ）うけ給候（衍カ）およひ候まゝ、唯今まづ〳〵百枚これを進せ候、なを要に候はばとり給うべく候、かしく、
>
> 七月四日　　秀吉（花押）

今度の秀吉母の病気では、金銀を惜しみなく使ってよい。銀子がないと聞いたので一〇〇枚を届けるとし、いつも秀吉母の病気の世話をしてくれることに満足しており、さらに母の気の合うように頼みたい。「小姫」や豪を気慰みに留め置いてよく、何なりと

遠慮せずにいってきてほしい、とのことであった。本書状は宛所を欠くが、従来では寧宛と理解されてきた。とすれば、いったん大坂城に戻った寧は、義母の病気により再び聚楽城に戻ってきて看病にあたったということになるだろうか。

毛利輝元上洛

天正十六年は、安芸（あき）の毛利輝元が初上洛した。七月二十四日に聚楽に登城し、秀吉・秀俊・寧（「北政所」）の三人に進物を贈った。寧には銀子二〇〇枚、白糸三折（おり）三丸（まる）であった。対面場所に寧の出座はなかったが、寧付筆頭侍女の東に銀子一〇枚、孝蔵主にも銀子一〇枚が贈られたので、寧はやはり聚楽城に戻っていたのだろう。

「御末様」

ただし、秀吉母は、聚楽城の秀長邸で過ごしていた気配がある。七月二十五日に毛利輝元は「諸大名」に礼に出向き、まず辰刻（たつのこく）（午前八時頃）に「大政所」を訪ね、銀子一〇〇枚・白糸三折三丸を贈った。続いて「大和大納言」（羽柴秀長）に太刀一腰・馬一疋・銀子二〇〇枚、「同御末様」に銀子二〇枚・紅糸一折一〇斤を贈った。続いて「御内衆」の男性には太刀と銀が贈られたので、太刀を贈られていない「御末様（まつカ）」は秀長の妻とみられる。とすれば、七月四日付秀吉書状はこの「御末様」に宛てたもので、ゆえに金銀を自由に使ってよく、養女の「小姫」や豪は本来、本丸もしくは寧の西の丸屋敷で暮らしていたが、母の気慰みのために秀長邸に留めていてもよい、と伝えたとすれば、内容もよく理解できるようになる。なお、毛利輝元は、秀長邸訪問後は羽柴秀次・徳川

聚楽城概念図

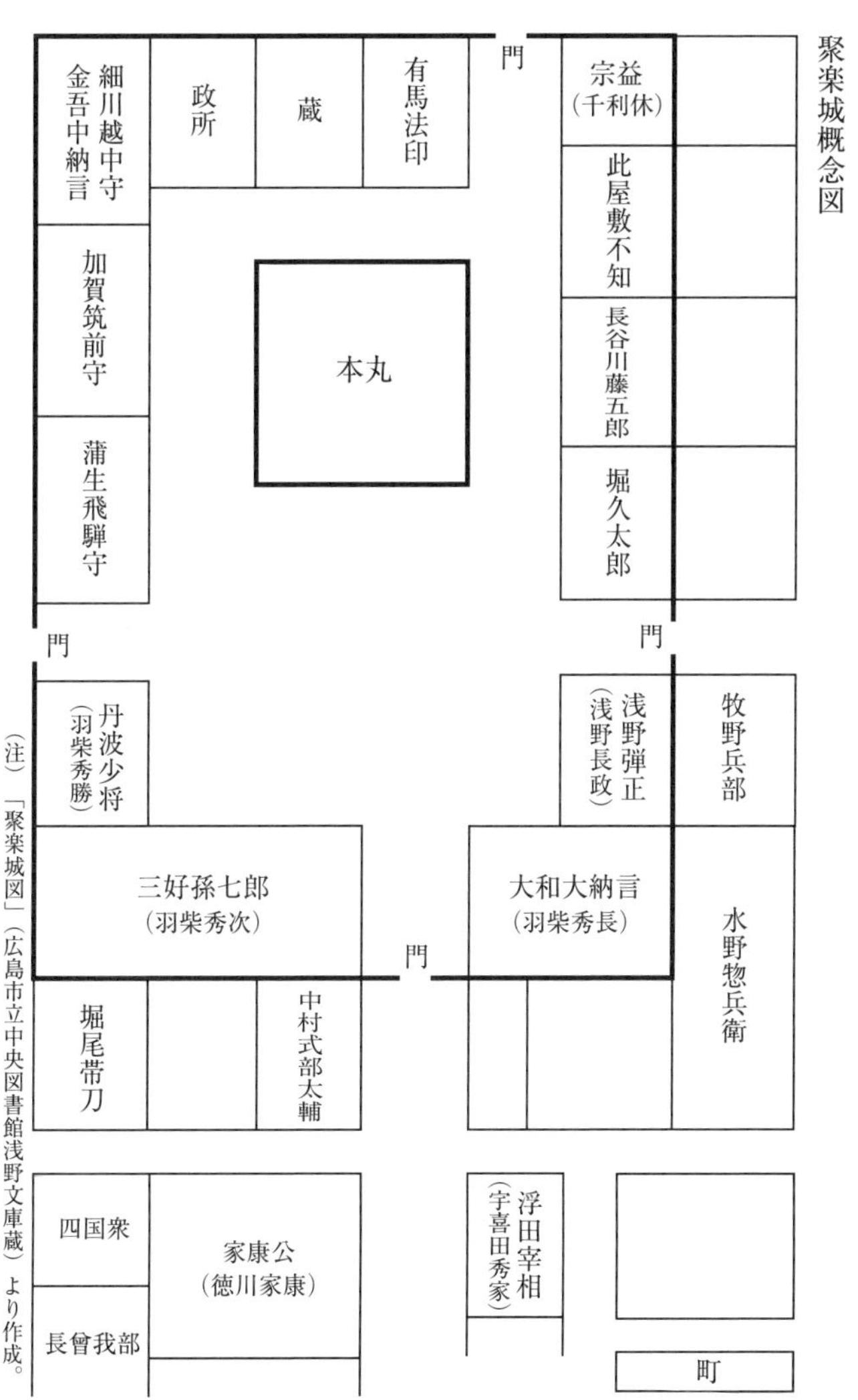

（注）「聚楽城図」（広島市立中央図書館浅野文庫蔵）より作成。

家康（聚楽登城中につき不在）・宇喜多秀家邸の順で巡回しており、屋敷の配置からも輝元はまず秀長邸にいる大政所を訪ねたと考える方に妥当性がある。

輝元は八月七日に聚楽城で碁打ちを観た。徳川家康・羽柴秀長も同席し、二人の案内で屋敷の中や台所までを見学した。その時、秀吉が「姫子」を抱いて出てきて雑談した。これが「小姫」とみられ、この時期に「小姫」が聚楽本丸にいることが確認できる。

前田豪の婚姻

一方の豪はこの頃、宇喜多秀家に嫁ぎ、寧の手元から離れた。秀家は元亀三年（一五七二）生まれ、豪は天正二年生まれで、二歳差の夫婦である。婚姻時期は、次の十月五日付秀吉書状が参考になる（『豊臣秀吉文書集』二六二五）。宛所は寧付の侍女いわだが、実際には寧宛である。

（前略）又この鶉、我等手にてとらせ候、五竿これを進せ候、此うち、一竿大政所へ、一竿備前の五方へ遣わせ、残る三竿はそもじ賞翫候べく候、かしく、（後略）

前略部分には、秀吉が摂津に鷹狩に出かけた記事があるので、本状は天正十六年と比定できる。秀吉が獲った鶉五竿の内、一竿を秀吉母、一竿を「備前の五」、残り三竿を寧が賞翫するよう伝えた。この「備前の五」が豪のことで、秀家の領地である備前が付くことから、この頃までに婚姻したとみなされる。

なお、天正十七年八月に秀家の長男が大坂に生まれた。豪の子ではないが、公認されて北野社に太刀が奉納された。豪は、天正十九年正月十五日に嫡男孫九郎秀高を出産した。同年七月に娘が生まれたが、これも豪の子ではない。娘の生母は産後の肥立ちが悪く、豪や寧が吉田社に祈禱をさせたほどなので、隠し子ではない。豪は、天正二十年八月に娘を出産した。寧は吉田社に安産祈願を依頼した。文禄四年（一五九五）十月には秀家の「女房衆」が出産したが、これも豪ではない。豪は、慶長二年（一五九七）に秀家三男小平次秀継を出産した。関ヶ原合戦後に、豪から生まれた男子二人は秀家とともに八丈島に流罪となった。豪は娘一人を連れて実家の前田家に戻り、寛永十一年（一六三四）五月二十三日に没した。享年六十一。法号は、樹正院明宝樹晃（『兼見卿記』『北野社家日記』『本藩歴譜』『義演准后日記』）。

天正十七年（寧四十一歳）

天正十六年の年末を寧が過ごした場所は不明だが、翌十七年の元旦に秀吉は大坂城で公家や諸大名から新年の礼を受けたので、おそらく年末・年始は大坂城で迎えたのだろう。秀吉は十日に上洛し、十四日に参内して歳首を賀し、ひと月余りを聚楽で過ごした

落首事件

後、二月二十九日に大坂に下向する。その直前の二十五日夜に、落首事件が起きた。聚楽城の表門にあたる南鉄門に、何者かが秀吉を嘲笑する落首を貼り出した。これを知った秀吉は、番衆一七人を処刑した。その様子は三日をかけて、鼻を削ぎ、耳を切り、逆さ磔に処すという残忍極まる拷問だった。そのうち、七人は秀吉母の願いで拷問を

三月二十九日秀吉大坂下向

免れたが、それでも六人は車で引き廻したうえ磔、一人は斬首であり、死罪に変わりはなかった。そのほかの者は大坂天満にある本願寺に逃げ込んだので、二十九日に秀吉自身が大坂に乗り込み、首謀者の捜索が続けられ、三月九日には石田三成が検使となり、六三人を捕縛した。三人は自害し、残る六〇人は京都の六条河原で磔にされた。その後も捕縛は続けられ、計一一三人が処刑された（『多聞院日記』『鹿苑日録』『言経卿記』）。

次の秀吉書状（『豊臣秀吉文書集』二六五四）はこの事件に関するもので、日付は二十七日とのみあり、宛所は「ちく」、署名は「てんか」とある。ちくと文中にある中納言は、寧付の侍女である。

> 返す〴〵、六日淀まで越し申候、爰元の普請申付候て、一両日中参り申すべく候、かしく、
> 番衆の事について文給候、心へ存候、六人の番頭の女子ども、中納言に問い候て、返し候へと申候はば、宿へ返し候べく候、届かざる物いでき、悉く搦めとり候はば、返し申すべく候、いづれの道にも、中納言方へ問い候て、返し候べく候、かしく、

大坂にいる寧から書状が届き、秀吉母の懇願で拷問を免れた六人の番衆の妻子たちの処遇を尋ねられ、不届き者をすべて捕えた後に中納言と相談して宿に返してよい、と伝

えた。返し書では、秀吉は六日に淀城普請を監督した後に大坂に下る予定を伝えたが、実際には二十九日に大坂に下り、右の大騒動となった。番衆の妻子たちは、寧や秀吉母を頼って大坂城内に逃げ込んだのだろう。三月十三日に秀吉は大坂から上洛したが、本願寺の弾圧は続き、十三日には寺内掟五ヶ条が石田三成と増田長盛（ましたながもり）の連署で出され、十九日には寺内の検地が実施された（『言経卿記』）。

また、秀吉は春より淀城の修築普請を進めていた。浅井茶々が妊娠しており、その居所とするためだった。五月二十七日には、無事に鶴松（つるまつ）が誕生した。朝廷より祝いの使者が淀に派遣された（『お湯殿の上の日記』）。なお、捨て子は育つとの俗信から「すて」（「捨」「棄」）と名付けられたとされるが、同時代史料での確認はできないため、以下では鶴松として進める。

次の秀吉書状（『豊臣秀吉文書集』二七一六）は、日付はなく、差出は「てんか」とある。宛所は寧付の侍女こや宛なので、実際には寧宛である。こやは、東の娘であった。

返すぐ〵、そもじ養生候て、我が身の心元なきように飯もこしめし候べく候、油断あるまじ（く脱）候、大政所殿せ（狭）はきところに御座候はば、気も詰まり候まゝ、まづ〵かやうまいらせ候べく候、ただし、風吹き候はば、そこにて冷えかへり候間、御無用にて候べく候、鶴松殿・小姫下し申候、文見まいらせ候、両三人無精物の事、詫び事よしうけ給候、よきついでにて候まゝ、堪忍分を出し候て、暇をとらせ申候へども、そもじ（寧）思い心候て、又両三人の事まで案じ、迷惑の由申され候まゝ、この度の事、そもじへ差し置き申候、其上我が身の機嫌悪しく候事、一しお案じ候はんまゝ、かく許し申候、かしく、

「大坂殿」と呼ばれた浅井茶々

鶴松と「小姫」を下すとあるので（傍線部）、天正十七年八月二十三日に鶴松が淀城から大坂城に移る際の書状となり、寧は大坂城にいた。秀吉は二十三日に「小姫」を連れて京都を発ち、淀にいる鶴松を伴って大坂城に移る予定だった。天正十七年八月付で本丸鉄門番の定が出されており（『豊臣秀吉文書集』二七〇三）、以後、茶々と鶴松の居所は大坂城本丸とされ、茶々は「大坂殿」「大坂様」などと呼ばれ、寧に次ぐ第二位の妻としての別格の地位を得るようになる。なお、「小姫」が大坂城に下ったのかどうかはわからないが、右の経緯からは寧は大坂城、小姫は聚楽城にいて別居していたことになる。

書状ではまた、二、三人の無精者に堪忍分を与えて辞めさせたいが、寧に免じて許すことになった。寧はこの件で、秀吉の機嫌が悪いことも心配していた。しかし、今回は寧の釈明に加え、鶴松の大坂城移徙を控えており、祝福気分を損ねたくないことから、寛大な処分となったのだろう。なお、返し書きでは、秀吉母も聚楽に移すことが検討されていた。

聚楽城移徙

寧は鶴松との初対面を済ませると、九月五日には大坂城を出て聚楽城に移った。以後は、しばらく聚楽城で過ごすことになる。聚楽城の西の丸付近は、現在も高台院竪町と高台院横町の地名が残り、ここが寧の屋敷地と推定されている。また、秀吉母の屋敷は、北の丸にあったという（櫻井成廣『豊臣秀吉の居城』）。これより先、九月一日に秀吉は諸大名に妻子の上洛と在京を命じた（『多聞院日記』）。翌年に計画していた小田原出陣に向けた人質政策であり、寧の上洛はこの政策に連動する側面もあったと考えられる。

石清水八幡宮への祈禱依頼

なお、寧（「御うへさま」）は孝蔵主を介して、日ごろの秀吉の祈禱に加え、鶴松の祈禱も行うように石清水八幡宮に依頼した。この件は、茶々（「御ふくろさま」）も如才ないと伝えられた。寧が生母の茶々の意向も踏まえながら、豊臣家を代表して新生児の成長を祈願した。また、石清水八幡宮ではこれを契機に、寧を通じて知行問題を解決しようと画策した。これは難題だったようだが、「若君様」の祈禱のためなので用捨してほしい旨を寧から秀吉に申し入れると、いずれも機嫌よく聞き入れられた（『石清水文書』三）。

燈明料・寺領の寄進

その結果、十一月十九日と二十日付で八幡山の諸坊に燈明料や寺領が寄進された（『豊臣秀吉文書集』二七三七〜二七三九・二七四一・二七四四〜二七四九）。寧の大きな功績であった。

三　小田原の陣

天正十八年
（寧四十二歳）

天正十八年（一五九〇）元旦に、秀吉は参内した。よって、寧は秀吉とともに京都で新年を迎えた。四日には、秀吉母、その取次の宰相（さいしょう）、寧、その取次の東、大谷吉継、孝蔵主、金吾秀俊に吉田兼見からお祓いが届けられた。その夜、鶴松が病気との知らせが届き、秀吉は急ぎ大坂に下った。諸大名以下も大坂に下向した（『兼見卿記』）。鶴松は病弱

病弱な鶴松

であり、前年十七年十月にも薬師（くすし）が呼ばれた。今回は口中の病気であり、この後も七月、十一月、天正十九年正月にも病気が取り沙汰された（拙著『淀殿』、『光豊卿記』）。

秀忠と「小姫」の婚約

寧は京都に残ったが、多忙だった。徳川家康の嫡男秀忠が、「小姫」と婚約式を挙げるために、駿府から初上洛したからである。秀忠は十二歳、「小姫」は六歳だった。秀忠は聚楽城内の寧の屋敷に入り、田舎じみた髪型や装束を京風に改めてもらった。寧は秀忠を実子のように可愛がったという（『平姓杉原氏御系図附言』）。この後も、寧と秀忠とは親しい関係を続けることになる。正月二十一日に婚約式が浅野長政邸で営まれ、二十五日までに秀忠は京都を離れた。「小姫」は、その後もそのまま聚楽城で過ごした。

旭没

なお、右の間の正月十四日には、秀吉の妹の旭が聚楽に没した。旭は天正十六年六月

に母の病気を聞いて上洛し、その後、一度岡崎に戻ったが、再び上洛して京都聚楽で過ごしていた。家康と離縁したわけではないので、聚楽の家康邸にいたのだろう。法名を南明院光室宗玉。享年四十八。家康によって京都東福寺の南明院に葬られた。

小田原出陣

小田原出陣を目前に控え、二月中旬頃に茶々と鶴松が大坂城から聚楽城に移った。三月一日に秀吉は京都を発ち、四月上旬より小田原に在陣した。惣構え（そうがまえ）に守られた小田原城を二重、三重に取り巻き、干殺し（ほしごろし）にする作戦をとったため、長期戦となった。寧はたびたび使者を派遣して秀吉の安否を尋ね、秀吉は四月十三日付の書状（『豊臣秀吉文書集』三〇二九）で戦況を報せるとともに、次のような家族への愛を伝えた。

（前略）若君恋しく候へども、ゆく〳〵のため、又は天下穏やかに申付くべく候と存じ候へば、恋しき事も思い切り候まゝ、心安く候べく候、我等も灸までいたし、身の養生候まゝ、気遣い（きづかい）候まじく候、各々へも申触れ（もうしふれ）、大名どもに女房を呼ばせ、小田原に有付候へと申触れ、右とう（衍カ）〳〵りの如くに長陣（ながじん）を申付け候まゝ、其ために淀（浅井茶々）の物を呼び候はん間、そもじ（寧）よりもいよ〳〵申遣わせ（もうしつかわせ）候て、前廉（まえかど）に用意させ候べく候、其（そ）もじに続き候ては、淀の物、我等の気に合い候ように、細か（こまか）につかれ候まゝ、心安く召し寄せ候よし、淀へも、其もじより申やり、人を遣わせ候べく候、我等年をとり申すべくとも、年の内に一度は、其方（そなた）へ参り候て、大政所、又は若君

をも見申すべくまゝ、御心安く候べく候、（本文略）

宛所は「五さ」だが、高台寺に伝来する書状なので実際には寧宛である。若君が恋しいが、天下を穏やかにするため我慢している。長陣になるため諸大名に女房を呼ばせた。秀吉も茶々（「淀の物」）を呼ぶので、寧から茶々によく伝えて準備をさせること。寧に続いて茶々が秀吉の気に合うように細やかに仕えてくれるため心安く呼び寄せるのであり、そのことを寧からも茶々に伝えて人数を付けること。秀吉も年内に一度は京都に戻り、母や鶴松に会いたい、といった内容である。省略した本文では、小田原の陣の交戦状況を伝えた。こうして、茶々は鶴松を寧に託し、聚楽城から小田原に向けて出発した。

茶々を小田原に呼び寄せる

五月十四日付で秀吉が寧に宛てた書状（『豊臣秀吉文書集』三二〇八）では、御座所の城、石蔵、台所が完成し、やがて広間や天守を建てる予定を告げ、年内中には戻って若君といっしょに寝たいなどと伝え、すでに沢山（たくさん）の城を落としたので安心してほしく、「わかぎみ（鶴松）・大まんどころ殿・五（豪）・おひめ（小姫）・きん五（秀俊）・そもじさま（寧）」が息災であると聞いて満足している旨を伝えた。よって、寧は聚楽城で秀吉母や子たちと平穏に過ごしていた。

その後に秀吉が寧に宛てた書状（『豊臣秀吉文書集』三五六九）は、月日を欠くが、北条氏の諸城を攻め落とし、残りはあと五つもないと戦況を伝えており、七月五日の小田原開城前の六月末頃のものと推定される。久しく寧からの書状がないため、心元ないのでわざわざ筆をとった。「大まんどころ殿・そもじ（寧）・わかぎみ（鶴松）・おひめ（「小姫」）・金吾（秀俊）」は息災かと尋ね、同行させている茶々（「大さか殿」）は元気であると伝え、懇ろな返事を待つ、とした。

生身魂の祝儀

七月十二日付の秀吉書状（『豊臣秀吉文書集』三三一二）では、寧からの書状および鶴松・秀俊・「小姫」から生身魂（いきみたま）の祝儀が届いたことを喜び、特に鶴松より贈られた黄金（きがね）五〇枚を入れた袋の仕立てが見事だと褒め、これは寧がいろいろと相談して編ませたのだろう、とその心遣いに感謝を伝えた。ただし、今回討ち取った北条氏政とその弟氏照の首とともに送り返すので、寧たちの暮らす座敷に仕える者たちに祝儀金として一枚ずつを与えるようにと伝えた。さらに、自身は十七日に会津まで陣を進めて九月中には上洛、茶々は十五日に上洛させる予定を知らせた。遠く離れた戦陣にいる秀吉を喜ばせるため、寧は鶴松・秀俊・「小姫」といっしょに黄金を入れる袋に工夫を凝らして楽しむなど、賑やかな日々を送っていた。かたや茶々は小田原にいて、かわいい盛りの愛児が日々成長する姿を見ることなく過ごしていたのである。

さらに宛所と日付を欠く秀吉書状（『豊臣秀吉文書集』三五七〇）では、「小姫」が病気との報せを受け、「かへす〴〵、お姫いよ〳〵よく候や、さい〳〵申こし候べく候、油断候まじく候へども、固く御申つけ候べく候、お鶴松殿へも事伝（ことづて）申候べく候」と心配した。末尾にはすぐに帰る（「還御（かんぎょ）」）とあり、秀吉の京都帰還は九月一日なので、八月中旬頃のものだろう。

茶々は七月十五日に小田原を発って京都に戻り、しばらくは鶴松たちと聚楽城で過ごした。九月一日に京都に戻った秀吉はなかなか鶴松に会えなかったらしく、鶴松を冷やさないように、二十日頃にはそちらに行くので、と伝えた秀吉書状がある（『豊臣秀吉文書集』三五六七）。次の書状も日付はないが、この頃のものだろう（『豊臣秀吉文書集』三五六八）。

返すぐ〳〵、思し召し候て、文申ばかりなく候、両人の御か（母）ゝさまへ事づて申候べく候、

御書、忝（かたじけな）く存候、梅松召し寄せられ候て、乱舞のよし、めでたく存候、唯今参候間、御嗜（たしな）み候て、御ざ候べく候、かしく、

てんか

御つるまつさま

御返事

梅松を召しての乱舞に、すぐに参るので嗜んでいてくれ、と鶴松に伝えた。秀吉は聚楽近辺で何か所用があったのだろう。返し書で寧と茶々を「両人の御かゝさま」と呼び、言伝を頼んだ。茶々の帰洛後も、秀吉が寧を鶴松の母として遇していた様子がわかる。

二人の母

天正十九年（寧四十三歳）

寧は天正十九年正月を京都で迎えた。九日に吉田兼見は聚楽にお祓いを届けた。届け先は、寧（「北政所殿」）、「姫君様」（前田豪カ）、「小姫」（「御姫様」）、「御まんさま」（不詳）、秀

俊（「金吾様」）、東、大谷吉継、孝蔵主、浅井茶々（「大坂殿」）、茶々付の大蔵卿局（おおくらきょうのつぼね）、鶴松（「若君様」）、秀吉母（「大政所殿」）、秀吉母付の宰相である。十九日には鶴松が病気となり、二十二日には寧の奏請により、雪の降るなか、鶴松の祈禱のため内侍所で神楽が催された（『兼見卿記』『時慶記』『光豊卿記』）。

調停役

この頃から、寧は「北政所」としての調停役を発揮するようになる。北野社では、秀吉母の祈禱料一〇〇〇石が三〇〇石に減らされたうえに、前田玄以が三〇〇石の配分に口出しをしたことから争論となった。北野社の松梅院は孝蔵主・増田長盛・木下吉隆（きのしたよしたか）の三人を頼みとしたが落着しなかったため、閏正月三日に寧の意向が示されて、三〇〇石は松梅院次第ということで決着した（『北野社家日記』）。同日には吉田社の吉田兼見に、上山城の堤普請に人足を差し出すことを免除する奉行の折紙が届けられた。これも、寧の意向を得たものだった（『兼見卿記』）。

羽柴秀長没
千利休切腹
「小姫」没

ところで、この年は、凶事が続いた。まず正月二十二日に、秀吉の弟羽柴秀長が領地の大和郡山で病死した。法号は大光院春岳紹栄。享年五十二。二月二十九日には千利休が切腹となった（異説あり）。首は大徳寺山門に置かれた利休木像とともに聚楽大橋に晒された。大徳寺の長老衆二、三人も磔にかかるところを秀吉母や秀長後家らの詫び言により許された（『北野社家日記』）。七月九日には聚楽城で「小姫」が没した。七歳だった。

兼見は聚楽城に人玉（夜間に空中を浮遊する火の玉）が出るとのことで十一日に祈念を命じられ、十七日に結願したので屋固札・千座祓などを届けたところ、寧はこの数日、腹中を患っていた。そこで、さらに祈禱を続けるよう東から書状が届いた（『兼見卿記』）。

寧の重病

七月十七日に秀吉は鶴松を連れて大坂城に下向する予定で、淀城に立ち寄った。ところが、すぐに秀吉は京都に戻った。寧が重病に陥ったからである。寧の兄家定の七月二十五日付書状（「大阪城天守閣文書」）によれば、十七日より腹痛があり、一日に一七、八回も便所で下すほどで、今は七、八回ほどに減って快復の兆しがあるとのことだった。七月二十九日付の書状（「大阪城天守閣文書」）では、ようやく「本服（復）」しており、発症から二週間を超える重病だった。

鶴松没

そのなかで、八月五日には鶴松が淀城に没した。三歳だった。法号は、祥雲院玉巌麟公（しょううんいんぎょくがんりんこう）。「小姫」、鶴松と病死が続いたことから、伝染性の病気が指摘されている（渡辺江美子「甘棠院桂林少夫人」）。こうして、秀吉は死穢の場所となった淀城を破却し、延期していた朝鮮出兵に着手する。

四　豊臣家の後継者

太閤秀吉

天正十九年（一五九一）十二月、秀吉は新たに養子に迎えた甥の秀次に聚楽城と関白職を譲り、自身は太閤と呼ばれるようになる。養子としていた秀俊はまだ十歳の幼少だったこともあるが、鶴松誕生により豊臣家における秀俊の立場に変化が生じていた（光成準治『小早川隆景・秀秋』）。一方、秀次は二十四歳で、前年の小田原出兵や続く奥羽仕置で実力を示していた。ちなみに、朝鮮出兵中に加藤清正が熊本の家臣に書状を送り、関白秀次夫妻（「くわんはくさま御二所」）と秀次の両親（「くわんはくさま御二おやさま」）へ呉服を清正の母から贈り、さらに秀吉・寧夫妻にも入念に贈るように指示を出した。その際に、寧と秀吉の二人を「大まん所さま・大かうさま御二所」と称しており、寧を「大政所」と呼んだ例をみる（「名護屋城博物館所蔵文書」）。ただし、実際には寧を「大政所」と呼ぶ例はほどんどなく、その後も「北政所」「政所」と称された。関白秀次の第一位の妻（池田恒興の娘）は「若政所」「政所」、秀次の母智（秀吉の姉）は、「大政所」ではなく「大かみ様」と呼ばれた（『兼見卿記』『駒井日記』ほか）。

天正二十年（寧四十四歳）朝鮮出兵

天正二十年正月五日に、秀吉は諸大名に朝鮮出兵を命じた。三月二十六日に秀吉は京都を出発し、四月二十五日に肥前名護屋に到着し、七月まで名護屋に在陣した。これには、浅井茶々、京極龍、孝蔵主、ちゃあが同行した。関白秀次が京都聚楽城、寧が大坂城にいて、留守を預かった。四月一日付で秀吉が寧付の侍女こやに宛てた書状（『豊臣秀吉文書集』三九九九）では、「大坂へいつ時分越し候や」と尋ねており、寧は京都にいて秀吉の出陣を見送り、その後に大坂城に移る予定だった。五月六日付の寧宛の秀吉書状（『豊臣秀吉文書集』四〇七三）では、「大坂の火の用心申し付け候」とあるので、この頃までには大坂城に移った。また、この書状では、端午の節句の帷子をいろいろと贈られた礼を述べ、これから高麗の都を陥落させ、九月の重陽の節句は「唐」にて受け取ることになるから、そうすれば寧を迎えるための使者を送る（「そもじのむかいをめでたくこれを進すべく候」）と伝えた。なお、追而書では、袖無しの道服（大納言以上の人が内々で着る上着）は不要、と伝えた。

同日付で秀吉母付侍女の宰相に宛てた書状では、寧と同様の内容で節句の呉服の礼を述べ、「唐」を征服すればこちらに呼ぶ（「そもじさまのむかいを参上申すべく候」）と伝え、追而書では食事も進んでおり、また、母は遊山をして過ごし、こちらを案じることはない、と伝えた（『豊臣秀吉文書集』四〇七四）。母宛の方が丁寧な書き方である。

山中長俊書状

五月十八日付で、奉行の山中長俊が寧の侍女の東と客人に宛てて、十七ヶ条に及ぶ長文の書状を送った（「組屋文書」）。その概要は、五月二日に朝鮮の首都を攻め落とし、朝鮮国王は明との国境近くに逃れたこと、近く秀吉が渡海の予定で、今年中に北京を落として帝（「日本の帝王さま」）の御座所とし、秀吉は日本からの船着きのよい寧波に居所を置き、朝鮮出陣中の大名には天竺（インド）近くで領地を与える予定などの詳細を伝えた。

さらにその最終条には、次のようにあった。

一、北の政所さま御迎い、やがてまいらせられべきよしの事、高麗御渡海の時、中上げ候はんまゝ、詳しからず候、御つゐでも御ざ候はば、政所さまへ、御取り成し、頼み入り申候、

意訳すれば、「北政所様のお迎えをそのうち参らせるとの事ですが、これは高麗への渡海時に申上げますので、詳細はわかりません。このことをついでの折にでも、政所様に取りなしを頼みます」となる。要するに、秀吉は寧や母を大陸に連れていく予定だったが、自身の渡海ですら実現が危ぶまれており、実際の計画は未定であった。

渡海延期

六月二十日付の寧付の侍女こや宛の書状（『豊臣秀吉文書集』四一八〇）では、珍しい道服と袴を贈られた礼を述べ、渡海は海が穏やかになる来年春まで延期になったことを伝え、「一段寂しく候はん」と離れていて寂しいだろうと気遣った。渡海延期は、朝鮮までの海面は波が荒く、危険であることが理由とされたが、実際には船舶が確保できないことがあった。また、早々の渡海を勧める石田三成に対し、徳川家康と前田利家が先に軍勢を渡海させた後に、秀吉が渡海するよう説得したことも大きかった。続いて六月二十二日にも秀吉はこやに宛てて書状を送り、再々寧から届く書状に返事をしていないが、懇ろに見ていると伝えた（『豊臣秀吉文書集』六五三四）。ただし、寧からの書状には、秀吉母の

情報は記されていなかった。

秀吉母危篤

秀吉母の病気を知らせる第一報は、聚楽城にいた秀次からだった。七月十一日付で秀吉側近の木下吉隆に宛て、陣中の秀吉に報告すべきかをよく相談して披露してほしい、と遠慮がちに伝えた（「本法寺文書」）。十三日付の第二報では、少し状態が改善したことを伝えた。ところが、その直後に病状が元に戻り、吐逆して食事がいっさいとれなくなった。十五日付の第三報では、この状態では快復は難しくみえ、祈禱・立願以下を命じて養生に専念しているが、現状通りを伝えるので、秀吉の機嫌をみて言上してほしい、と吉隆に書き送った（「京都大学総合博物館所蔵文書」）。十四日に秀次は清水寺、愛宕社、鞍馬社、石清水八幡宮、北野社、伊勢内宮・外宮、多賀社、稲荷社、住吉社、祇園社、上・下賀茂社、高野山に祈禱を命じた。霊験があれば、一〇〇〇貫文を奉加として納める旨を伝えた。高野山は別格で、大塔建立を約束した（「大阪城天守閣文書」）。

秀吉母没

右の報せは七月二十一日に名護屋に届き、秀吉は徳川家康と前田利家を留守居に命じ、自身はすぐに上洛する旨を秀次に返信した（『豊臣秀吉文書集』四二二〇）。翌二十二日には名護屋を発ち、路次を急いだが、その日に秀吉母は没した。享年七十六。秀吉は二十九日頃には大坂城に入った（『鹿苑日録』）。

なお、五月八日に勧修寺晴豊は秀吉母（「大政所」）の見舞いに大坂に下向しており、五月には大坂にいた（『光豊公記』）。その後、上洛した記事は確認できないが、「太閤素生記」によれば、秀吉母は下京に屋形を建てて居住し、この地に終わったとする。下京警察署の周辺は、今でも大政所町の地名が残る。九月十七日付で秀吉は京都の前田邸で暮らす摩阿に書状を送り（『豊臣秀吉文書集』四二五四）、聚楽屋敷廻りには行けず、京都に来るのでさえ「大政所」のことが思い出されて困惑する、と伝えており、秀吉母は聚楽屋敷で没したようにもみえる。いずれにせよ、右の秀次の書状や二十二日当日に鶴峯宗松が「聚楽」より秀吉母死亡の情報を得た点（『鹿苑日録』）などから、秀吉母は京都に没したと判断される。

下京大政所町

この間、寧は大坂城におり、義母の危篤に際して上洛した気配はない。七月二十八日に、吉田兼見は寧から依頼を受け、豪（宇喜多秀家の妻）の安産祈禱の鎮札を大坂に届けている（『兼見卿記』）。秀次自身が名護屋に状況を報せた点からも、秀吉母の最期を看取ったのは秀次だった。八月七日に秀吉母の葬儀が、大徳寺近郊の蓮台野において施行された（『兼見卿記』）。二十日に秀吉は大坂から伏見に上り、屋敷普請の縄打ちを命じた（『兼見卿記』）。この間、寧は大坂にいて、やはり上洛した気配はない。九月十五日には大坂の寧（「大坂北政所殿」）に兼見からお祓いが届けられ、十八日に大坂の寧・東・松浦重政・同妻・中村勝右衛門から返礼を受け取った（『兼見卿記』）。

秀次が秀吉母を看取る

大坂・名護屋輸送整備

八月八日には、大坂・名護屋間の輸送を円滑にするために、継舟・継夫・継馬の制度が調えられた。京都より名護屋へは秀次（「関白」）の朱印状、大坂より名護屋へは寧（「北政所」）の黒印状、名護屋から大坂へは秀吉の朱印状を必携とし、それ以外の者の使用を禁じた（「佐甲家文書」「安楽寺文書」）。しかし、寧から送られたのは、女の能役者や能道具、江川酒（伊豆韮山の江川家が作る名酒）などであり、軍時物資は信濃川中島の苧（からむし）一〇〇〇貫目を一度送ったに過ぎない。「北政所」発給とされる黒印状も、寧の意向を受けて側近が発給した黒印状である（「長井家文書」）。よって、寧が「秀吉軍の朝鮮渡海への後方支援の役目」を秀次とともに分有していたとする理解（田端泰子『北政所おね』）は、やや過大評価とせざるをえない。

秀吉は、十月一日には大坂を出発し、十一月一日に肥前名護屋に到着した。十二月二十日付の寧宛の秀吉書状では、朝夕、茶の湯にて暮らしており、暖かくて寒中のようではないと伝えた（『豊臣秀吉文書集』四三五八）。

小吉秀勝没長命寺領の処理

右の間の九月九日には、朝鮮出兵中の小吉秀勝（「岐阜中納言」）が病死した。岐阜は織田秀信（信長の嫡孫）に与えられた。それを命じた秀吉朱印状では、近江長命寺の寺領一〇〇石が含まれていたため、同寺は領地を失うことになった。すでに秀吉は大坂を離れており、かつ名護屋は遠方のため、長命寺はまず寧（「政所様」）に断りを入れると、当年

→キリトリ線

料金受取人払郵便

本郷局承認

5788

差出有効期間
2025年1月
31日まで

郵便はがき

113-8790

東京都文京区本郷7丁目2番8号

吉川弘文館 行

愛読者カード

本書をお買い上げいただきまして、まことにありがとうございました。このハガキを、小社へのご意見またはご注文にご利用下さい。

お買上**書名**

＊本書に関するご感想、ご批判をお聞かせ下さい。

＊出版を希望するテーマ・執筆者名をお聞かせ下さい。

お買上
書店名　　区市町　　書店

◆新刊情報はホームページで　http://www.yoshikawa-k.co.jp/

◆ご注文、ご意見については　E-mail:sales@yoshikawa-k.co.jp

ふりがな ご氏名	年齢　　歳　男・女
〒□□□-□□□□ ご住所	電話
ご職業	所属学会等
ご購読 新聞名	ご購読 雑誌名

今後、吉川弘文館の「新刊案内」等をお送りいたします(年に数回を予定)。
ご承諾いただける方は右の□の中に✓をご記入ください。 □

注 文 書

月　日

書　名	定　価	部　数
	円	部
	円	部
	円	部
	円	部
	円	部

配本は、○印を付けた方法にして下さい。

イ．下記書店へ配本して下さい。
(直接書店にお渡し下さい)
(書店・取次帖合印)

書店様へ＝書店帖合印を捺印下さい。

ロ．直接送本して下さい。
代金(書籍代＋送料・代引手数料)は、お届けの際に現品と引換えにお支払下さい。送料・代引手数料は、1回のお届けごとに500円です(いずれも税込)。

＊お急ぎのご注文には電話、FAXをご利用ください。
電話 03－3813－9151(代)
FAX 03－3812－3544

（ご注意）

・この用紙は、機械で処理しますので、金額を記入する際は、枠内にはっきりと記入してください。また、本票を汚したり、折り曲げたりしないでください。

・この用紙は、ゆうちょ銀行又は郵便局の払込機能付きＡＴＭでもご利用いただけます。

・この払込書を、ゆうちょ銀行又は郵便局の渉外員にお預けになるときは、引換えに預り証を必ずお受け取りください。

・ご依頼人様からご提出いただきました払込書に記載されたおところ、おなまえ等は、加入者様に通知されます。

・この受領証は、払込みの証拠となるものですから大切に保管してください。

収入印紙
課税相当額以上
貼　　付

印

この用紙で「本郷」年間購読のお申し込みができます。

◆この申込票に必要事項をご記入の上、記載金額を添えて郵便局でお払込み下さい。

◆「本郷」のご送金は、４年分までとさせて頂きます。
※お客様のご都合で解約される場合は、ご返金いたしかねます。ご了承下さい。

この用紙で書籍のご注文ができます。

◆この申込票の通信欄にご注文の書籍をご記入の上、書籍代金（本体価格＋消費税）に荷造送料を加えた金額をお払込み下さい。

◆荷造送料は、ご注文１回の配送につき500円です。

◆キャンセルやご入金が重複した際のご返金は、送料・手数料を差し引かせて頂く場合があります。

◆入金確認まで約７日かかります。ご諒承下さい。

※現金でお支払いの場合、手数料が加算されます。通帳またはキャッシュカードを利用し口座からお支払いの場合、料金に変更はございません。

※領収証は改めてお送りいたしませんので、予めご諒承下さい。

お問い合わせ　〒113-0033・東京都文京区本郷７－２－８
吉川弘文館　営業部
電話03-3813-9151　FAX03-3812-3544

この場所には、何も記載しないでください。

各票の※印欄は、ご依頼人において記載してください。

02	東京	払込取扱票	通常払込料金加入者負担

口座記号番号	金額
00100-5-244	千 百 十 万 千 百 十 円 ※

加入者名	株式会社 吉川弘文館	料金		備考	

ご依頼人・通信欄	
フリガナ ※お名前	
郵便番号	電話
※ご住所	
※	

〈この用紙で書籍代金ご入金のお客様へ〉
代金引換便、ネット通販ご購入後のご入金の重複が増えておりますので、ご注意ください。

◆「本郷」購読を希望します

購読開始 ［　　号］より

1年 1000円（6冊） 3年 2800円（18冊）
2年 2000円（12冊） 4年 3600円（24冊）
（ご希望の購読期間に○印をお付け下さい）

日附印

裏面の注意事項をお読みください。（ゆうちょ銀行）（承認番号東第53889号）

これより下部には何も記入しないでください。

切り取らないでお出しください。

記載事項を訂正した場合は、その箇所に訂正印を押してください。

振替払込請求書兼受領証

口座記号番号	00100-5-244	通常払込料金加入者負担
加入者名	株式会社 吉川弘文館	
金額	千 百 十 万 千 百 十 円 ※	
ご依頼人	おなまえ ※ 様	
料金		日附印
備考		

この受領証は、大切に保管してください。

文禄二年（寧四十五歳）

太閤秘蔵の子

は今まで通りに長命寺に寄進してよいとする意向が示された。そこで、長命寺は奉行の長束正家（なつかまさいえ）に連絡し、中郡平流郷（へるごう）六〇〇石を管轄していた田中吉政にも右の旨を十一月五日付の書状で伝えた。吉政からは十一月二十三日付で返信があり、吉政が上洛するので聚楽に使僧を寄越し、名護屋に使者を送るのは無用とのことだった。結果は、関白秀次の朱印状が出され、長命寺の言い分が聞き入れられた（「長命寺文書」）。秀吉の不在中に秀次が単独で決定を下した形となったが、寧の意向が尊重されたことが重要だろう。

秀吉は名護屋で越年した。文禄二年（一五九三）二月頃に秀吉が寧（「おねへ」）に宛てた書状（『豊臣秀吉文書集』四五〇六）では、久しく書状を書いておらず、懐かしく思っていたところに、寧からの書状が届いた。珍しいので、懇ろに書状を見たという。続けて、次のように記した。

（前略）金五（羽柴秀俊）、十三日にそなたを発ち候よしうけ給（たまい）候、心へ候、備前の五（豪）もじ名を変え候て満足の由うけ給候、男にて候はば関白を持たせ申すべくに、女房にて候まゝ、是非なく候まゝ、女房の官のあがり候はん事は、天下一の官にいたし申すべく候まゝ、南の御方はまだ不足にて候、太閤秘蔵の子にて候まゝ、ねより上の官に致したく候、凱陣候はば官を先致し、のち先の一の官に仕り申すべく候、其心へ候て、南の御方をばあいしらい候べく候、八郎（宇喜多秀家）には構わず候、位は太閤位ほどに致し

申すべく候、以上、
又文箱（ふみばこ）給候、心へき、候事、今に始めざる事と申ながら、奇特にて候、物巧みも天下一にて、果報も一と存候、かしく、

天下一の文箱

前略部分では、朝鮮渡航を三月中に行い、明の使者と朝鮮で会う予定だが、すぐに凱陣するので安心するよう伝えた。続いて、秀俊が二月十三日に大坂を出立したこと、豪が「南御方」へと改名したこと、男であれば関白にしたいほどで、秘蔵子なので寧より上の官位にしたいなどと伝え、届いた文箱の見事さを「天下一」と褒め称えた。

能十番

続く三月五日付の寧（「ね」）宛秀吉自筆書状（『豊臣秀吉文書集』四四八五）では、修得中の能十番の演目を伝えた。演目は、松風（まつかぜ）・老松（おいまつ）・三輪（みわ）・芭蕉（ばしょう）・呉羽（くれは）・定家（ていか）・融（とおる）・杜若（かきつばた）・田村（たむら）・江口（えくち）の十番である。名護屋在陣中の秀吉の嗜好は鷹狩から能へと移り、寧から能衣装などを送り届けてもらっており、何か問題がある様子はなかった。

寧の不気嫌

ところが、三月二十四日付の寧（「ねもじへ」）宛秀吉書状（『豊臣秀吉文書集』四五〇三）では、寧を叱責する事態となる。まず、見事な能小袖をいろいろな紋柄で取り揃えて贈られ、皆々に見せたところ一段と褒められたと謝意を述べた。そのうえで、二十二日に秀俊が名護屋に着いたが、秀俊が大坂に暇乞（いとまご）いのために寧を訪ねた際に、寧の機嫌が悪く、秀俊の道具を少しも調えてくれなかったと聞いたことを告げ、「何としたる事にて候

や」「そもじかわいがり候はで、誰やの人かわいがり候はんや」と問い糺し、これ以後は、一段と愛しく思い、秀吉からいわれたことだと思って、どんな用でも聞いてやるようにと伝えたあげくに、次なる無神経な言葉をいい放った。

そもじは子持ち申さず候まゝ、金吾（秀俊）ばかりと思ひ候て、大切がり候べく候、

――そなたは子を持たないので、金吾だけが子だと思って大切にせよ。

「子を持たない」という禁句

これは、禁句であった。この書状を受け取った寧の心中たるや、いかばかりだっただろうか。続いて、寧が「愛想」がなかったことを名護屋で聞き、あまりにも笑止だと思ったので、寧からの文と音信だと偽り、秀俊に公用銭一〇〇貫文、白銀一〇〇枚、道服、扇一本、懸袋三つ、白丁（白布の狩衣）二つを渡したので、その返事を受け取るように、これ以後は、秀吉と同様に愛しがってほしい、もし秀俊が器用者であれば、秀吉の隠居分をとらせる覚悟なので、少しも悪くは思っていないと心得るように、と命じた。

実父道松没

しかし、寧の不機嫌には、理由があった。実は、実父の道松が、二月六日に没していたのである。道松はいっさいの動向が不明の人物だが、高台寺には位牌がある。寧は父の菩提を弔っており、絶縁関係ではなかった。秀吉書状には道松に触れるところがないので、寧は在陣中の夫を気遣い、実父の死を伝えなかったのだろう。秀俊もまだ十二歳だったから、寧が不機嫌な理由や万端の準備をして送り出せなかった事情を理解できず

に、正直な不満を漏らしてしまった。秀吉は知らされていなかったとはいえ、肉親を亡くして傷悴した妻を慰めるどころか、取返しのつかない最悪の禁句を告げてしまった。

「小姫」の亡霊

寧の気鬱な状態は、さらに続いた。四月に聚楽城で「小姫」の霊気が漂うので安鎮の社檀を作りたいと吉田社に連絡があった。ところが、大坂城でも「小姫」の亡霊に悩まされており、寧は大坂城で神に祀るので聚楽城では無用との意向を示してきた。とはいえ、聚楽城では秀次の娘八百（やお）（二歳）の不調が続き、四月十九日に吉田兼見が聚楽城本丸御殿で加持祈禱を行い、屋固札（やがためのふだ）を三ヶ所に安置した。その甲斐なく、同年四月六日に生まれたばかりの秀次男子が六月六日に没した。続いて八百も、翌三年に没した。かたや大坂城では「神体」が調えられ、四月二十四日より七日間の行法が執行され、四月二十八日には「亡魂霊社」の社檀造営が始まり、八月一日に遷宮となり、「小姫」の鎮魂が成就した（『兼見卿記』）。この二日後に、大坂城二の丸で茶々が秀頼を出産する。

茶々の懐妊

秀吉はしばらく寧に書状を書かなかったらしく、五月二十二日付で寧（「おね」）に書状を送った（『豊臣秀吉文書集』四五九七）。まず、咳気のため文を出せなかったことを詫び、茶々の妊娠の様子を聞き、「めでたい」と伝える一方で、寧を気遣った。

> われ〳〵は子欲しく候はず候まゝ、其心へ候べく候、太閤子は鶴松にて候つるが、よそへ越し候まま、二の丸殿（浅井茶々）ばかりの子にてよく候はんや、

――私は子を欲しくありませんので、その心得でいてください。太閤の子は鶴松でしたが、死んでしまったので、二の丸殿ばかりの子にすればよいではないか。

二ヶ月前の書状で、「そなたは子を持たない」と最悪の禁句を告げてしまった秀吉は、実子のいない寧を気遣い、こう述べるしかほかになかったのである。そして、七月か八月には必ず戻って会いたいので安心してほしい、と伝えることも忘れなかった。前欠だが、文禄二年と推定される寧（「ね」）宛の秀吉自筆書状（『豊臣秀吉文書集』四八一七）では、これ以後は能道具を送ることは無用としており、帰洛の準備に入った。

大坂二の丸様

七月九日に大坂城留守居の帥法印歓仲（そちのほういんかんちゅう）が、姫路の書写山円教寺の行司に対し、茶々の安産祈禱を依頼した（「大阪城天守閣文書」）。茶々は「大坂二の丸様」と呼ばれており、名護屋から戻ると大坂城二の丸に住み、出産の時を待った。よって、本丸を居所とする寧の第一夫人の地位は揺るいでいない。

秀頼誕生

八月三日には待望の男児が誕生した。八月九日付で秀吉は寧（「おねへ」）宛に書状を送り（『豊臣秀吉文書集』四七〇五）、松浦重政からの使者が名護屋に到着し、子を拾ったと聞いたので、寧からも松浦に礼を伝え、子の名は「ひろい子」とし、下々（しもじも）の者も「お」の字を付けずに「ひろい」と呼び捨てにせよ、と伝えた。

子の名は「ひろい」

これは、拾い子はよく育つという民間習俗にならい、丈夫に育つようにとの願いが込められていた。また書状の返し書でも再び、子の名は「ひろい」と呼ぶよう念を押し、名護屋を二十五日に出る予定を告げ、寧に会って積る話をしたい（「御めにかかり、御物がたり申候べく候」）と伝えた。とはいいながら、秀吉は二十五日まで待てず、十日も早い八月十五日に名護屋を発ち、二十五日には大坂城に到着した。足掛け十一日の速さであった。その後、秀吉は九月四日に伏見に移るまで大坂城で過ごした。以下、「ひろい」は諱（実名）の秀頼と呼ぶことにする。

秀頼に関しては、鶴松の反省もあり、茶々に一人で育てさせたいという秀吉の意向が強く働いたようである。文禄二年十月二十五日と推定される茶々（「おちゃ〳〵」）に宛てた秀吉自筆書状では、「おひろい」はよく遊んでいるか、努めて精を入れて乳を飲ませるように、「そもじ」（茶々）の乳が足りなければ、乳が細くなる、と心配した（『豊臣秀吉文書集』四七七三）。茶々は秀頼を手元に置き、自らの乳で育てていたとわかる。大坂を離れていた秀吉が「とゝ」と署名して秀頼に送った書状からは、愛しくて仕方がない様子が伝わる（『豊臣秀吉文書集』六九〇〇・六九〇四）。なお、寧は大坂城の本丸、茶々は同城の二の丸におり、曲輪が異なるので、簡単に行き来はできなかった。

秀頼が生まれると、諸大名は秀頼や茶々にも進物を贈った。その返礼の秀吉朱印状では、秀吉・寧・秀頼・茶々の順で名が記された。名順は寧が先だが、進物は茶々と同額であった。また、これらの朱印状に京極龍や前田摩阿の名が記されることはない。その

別格の妻

意味でも、多くの妻妾の中で寧と茶々は別格の地位にあり、二人は同格であったが、第一位の妻が寧、第二位の妻が茶々という序列は揺るがないものがあった。

有馬湯治

秀吉は名護屋から戻ると、九月四日に京都に上って秀次に会い、日本を五つに分けてその四つを秀次に与えると伝えた（『言経卿記』）。その後、秀次は伊豆、さらに熱海へと湯治に出かけた。秀吉も、九月二十七日より閏九月七日まで、有馬湯治に出かけた。閏九月六日付で秀次が、秀吉、寧、茶々付の者に宛てて送った披露状の内容から、産後まだ二ヶ月であった茶々と秀頼は大坂城に残り、寧は久々に秀吉と二人で有馬湯治を楽しんだらしい。その間、寧は秀吉の不在中に秀次が鷹で捕えた鳥を細々（こまごま）と贈ってくれたことなどを秀吉に話し、秀吉と秀次の仲を取り持とうとした（『駒井日記』）。秀頼の誕生により秀次の立場が難しくなっており、それへの配慮だった。寧は秀吉より一日遅れの八日に大坂帰城の予定であったが、九日の八つ時（午後二時頃）に帰城した。

竹を縛る

秀吉は有馬から戻ると、閏九月十日に寧付の侍女の竹を叱って縛る事件を起こした。理由は伝わらないが、孝蔵主は「大形ならず取乱（とりみだし）」という状態に陥った。秀吉は二十日に伏見に移るので、これは大坂城での出来事であった。二十日は京都の紫野（むらさきの）で秀吉母の仏事が営まれていたが、秀次の重臣である木村常陸介（ひたちのすけ）重茲が奉行を担当し、秀吉や寧がこれに参加した形跡はない（『駒井日記』）。

京都に移った秀吉は、十月七日に大坂城にいる寧（「おね」）に書状を送った（『豊臣秀吉文書集』四七六五）。たびたび寧から書状が届いたが、能に忙しくて返事ができなかった。今日はいろいろと珍しい火打ち袋を贈られ、一段と気に入った。能も一段と上達して、いろいろな仕舞をして見せたところ、皆から褒められ、すでに二日を終え、九日にまた京中の女房どもに見せるつもりで、とても草臥（くたび）れているが、十四、五日頃には暇を得て、伏見に行き普請を急がせ、数日逗留したら、すぐにそちらに行って話をしたい。そちらでも能をして見せるので、待っていてほしいと伝えた。

能に興ずる秀吉

しかし、秀吉の大坂下向は延引し、十五日には孝蔵主がちゃあとともに秀吉の「内儀」の使者として大坂に下り、十七日には大坂から戻ってきた。秀吉が京都を離れるのは十九日で、向かった先は近江大津だった。そこで秀吉は、「唱門師（しょうもんし）」の追放を命じた。秀吉が名護屋在陣中に大坂城の女中たちと不祥事を起こしたためで、女中たちも処罰された。詳細は拙著『淀殿』に述べたが、処罰者は三〇名を超えた（『フロイス日本史』2）。これは茶々が名護屋滞在中のことなので、まったく関知することではなかったが、茶々の醜聞事件として伝聞されていく。また、寧付の「侍女マグダレナ」（京極龍の妹）も嫌疑を受けたが、これは日頃から品行方正のため罪を免れた。そもそも、大坂城の留守は寧が預かっており、女中たちを束ねる寧にこそ不祥事事件の責任があったが、これも不

「唱門師」の追放

問に付された。大坂城の筆頭留守居だった歓仲が、この事件により失脚した。

歓仲失脚

五　秀次事件と秀吉の死

文禄三年（寧四十六歳）

文禄三年（一五九四）に、寧は大坂城で新年を迎えた。正月二十九日に秀次が大坂城を訪ね、秀吉（「太閤様」）に太刀一腰・銀子一〇〇枚、寧（「北政所殿」）に金子一〇枚、秀頼（「御ひろひ様」）に金子一〇枚・太刀一腰、茶々（「御袋様」）に金子五枚を贈った。女中のさ五・中納言・東・ちゃあ・客人・こちゃ・孝蔵主、茶々付の大蔵卿局、七曲（寧の養母）・朝日（寧の実母）・「播磨御内」（秀吉の叔母、小出秀政の妻）の女性親族三人にも、小袖や綿の進物があった。二月二日に寧は書状を添えて返礼した。その内容は、昆布一折、白鳥二、鯛一折、鯣（するめ）一折、螺（にし）一折、行器（ほかい）五荷、樽一〇荷であった。二月四日にも、秀次は秀吉（「太閤様」）・寧（「北政所様」）・同女房衆・茶々（「二丸様」）・秀頼（「御ひろひ様」）たちに進物を贈った。翌五日に登城して「御台所（おだいどころ）」に行き、孝蔵主をもって秀吉・寧夫妻に礼を述べたところ、「喜思召（よろこびおぼしめす）」との意向が示され、「御膳」のおすべりをいただいた。同時にちゃあが出てきて、吉野の花見に少人数で同道するように、と伝えられた。また、孝蔵主から十日の能も見物するよう伝えられた。六日には寧に生白鳥を贈ると、孝蔵主をもって呉服一重を贈られた。八日に秀次は寧に吉野同道の際の火打ち袋を所望すると、有り合わせを贈るとのことだった。寧の作る火打ち袋は評判がよかったのだろう。十日の能は九日に変更され、本丸の舞台で秀吉自身が能五番（吉野詣・田村・関寺小町・源氏供養・老松）を演じた。翌十日に秀次は京都に戻り、寧より火打ち袋一・道服一・小袖二重を受け取った（『駒井日記』）。

京極龍の西の丸御殿

二月十二日には京極龍が新造された大坂城西の丸の御殿に入った。以後、伏見城に移るまで、龍は「西の丸」と呼ばれるようになる。十三日昼より、山里丸において寧（「北政所様」）・茶々（「二丸様」）、その他の女房が集まり、花見となった（『駒井日記』）。秀次は大坂にいる駒井重勝と田中吉政に、「今日北政所さま、山里へ御成候や、御膳など出来候や」と書状で尋ねており（「前田家所蔵文書」）、特に寧を気遣っていた様子が窺える。

四月二十日には大坂城下の宇喜多秀家の屋敷に、寧・茶々・秀頼・龍の四人がいっしょに「御成」となった。豪を訪ねたのだろう。秀吉は体調を崩し、夜中に小便を漏らすような状態であり、自身で能を演じられないためか、四座に興行が命じられた。この頃、秀吉は秀頼を伏見城に移す意向であったが、鶴松が二歳で上洛して死去しており、秀頼が今年二歳であることを茶々が嫌がったため、延期となった。二十八日に秀次が大坂城に登城し、本丸では秀吉と寧に、二の丸で秀吉・秀頼・茶々に進物を贈った。秀頼誕生後も、秀次はたびたび大坂城を訪ねて、秀吉たちの機嫌を伺っていた（『駒井日記』）。

秀次邸への「御成」

文禄三年八月十三日に、寧は久々に大坂から上洛し、伏見に入った（『兼見卿記』）。秀次邸への「御成」が予定されていたからである。十九日には、その際の差配を命じられた女房が無事に勤め上げられるよう、東から吉田社に祈禱の依頼があった（『兼見卿記』）。この女房は二十四歳で、東の娘のこやとみられている。日時は不明だが、秀次がこやに宛てた書状では、聚楽から妻（「政所」）を伏見に呼んだので、こやから妻の指導をしてほしい旨を依頼した（個人蔵）。

しかし、「御成」は延引し、九月十八日に四奉行（前田玄以・石田三成・増田長盛・長束正家）は、今月二十日から二十五日の間の天気のよい日に秀吉の「御成」があり、その翌日に寧が「御成」をするので、供の女房の輿添侍二〇人の準備を命じた（「大阪城天守閣文書」）。これも延引し、実現したのは十月のことだった。まず十九日に寧が聚楽城に入った。吉田兼見が得た伝聞では、輿数一〇〇丁、中居の女中乗馬一〇〇疋余り、歩行の者は数知れずとのことだった。翌二十日には秀吉の「御成」となった。午刻（正午頃）に新調し

糸毛の牛車

た糸毛の牛車に乗り、諸大名も衣冠を着してこれに供奉した。秀次から秀吉への進物は、装束、太刀一腰、馬一疋、腰物、脇差、銀子五〇〇〇枚、白色の小袖一〇〇、縅二〇〇端、虎の皮一〇枚、赤色の猩々緋の合羽三つ、寧への進物は、装束（小内着・上着・

五ツ絹・一重・袴・扇）、呉服三〇、金銀の打枝、金銀の印籠、黄金の本香炉、黄金二〇〇枚、金の屏風二双、沈香一折、綿三〇〇把、絹一〇〇端という贄を尽くしたものだった（「小笠原植盛等書翰」）。

寧は二十二日の夜中に伏見に戻ったので三泊四日の滞在、秀吉は二十三日に聚楽を出たので同じく三泊四日だったが、伏見には戻らずに京都の前田利家邸に入った。二十五日は蒲生氏郷邸、二十八日に上杉景勝邸に「御成」をして、十一月二日に伏見に帰った（『兼見卿記』）。

「まんかゝ」と呼ばれる

右の間の九月二十六日付で秀吉が大坂城にいる秀頼に書状を送り（『豊臣秀吉文書集』五〇二三）、秀頼との接吻が忘れられず、茶々（「おかゝ」（母））にも接吻させてはならない、乳を母からよく飲ませてもらえ、などと親ばかぶりを発揮したが、その書中で「まんかゝ」（政母）への言伝を確かに伝えたというくだりがある。秀吉は寧を気遣い、もう子はいらぬ、茶々だけの子にすればよい、といいながら、前言は撤回され、寧を「まんかゝ」と呼び、秀頼の母としての立場を認めていた。

上杉景勝との交流

また、十月二十八日に上杉景勝が聚楽の屋敷で秀吉を饗応した際には、伏見にいる寧（「北政所様」）にも音信として進物が届けられた。銀子二〇〇枚、重箱二（金銀蒔絵、盃台二である。景勝は秀吉の死後も、寧との交流を絶やさなかった。重陽や歳暮の祝儀が贈られ、寧からは遠路の音信に感謝する返礼状が残されている（「上杉博物館蔵文書」「伊佐早文書」「聚楽之御成帳」）。

秀頼の伏見城移徙

伏見城への移徙が検討されていた秀頼は、文禄三年十一月二十一日に大坂城を出て伏見城に入った。実母の茶々も同行したのだろう。その一方で、寧は大坂城に戻ったらしい。次の秀吉書状（『豊臣秀吉文書集』六九〇八、「ＭＯＡ美術館所蔵文書」、写真にて文字を一部修正した）は無年号だが、秀頼の伏見城移徙後のものと推定され、寧と茶々・秀頼の関係がわかり、興味深い。

返すぐ〳〵四、五日にそなたゑお拾（ひろい）参申（まいりもう）すべく候（そうろう）まゝ、そもじ（寧）一しほ御うれしがるべく候、この鶴進（まいらせ）候、賞翫（しょうがん）候べく候、

この間ハ久しく文にても申さず候、茶の湯にて毎日、日に二度づゝ呼び、早々くたびれ、迷惑申候、又、湯へ茶々入り候てよく候は（ん）ぬよし、薬師（くすし）申まゝ、湯へ入れ申、其ついでに大坂へお拾連れ候てそなた（寧）へミせたきよし候て、連れだち越し申候、定めて珍しきと御うれしがり候はんと推し量り申候、かしく、

（切封）

お祢（寧）へ　　　大（秀吉）

久しく文を出さなかったのは、毎日茶の湯を一日に二度ずつ催して草臥れていたため

で、また茶々を湯へ入れるのがよいと薬師がいうので、そのついでに大坂に立ち寄り秀頼（「お拾」）を寧に会わせたいとのことで、いっしょにそちらへ行く。寧も珍しがって喜ぶと思い、四日か五日に行くので嬉しく思ってくれ。また鶴を送るので賞翫するように、とある。寧は大坂城、茶々と拾は伏見城にいる。鶴を賞翫する季節なので、冬の可能性が高い。秀吉は文禄三年十二月八日から十四日まで有馬湯治に出かけた。そこで、その前の四日か五日に大坂城に立ち寄り、茶々と秀頼を寧に会わせることにしたのだろう。

次の秀吉書状も、この時の有馬湯治に関するとみられる（『豊臣秀吉文書集』六七七六）。

> 返す〴〵、此文表（おもて）にて隠し書き候てまいらせ候、一段と隠し事に骨折れ候、西の丸へちと〳〵見舞いに越し候と申候て、皆々へいかにも〳〵隠し越し候べく候、両人の人うへ（故）に皆々恨みを受け候はんも是非なく候、待ち申候、孝蔵主方ゑ文見まいらせ候へば、一段と哀れにて候まゝ、迎いをまいらせ候、よきついでにて候まゝ、西の丸のお五（京極龍）をも連れ候て、急ぎ越し候べく候、両人方への此（この）文わ、かの天邪鬼（あまのじゃく）どもに隠し書き候てまいらせ候、おね（寧）にも隠し進（まいらせ）候まま、こなたへ越し候ても、文をやり候事隠し候べく候、急ぎ西の丸へ両人越し候て、連れ立ち急ぎ候べく候、かしく、
>
> 十二月十一日

京極龍は文禄三年二月十二日に大坂城西の丸に居住して「西の丸」と呼ばれ、伏見城完成後は松の丸に居住して「松の丸」と呼ばれた。よって、本書状は大坂在城時のものとなり、おそらく文禄三年だろう。秀吉は十二月八日から十四日まで有馬湯治に行き、これには茶々と秀頼を同行させた。そこに、孝蔵主に宛てて小倉と奥の二人から書状が届いた。それを見て哀れに思った秀吉は迎えを出すことにし、そのついでに西の丸にいる龍も連れて急いで来いと伝えた。二人への文は、かの天邪鬼ども――有馬湯治に同行している女性たち――には隠し、また寧にも隠して書いたので、こちらにきても文をもらったことは隠すように、と伝えた。右の内容から判断すれば、寧も有馬に同行したことになる。

大

おくら（小倉）
おく（奥）　両人

小倉鍋

小倉は名を鍋（なべ）といい、近江高野城主小倉右京亮に嫁ぎ、男子二人を生み、夫の死後は織田信長（おだのぶなが）に仕えて、信高・信吉・振の三子を儲けた。のちの関ヶ原合戦では、信吉が石田方に付いて改易され、鍋も秀吉から得ていた知行五〇〇〇石を失った。そこで、秀頼が五〇石、寧が三〇石の知行を与え、余生を京都で過ごし、慶長十七年六月二十五日に没した（「釆地折紙写」「小倉婦人記」）。もう一人の奥についての確証はないが、「太閤素生記」

長生院

では寧の義妹、つまり浅野長政の妻長生院（屋々・まつ）の名を「奥」とする。いずれにせよ、秀吉と近しい関係にある女性たちであった。

延俊の婚姻

朝日の猶子

同じ十二月には、寧は細川幽斎の娘加賀と木下延俊（家定三男、寧の甥）の婚儀を進めた。その際に、加賀を朝日（寧の実母）の猶子としたい旨であった。細川家ではこれを断ったが、断りきれずに了承した（『兼見卿記』）。この時、寧は大坂城にいたから、朝日も大坂にいたのだろう。なお、加賀は、慶長九年（一六〇四）十一月十四日に没した。享年二十二。法号は、松屋寺即菴貞心（『平姓杉原氏御系図附言』）。

文禄四年（寧四十七歳）

文禄四年正月は、秀吉は伏見で迎えた。秀頼も伏見にいたので、昨年内に母子は有馬から伏見に戻った。寧の居場所は不明だが、正月二十二日に大坂で吉田社からお祓いを受け取った。二十八日には、大坂城の蔵に入れていた秀吉の道具が盗難にあい、秀吉はまだ知らないので、機嫌を損ねないように祈禱をしてほしいと吉田兼見に依頼した。東からの書状では、蔵番の担当が東の娘二十五歳とのことだった。つまり、こやである。

蔵番こや

三十日より祈禱が始められ、二月一日には東から、今回の蔵の失物は糾明に及ばず、秀吉の機嫌はよく、祝着であるとの寧の意向が伝えられた。こうした経緯から、寧は文禄四年正月を大坂城で迎えたようだ。ちなみに、慶長二年三月にも、兼見は東から失物の件で祈禱を依頼され、十七日より二十三日まで祈禱を行った。今回は褒賞がないので、失物発見には至らなかったらしい（『兼見卿記』）。それはともかく、これらのことは寧が豊臣家の財産管理に関する責任者だったことを意味する。

豊臣家の財産管理

三月晦日には大坂城の山里丸で、終日、藤を見物した。翌四月一日には、十日過ぎに寧が伏見城に移るとの情報を孝蔵主が秀次側に伝えたが、これは実行されず、その後も寧は大坂城で過した。四月三日付で秀次は秀吉と寧に見舞いの書状を送り、二人からの返信があった。四月十五日には寧が少し虫気（むしけ）となった（『駒井日記』）。

羽柴秀保没

四月十六日には、疱瘡に罹っていた羽柴秀保（「大和中納言」、秀次の弟）が没した。享年十七。法号は、瑞光院花嶽妙喜。二十日に秀吉は秀次を慰める自筆書状を送った。二十一日に秀吉は大坂に下向し、翌日秀吉が下痢ぎみと聞いた秀次は返信と使者を秀吉に送り、寧にも同様に書状を送った。秀保の遺体は京に送られ、秀保の母智には朝日・七曲・小出秀政の妻・青木秀以の母が付き添った。尾張清須にいた父の三好吉房（建性院）も、上洛してきた。ところが、秀吉は秀保の葬礼は表立つことは無用と告げてきた。秀次は秀吉の意向に従うと返答したが、智が小少将（こしょうしょう）という侍女を寧のもとに遣わし、あまり隠密にしても問題があると伝えてきた。寧は秀吉に交渉して、「如何様共心儘に（いかようともこころのままに）」との旨の秀吉書状を受け取り、また小少将にも直接その旨を伝えて書状を渡した。つまり、寧の仲介により秀吉の意向は変更され、二十八日の葬礼が執行された（『駒井日記』）。

三好吉房

秀次の庶子

この時、寧は秀吉が秀次の愁傷を気の毒に思っているのをよいついでと思い、秀次には庶子がおり、今まで秀吉を気遣って披露しなかった旨を伝えた。すると秀吉は、「何とてそのように隠すのか、めでたいことだ」との旨を寧に伝え、また「子のない者はつる葉をも尋ね出し、又は養子などさへするのに、どれほど子がいても飽きる者はいない」と満足する意向が得られたことも、内々に寧から智と小少将に伝えられた（『駒井日記』）。このように寧は、秀吉と秀次との関係を恙(つつが)なく維持するために尽力していた。

伏見城移徙

怪異現象

秀次切腹

その後、寧は伏見城に移るが、時期は特定できない。伏見城ではまた怪異現象に悩まされた。七月一日に東は吉田兼見に書状を送り、先月二十六日より伏見御殿に光物が飛行しているとのことで、寧の祈禱を依頼された。兼見は二日から祈禱を行い、八日にお祓いと撫物(なでもの)を届けようとしたが、いっさい城中に入れなかった。昨日、秀吉が秀次の謀反を聞いて立腹したためであった。八日午刻に秀次は京都から伏見に到着したが、同日夜に元結(もとゆい)を切って高野山へ向かい、夜前に宇治郡玉水(たまみず)に一宿した。そして、高野山に入り、十五日に切腹した。その日、東は兼見に書状を送り、伏見の「常御殿」が毎夜鳴動し、寧が体調不良なので、怪異を鎮める札がほしいと依頼した。翌日、鎮札を持たせると、東より感謝を述べられたが、引き続き祈念を依頼された。八月二日には、秀次の子と妻妾侍女ら三〇余名が京都三条河原で処刑された（『兼見卿記』）。

大坂城移徙

この後、寧は不吉な伏見城を出て、大坂城に戻る。九月九日に安芸広島の毛利輝元と吉川広家が、伏見城の寧（「北政所」）・茶々（「伏見簾中」）・秀頼（「於拾」）に重陽の進物を贈っており、まだ伏見にいた（『豊臣秀吉文書集』五三一六・五三一八）。十一月九日には兼見が大坂城の寧にお祓いを届けたので、この頃までには大坂に下向した。

文禄五年（寧四十八歳）

文禄五年正月は大坂で新年を迎えたらしい。正月十五日には義演が「小(大)坂北政所」に音信を贈り、十九日に銀子一〇両の返礼を受けた。同月二十日には、兼見が大坂に派遣した使者が戻り、寧からの返信を受け取った。秀吉も正月は大坂城にいたが、茶々と秀頼は伏見城にいた。秀吉は体調不良に陥り、二月十四日にようやく伏見城に移り、二十七日より伏見向島に築城を開始した。四月六日に義演は寧（「北政所」）に蕨を贈った。場所は特定できないものの、使者をわざわざ派遣した様子はないので、京都近郊にいる気配がある。五月六日には秀吉が上洛し、九日には秀頼も上洛して、十三日に父子で参内し、十七日に伏見に戻った。七月二十四日にも義演は五荷五種の進物を寧に贈ったが、これは「伏見北政所」とあるので、伏見城にいることがわかる。

京都大地震

閏七月十三日丑(うし)の刻（午前二時頃）に、京都を大地震が襲った。死者はその数を知れずという大惨事だった。余震は十月中旬頃まで続き、家屋の倒壊を恐れて人々は路上で過ごした。伏見城は、大天守が倒壊し、御殿や門以下が大破した。秀吉とその家族は無事だったが、男女の番衆が多く死亡した。秀吉は庭に仮屋を作って過ごした。向島伏見城は春からの普請で石垣が完成していたが、地盤沈下で二間余り（約四メートル）も水底に沈んだ。すぐに伏見山に場所を変えて普請が進められたが、徳川家康と前田利家は閏七月十九日付の連署状で秀頼を大坂城に移すことを秀吉に提案した。しかし、九月十日に義演は伏見の秀頼と寧（「北政所」）に祈禱巻数（かんじゅ）を贈っており、引き続き伏見にいた。秀頼が大坂城に移るのは、十一月十八日である（拙著『豊臣秀頼』）。寧はそのまま伏見城で過ごした。

慶長二年（寧四十九歳）

慶長二年（一五九七）四月二十日に秀吉は大坂城本丸掟一三ヶ条と二の丸掟八ヶ条を命じ（『豊臣秀吉文書集』五五九三・五五九四）、秀頼と茶々の御座所のある奥向（おくむき）の出入りを厳格に定めた。ところが、それから一ヶ月もたたない五月十四日に、秀頼は大坂城を出て伏見城に移った。九月には島津義久や立花宗茂らが秀吉・秀頼・寧（「北政所」）・茶々（「西丸」）に重陽の祝儀を贈っており（『豊臣秀吉文書集』五六五六・五六五七）、茶々が伏見城の西の丸にいることが確認できる。よって寧の居所は伏見城本丸だった。

小西行長

この頃のこととして、九月に小西行長が朝鮮との講和の件で秀吉から遠ざけられる事態となり、寧は行長の妻（ジュスタ）のもとに使者を派遣して慰めた（『十六・七世紀イエズス会日本報告集』）。寧が行長の復帰に力を貸す態度をさりげなく示し、「夫と異なる独自の立場から、自発的に働きかけた」として、跡部信はこれを寧が政治行動をとった初期のものと評価した。この延長線上に、寧が加藤清正ら武功派と小西行長・石田三成ら吏僚派の両派の間に仲裁に入る資格と経験を有し、関ヶ原合戦から大坂の陣に至るまで調停役としての影響力を持ち続けたことを示し、従来の武功派＝「北政所」、吏僚派＝「淀殿」という対立の構図は成立しないことを指摘している（跡部信「高台院と豊臣家」）。

慶長三年（寧五十歳）

明けて慶長三年の二月頃より、秀吉は食事が進まなくなった。そのなかで、三月十五日には秀吉の盛事の一つとして世に知られる「醍醐の花見」が催された。上醍醐と下醍醐の間、四方を山々に囲まれた五〇町の広さの桜の名所に二三の番所を設け、人止めをして警固に当たらせた。「まん所さま」（浅野寧）は小出秀政と田中吉次、「にしの丸さま」（浅井茶々）は木下延重・石河一宗、「まつの丸さま」（京極龍）は朽木元綱・石田正澄・太田牛一、「三の丸さま」（織田氏）は平塚為広・片桐且元、「加賀さま」（前田摩阿）は河原長右衛門・吉田又左衛門が供奉した（慶応義塾大学図書館蔵「たいこうさまくんきのうち」）。

醍醐の花見

次の三句は、この時、寧が詠んだ歌である（「醍醐寺文書」）。

君が代の　深雪の桜咲きそひて　いく千代かけて　眺めあかさむ
咲けば散り　散れば咲きぬる　山桜　いやつれぐの　花ざかりかな
ともなひて　眺めにあかし　深雪山　帰るさ惜しき　花のおも影

この花見から三ヶ月後の六月初め頃より、秀吉は食事がとれなくなり、次第に弱って

醍醐の花見を楽しむ秀吉と寧
(『醍醐花見図屛風』より，国立歴史民俗博物館蔵)

いった。六月末には死を意識し、さまざまな準備を始めた。まず、大坂城を秀頼の居城とするための普請を開始し、城下には東国・北国衆の屋敷を置かせ、伏見城は寧の隠居所とし、秀吉は年の三分の一を伏見で過ごす予定と定め、城下には九州・中国衆の屋敷を置くことを命じた。また、秀頼のために、朝鮮出兵を終了させる意向も示すようになった（『相国寺蔵西笑和尚文案』）。

次の秀吉朱印状（『豊臣秀吉文書集』五八二一）は、慶長三年四月二十日に秀頼が中納言に任じられ、同年八月には秀吉が没するので、慶長三年七月六日の発給となる。

　七夕の祝儀として生絹(すずし)の帷子二紅梅、女郎花色同中納言(豊臣秀頼)へ二つ、政所(浅野寧)・西の丸(浅井茶々)二つづゝ、
　到来候、誠にいく久しくよろこび思し召し候也、
　　七月六日（朱印）
　　　かいのかミ(黒田長政)　はゝかたへ

黒田(くろだ)長政(ながまさ)の母照福院から、七夕の祝儀として秀吉・秀頼・寧・茶々の四人に帷子二ずつが贈られた。茶々が「西の丸」と呼ばれ、いずれも伏見城にいることが確定できる。

秀吉没

この後、七月十三日に秀吉は諸大名以下に遺産分けをするとともに、残していく秀頼を守り立てることを誓約させる起請文を提出させた。八月十日頃には意識が朦朧となり、十八日に永遠の眠りについた。場所は本丸の奥座敷であった（『フロイス日本史』2）。

朝日没

同じ時期、寧の実母朝日も、死の床に伏していた。慶長三年八月五日付で秀吉は朝日の菩提寺となる康徳寺に対し、京廻りで寺領一〇〇石を寄附する朱印状を発給した（『豊臣秀吉文書集』五八四九）。それから六日後の十一日に、朝日は没した。法名は康徳寺松屋妙貞。

寧五十歳

寧は、実母と夫を一時(いちじ)に亡くしたのであった。この時、寧は五十歳だった。

六　寺社の再興

東寺五重塔の再建

本節では、豊臣家の女性が関わった寺社再興についてまとめておく。まず、寧が「北政所」の名で進めた事業として、東寺（教王護国寺）五重塔の再建がある。京都のシンボルともいうべき建造物だが、現在の五重塔は五代目であり、寛永二十一年（一六四四）の再建である。四代目の塔は、寛永十二年十二月七日に炎上した。寧が関わるのは、この四代目の再建である。三代目の塔は永禄六年（一五六三）四月二日に落雷のため焼失、本尊も完全に失われた。翌年には塔の再建を命じる正親町帝の綸旨が出され、大黒天の開帳を行って再建費用の調達を図るが、なかなか完成には至らなかった。そこで、天正二十年（一五九二）に秀吉母が大檀那となり、造営料を寄進して本格的な再建に着手した。奉行は、興山上人木食応其であった。ところが、秀吉母は完成を見ずに、七月に没した。そこで、寧が義母の遺志を引き継ぎ、秀吉母の一周忌の文禄二年（一五九三）七月二十二日に塔供養の執行を決め、その旨を東寺側に伝えた。東寺年預宗俊の案文には、次のようにある。

塔供養之儀、北政所様（浅野寧）より御執行有るべき之由、仰せ出さるに付、来廿二日相定まり申し候、其れに就き御導師の儀、門主様に上人よりも申上げられ候間、然るべく候様御取成仰所候、猶祗候致し具に尊意を得べく候、此等の趣宜しく御披露に預かるべく候、恐々謹言、

東寺年預

六月廿六日　宗俊在判

治部卿殿

塔供養の施主は「北政所」

寧から塔供養の執行が命じられ、日付は来る七月二十二日と定まった。そこで、導師の件で上人（木食応其）から門主（三宝院義演）に連絡するので、取り成してほしいとの意向であった。これに対する東寺雑掌治部卿長盛の東寺年預宛の書状案文には「北政所様より塔供養之儀　仰せ出さる」とあり、また木食応其に宛てた書状案文でも「塔供養儀北政所ゟ仰され候」とある。塔供養の施主は、「北政所」と理解されていた。

導師をめぐる対立

ところが、導師選出をめぐり、ひと悶着が起きた。導師は東寺長者が勤めるのが恒例だが、天正十一年に醍醐寺の堯雅僧正が弘法大師七百五十年遠忌の導師を勤めて以降、十年間も東寺長者の補任がなかった。そこで、醍醐寺三宝院門主の義演を東寺長者に補任するよう朝廷に奏上すると、後陽成帝は実弟の「大覚寺宮空性」との意向を示してきた。これは先例にないと義演側が反発し、対立が深まった。所司代の前田玄以が

調停に入ったが決着せず、秀吉が名護屋在陣中なので「執行不可」との理由で塔供養は延期になった。この経緯からも、一周忌の塔供養は秀吉の強い意向で進められたのではなく、寧の発願であった経緯が裏付けられる。また、関白秀次の関与はいっさいない。

文禄二年（一五九三）八月三日には大坂城に秀頼が誕生し、二十五日に秀吉は名護屋から大坂に戻った。以後は名護屋に下ることはなく、上方で過ごした。翌年七月三日になると、秀吉は母の命日である七月二十二日に塔供養を執行するよう意向を示した。しかし、義演は前年の対立が未解決のため、木食応其と前田玄以に書状を送り、去年のような「異乱」がないようにと念を入れ、七月十二日付で東寺長者に任じる旨の立願書を提出し、十五日に伝奏から禁裏に申し入れ、十六日に義演は東寺長者に補任され、七月二十二日に無事に塔供養の日を迎えた（「東寺長者雑事記」「東寺文書」「三宝院文書」）。

「北政所」の発願

これらの経緯は伊藤真昭『京都の寺社と豊臣政権』に詳しいが、所司代前田玄以の役割の解明が中心のため、「北政所」の関与についての言及がない。右のように、一周忌の塔供養の発端には「北政所」の意向があり、翌年は秀吉の意向に変更となったが、供養料一〇〇〇石は「北政所」からの施入であったことなどを位置付けておきたい。当日は貴賤群衆が見物に集まり、木食上人による下行は一〇〇〇貫だったという（『兼見卿記』）。中世の職人の給与は「近畿地方では一人一日一〇〇文が標準的」（遠藤元男『職人の歴史』）

塔供養施主は秀吉に変更

であり、一貫は一〇〇〇文なので、日当なら一万人分、飲食の下行ではその陪以上の人数に振舞われたことになる。ただし、寧は大坂城におり、この賑わいを実際に見ることはなかった。塔供養の施主は秀吉となり、亮淳権僧正によって諷誦文が起草され、秀吉母は、准三宮の高い位を贈与された（「醍醐寺文書」）。

醍醐寺五重塔

東寺に対しては、その後も寧の外護が続いた。文禄五年閏七月十三日に京都を襲った大地震により、東寺はほとんどの伽藍を大破した。ただし、五重塔のみは一部破損で、奇跡的に無事だった。義演は前田玄以や朝廷に対して伽藍再建をかけあったが、被害は東寺に限らないため、まったく埒が明かなかった。そのなか、翌慶長二年（一五九七）二月十七日に秀吉は醍醐寺五重塔の修復を命じ、その翌日には「東寺諸伽藍、北政所ヨリ建立」との風聞が立った。三月八日に秀吉が桜観賞のためふと醍醐寺を訪ね、五重塔の破損を見て一五〇〇石の寄進が決まった。義演は修理料を三二〇〇石と見積っていたため、その約半額だったが、四月上旬頃より修復が開始された。

その後も義演は交渉を続け、八月二十日付で五奉行（浅野長政・石田三成・増田長盛・長束正家・前田玄以）連署で東寺役者に宛て、次の文書が発給された（「東寺文書」）。

当寺堂舎之儀、北政所様（浅野寧）御建立成さるべき旨仰せ出され候間、其意を得らるべく候、様躰に於いては興山上人（木食応其）へ申渡し候、恐々謹言、無年号だが、慶長四年閏三月に石田三成が佐和山に隠居し、五奉行から離脱するため、本文書は慶長三年八月二十二日の発給と確定できる。『義演准后日記』慶長三年八月二十五日条にも、東寺講堂建立料金子一〇〇枚が「北政所」より渡され、上人（木食応其）が受け取ったとある。先年の不慮の大地震で伽藍が倒壊し、義演は「一身之恥辱」と考え、朝暮祈念していた再興が実現し、「大慶これに過ぎず」と喜んだ。これは秀吉の死後のことでもあり、東寺諸堂の再興は寧自身の意向としてよいだろう。講堂再建に続き、翌年には金堂再建に着手した。奉行は木食応其であった。三月二十二日に釿始めとなった。これも寧の意向（「施主北政所」）によるものであった（『義演准后日記』慶長四年五月十七日条「東寺金堂、北政所より御建立、地ワリ出来」）。ただし、復興は遅れたようで、本格的な造営は慶長七年から始まり、翌年に完成した。施主は、豊臣秀頼だった（「東寺金堂棟札」）。慶長十年には、寧と秀頼の連名で、東寺東大門の修理も行われた（「東寺東大門棟札」）。

東寺講堂

東寺金堂

　また、慶長四年六月一日に義演は寧が石山観音堂を修理するとの情報を得た。奉行は同じく木食応其だった（『義演准后日記』）。同年八月二十一日からは、寧の発願により三井寺金堂の建立も開始され、柱立がなされた（「園城寺古記」）。これは、文禄四年に秀吉の命で一山闕所となり、南北朝時代の建立になる金堂は延暦寺西塔に移築されていた。これを寧が再建したものである（『不死鳥の寺　三井寺』）。慶長六年四月二十八日に二条昭実と

石山観音堂

三井寺金堂

三井寺見学に出かけた義演は、「施主北政所歟」と記し、金堂の周備が広大であることや大師御影堂の見事さを褒め、坊舎三〇余りが建てられ、以前よりも結構になったと再興を喜んだ（『義演准后日記』）。

誓願寺大施主は京極龍

なお、この時期に施主となったのは寧だけではない。慶長二年三月十一日には京都誓願寺で堂供養が執行された。『舜旧記』慶長二年三月十一日条には、次のようにある（内閣文庫本により、一部文字を修正した）。

誓願寺堂供養、大覚寺門跡導師、三条六角堂ヨリ儀式云々、当寺再興大施主北御方佐々木京極女房二世安楽也、此の如く之額也、大覚寺門跡御筆也、

『史料纂集』では「再興大施主」を特定できていないが、「北御方」とは貴人の妻の尊称であり、「佐々木京極女房」は秀吉別妻の一人京極龍と推定される。導師は大覚寺門跡二品親王空性、勅使着座三人（勧修寺晴豊・中山親綱・久我敦通）、殿上人七人（富小路秀直・飛鳥井雅宣・西洞院時慶・阿野実顕・山科言経・舟橋秀賢・壬生孝亮）、僧一〇〇人が出席した。誓願寺には貴賤群衆が集い、本尊を拝んだ（『義演准后日記』「孝亮宿禰記」）。

その十日後の三月二十一日には、高野山にて大塔供養が執行された。導師は三宝院門主義演、勅使着座二人（勧修寺晴豊・中山親綱）である。これに先立つ三月二日に、義演は「大塔供養施主御袋」へ音信を贈った。二十日頃から群衆が見学のため、食事持参で場

所取りを始めた。これには、大坂城の女中衆も大門の外まで登山してきた。

大坂ヨリ太閤御所ノ北御方ノ女房衆大門ノ外マデ登山云々、是ハ大塔檀越也、

『史料纂集』所収『義演准后日記』では、「大塔供養施主御袋」には「豊臣秀吉室浅井氏」と傍注を付け、頭注でも「大塔供養施主淀殿」と正しく理解しながら、右の「北御方」には「豊臣秀吉室杉原氏」、つまり浅野（杉原・木下）寧と傍注を付けた。しかし、これは浅井茶々（「淀殿」）と修正すべきである。豊臣家の「北御方」は、寧とは限らない。

高野山大塔供養施主は浅井茶々

また、慶長元年十一月に秀頼と茶々は大坂城に移り、寧は伏見城に居続けたので、その点でも大坂から女中を派遣した「大塔檀越」は茶々となる。文禄二年に秀吉母が危篤になった際に秀次が諸寺社に祈禱を命じ、高野山には大塔建立を約束していた。大塔建立は、茶々がこの時の約束を引き継いで実施した大事業であった。

天王寺の再興

ちなみに、大坂の天王寺は、天正四年五月三日に織田信長に放火されて全伽藍を焼失した。天正六年に信長は地子を免許し、同十一年に秀吉は地子免許を追認するとともに、太子堂再興のため銭五〇〇〇貫文を奉加した。天正十六年には秀吉母（「大政所」）が天王寺観音堂に寺領一〇〇石を寄進し、秀吉が同年三月二十日付で天王寺教伝院宛に寄進状を発給した（『豊臣秀吉文書集』二四四八）。天正十七年四月には寧が天王寺五重塔を建立する（「天王寺五重塔関白ノ北政所ヨリ建立有ルベキ」）とのことで、法隆寺の塔の指図を写しに天王寺

秀吉母の寄進

より番匠がきたとの情報を得た多聞院英俊は、「末世トハ云ナガラ不思議〳〵」と驚いたが、これは実現していない（『多聞院日記』）。

豊臣秀頼

堂供養施主

本格的な伽藍再興の動きは、文禄三年以降である。天王寺の秋野坊亭順が諸国を勧進し、秀吉も奉行四人（青木秀以・片桐且元・小出秀政・石田正澄）に命じて再興させた。その範囲は、金堂・講堂・太子堂・六時堂・食堂・塔・仁王門・南大門・万燈院・鐘楼・求聞持堂だった。文禄三年十月十七日には秀吉母からの観音領一〇〇石を天王寺秋野宛に寄進する秀吉朱印状が発給された（『豊臣秀吉文書集』五〇二九）。文禄元年に秀吉母は没していたが、その遺志が継続された。慶長五年三月二十七日には堂供養が執行され、導師は大覚寺門跡二品親王空性、着座の勅使三人（勧修寺晴豊・大炊御門経頼・烏丸光宣）、殿上人六人（四辻季継・飛鳥井雅賢・時明院基久・西洞院時直・舟橋秀賢・壬生孝亮）、天台・真言僧一五〇人が参加した。施主は豊臣秀頼であった（「秋野房文書」「天王寺誌」「孝亮宿禰記」）。

要するに、戦乱や地震で被害を受けた寺社の復興は、豊臣家の女性たち――秀吉母・寧・茶々・龍――が施主となって進められたが、秀吉の死後は豊臣家の家督を継いだ秀頼が施主となり、慶長期の寺社復興が大規模に進められていった。その延長線上にある大事業が、京都東山の大仏殿（のちの方広寺）の復興であった。

第四　高台院と豊臣家の存亡

一　京都新城への移徙

慶長三年（寧五十歳）

慶長三年（一五九八）八月十八日に、豊臣秀吉が死去した。武家社会では父子相続を原則としており、かつ秀吉が遺言で嫡子秀頼を後継指名したことは周知の事実であったから、豊臣家の家督は秀頼が継いだ。六歳での幼少相続のため、これも遺言で五大老（徳川家康・前田利家・毛利輝元・上杉景勝・宇喜多秀家）・五奉行（石田三成・前田玄以・浅野長政・増田長盛・長束正家）を指名し、秀頼後見体制が調えられた（拙著『豊臣秀頼』）。ただし、明や朝鮮との講和前であり、秀吉の死は年末まで秘匿された。

夫の死後、寧はそのまま伏見城で過ごした。十二月二日に北野社社僧の松梅院が寧（「政所さま」）と茶々（「御母さま」）に折を進上し（『北野社家日記』）、三十日には義演のもとに寧（「北政所」）と茶々（「御台所」）の使者が「花小松」を取りにきており（『義演准后日記』）、

慶長四年（寧五十一歳）

寧とともに茶々もまだ伏見城にいた。明けて慶長四年正月十日に、秀吉の遺命に従い秀

頼が大坂城に移徙（いし）すると、茶々も同城に移ったが、寧はそのまま伏見城本丸を居所とし、龍（たつ）（松の丸）は兄の京極高次（きょうごくたかつぐ）がいる大津城に移った。

前田利家没

秀吉の遺言では、五大老の縁組は互いに申し合わせることとしていたが、家康が有力大名と婚姻関係を結んだため、四大老や五奉行が遺言違反だと咎めて対立を深めた。その一方で、朝鮮から帰朝した諸大名らが、出兵中の対応をめぐって石田三成や小西行長（こにしゆきなが）らを糾弾する事態となり、押さえの前田利家が閏三月三日に没すると、同月七日に「伏見雑説」「京都騒動」となった。『言経卿記（ときつねきょうき）』閏三月八日条は、次のように記す。

一、伏見雑説太閤政所（浅野寧）御アツカイニテ無事成也（ぶじになるなり）云々、珍重々々、大野伊兵衛伏見ヨリ帰宅了（おわんぬ）、説也云々、

寧の調停

この騒動は、三成が襲撃を恐れて大坂から伏見の自邸に逃げ帰り、領地の佐和山に隠居することで落着した。その調停には徳川家康を中心に、毛利輝元や上杉景勝などさまざまな人々の関与があったが、山科（やましな）言経は寧による調停があったことを特記した。加えて、まだ寧が伏見にいたことがわかる。この騒動後、家康は向島の自邸から、伏見城西の丸に入った。これを本丸に入ったと誤解した奈良興福寺の多聞院英俊は、家康が「天下殿」になったと日記に記した（『多聞院日記』）。伏見城本丸は秀吉が寧の隠居所として準備した場所であり、右の経緯からもまだ寧は本丸にいたと考えられるので、家康は秀頼

と茶々が大坂城に移って主人不在となっていた西の丸に入ったのである。

豊国社正遷宮

大仏千僧会

この騒動の翌月、秀吉は神に祀られた。その死後から京都の東山に社殿の造営が進められ、慶長四年四月十六日から八日間、豊国社の正遷宮祭が行われた。十八日には、秀吉が正一位豊国大明神に祀られ、秀吉の神体が豊国社殿に遷座した。十九日には勅使が派遣され、正一位の位記が神前に奉納され、徳川家康・毛利輝元以下諸大名が社参した。秀頼は青木秀以（「羽柴北庄侍従」）を名代として、銀一〇〇枚を寄進した。二十三日には八条宮智仁親王・伏見宮邦房親王、二十四日には摂家、二十五日には寧（「北政所」）が豊国社に社参し、諸大名以下がこれに供奉した。寧は妙法院に入った後、大仏経堂での千僧会を聴聞したが、真言宗、天台宗、律宗までを聞き、律宗が斎を振舞われている間に退座した。義演は残る宗派は「無念歟」と残念がった。大仏千僧会とは、秀吉の先祖の弔いのために文禄四年（一五九五）九月二十五日から始められた法会のことで、「八宗」「新儀」（真言宗・天台衆・律宗・禅宗・日蓮宗・浄土宗・時宗・浄土真宗）の僧一〇〇人ずつ、あわせて八〇〇人を招集したものだが、この翌月より一宗派ごとに行うよう減らされた。河内将芳は、この変更を命じたのは「北政所」だと推察している（『秀吉没後の豊臣と徳川』）。

この日、寧（「政所様」）と茶々（「御袋様」）は同額の金一〇枚ずつを豊国社に寄進した。茶々が実際に参詣した目撃情報はないが、名代派遣とはなっていないので、寧とともに参詣した可能性は残る。二十六日には諸門跡が社参し、三十日には豊国大明神遷座を祝い、秀頼から禁裏に銀子一〇〇〇枚をはじめ、諸家・諸門跡・諸役人以下に金銀が贈られた（「豊国社旧記」『義演准后日記』、三鬼清一郎「豊国社の造営に関する一考察」）。豊国社のいっさいは吉田社の神職吉田兼見が取り仕切っていたが、慶長四年末より社務は兼見の養子の萩原兼従（実は孫）、別当兼社僧は兼見の弟の神龍院梵舜が担い、神領一万石を得て、この大規模な神廟の維持に努めることになった。

大坂下向

寧は、この後も伏見城にいた。五月十三日に伏見で北野社の松梅院から巻数を進上され（『北野社家日記』）、七月十八日、八月一日、同月十七日には豊国社に参詣した。ところが、八月二十三日にも寧は豊国社に参詣し、大坂に行く旨を梵舜に告げた（『舜旧記』）。時期は確定できないが、おそらく数日内に大坂城に入ったのだろう。九月十日に寧は大坂城にいて、秀頼と茶々に巻数を進上するために大坂へ下った松梅院から礼を受けた

家康も大坂下向

（『北野社家日記』）。その間の七日に、家康が重陽の礼のために伏見から大坂に下り、九日に秀頼への礼を済ませると、秀忠の妻（浅井江）を江戸に下すことに反対した件、政仁親王への譲位の意向に応じない件、秀吉遺命に反して宇喜多秀家が大坂にいる件の三ヶ条の糾明を始めた。

家康暗殺計画

一方、大坂城内では家康暗殺計画が持ち上がり、九月十一日には「大坂雑説」の噂が

飛び交ったが、殺害は未遂に終わった（『北野社家日記』『言経卿記』）。真相の糾明が続くなか、二十二日には寧が近く京都新城（「京御殿」）に移り、大坂城を家康に渡すとの情報が出た。実際に二十六日に寧は京都に移った（『義演准后日記』）。寧が大坂城を出るとすぐに、家康は二の丸に軍勢を入れ、自身は西の丸に居座わった。在国中の前田利長は、この騒動の首謀者の嫌疑を受け、母芳春院を人質として江戸に下すことになった。

大蔵卿局の退城

九月末の状況では、大蔵卿局（茶々の乳母）とその子の大野治長もこの騒動の関与が疑われ、「秀頼に悪事を働く」として大坂城を出された（『旧記雑録後編』）。十月八日には家康殺害を試みた土方雄久が常陸太田に、大野治長が下野結城に配流となり、五奉行の一人浅野長政は国元の甲斐に蟄居となった（藤井譲治『徳川家康』、拙著『豊臣秀頼』など）。

　この騒動をめぐる先行研究では、さまざまな憶測をもとに、「貞淑」な「北政所」と「醜声」の「淀殿」との間に対立関係があり、寧が家康に協力して西の丸を譲り渡したと解釈してきた。しかし、跡部信は、この後に寧と茶々の連携が続くことや関ヶ原合戦の際に諸大名にばらまかれた「内府違いの条々」の一条に「政所様御座所」に家康が入ったことが問題視されたことなどから、右の対立関係に否定的な見解を示した（「高台院と豊臣家」）。筆者も基本的には、跡部の見解を支持するものである。

大坂城西の丸御殿

　ただし、多少、寧の視点からこの問題を掘り下げてみたい。家康の侍医板坂卜斎によ

広間の造営

れば、秀吉が造った西の丸御殿は「夥しき御殿」だったが、これは肥前名護屋から戻った京極龍のために建てられた奥御殿であり、儀礼を行う広間などの表御殿を備えていなかった。それゆえ、この後、秀頼側から広間の造営を家康に申し出ている（拙著『豊臣秀頼』）。また、前年、石田三成を佐和山に隠居させた際に、家康の用心のために、奉行同意のもとで向島の屋敷から伏見城西の丸に家康を入れた経緯に照らせば、今回も寧が出た後の西の丸に家康を入れることに、寧の協力が不可欠であったとも思えない。

寧の滞在は一ヶ月程度

むしろ、西の丸が寧の定住場所だとの思い込みがあるから、寧の協力が必要だという見方になるのである。ところが、寧が大坂城にいたのは、わずか一ヶ月程度に過ぎない。寧が今回の大坂下向にあたり、豊国社に参詣して梵舜に告げたのは、京都移住計画の決断だったのではないだろうか。毎月、伏見から京都の豊国社まで参詣するのは、五十一歳の寧にとっては体力的に辛かっただろう。つまり、寧の本意は伏見城本丸から京都新城に移住するつもりだったのであり、大坂城に居座るつもりは端からなかったのである。

京都新城

とはいえ、京都新城は秀吉が秀頼のために禁裏御所の辰巳の方角に新造した居城だったから、たとえ寧であろうとも、秀頼（実際には茶々）の合意を得る必要があった。そこで、その同意を得るため大坂に下ったところ、家康が大坂に乗り込んできて騒動に巻き込まれ、その結果、一ヶ月近くを滞在する事態になったが、寧が京都新城に移る情報は騒動が決着する前の早い段階から伝聞しており、騒動とは別に移徙の計画は進められていたのである。

上洛行列を見物する

さらにいえば、寧の今回の大坂下向は、大坂城本丸に保管中の秀吉の遺品を受け取ることも目的だったのではないか。公家の山科言経の妻や女中たちは、東寺辺りに出向いて寧の上洛行列を見物しており、かなりの荷物が京都新城に運び込まれた様子が窺える(『言経卿記』)。また、寧の今回の大坂下向を「移徙(わたまし)」(転居)と書いたものはないが、上洛は「移徙」と受け止められ、義演は「移徙」の祝儀を寧に贈った(『義演准后日記』)。

「移徙」の祝儀

九月二十六日に京都に移った寧は、二日後の二十八日に早速、豊国社を参詣し、湯立(ゆだて)神楽二釜を奉納した。十月十一日には朝廷に奏請して、内侍所での臨時神楽を興行した。いずれも新しい環境での無病息災を願うものだろう。以後は、豊臣家を代表して朝廷との関係を続けた。これについては、跡部信「高台院と豊臣家」に詳しいので、そちらを参照されたい。また、豊国社の月例祭(秀吉の命日の十八日)には、自らまたは名代を派遣し、豊国社に金品を奉納して庇護した。これについては、『舜旧記』を中心に分析した津田三郎『北政所』が詳細であり、参考になるが、著作の性格上、創作による叙述も含まれるので、史実として引用する場合には史料原典を確認することが望ましい。

二　関ヶ原合戦

慶長五年
（寧五十二歳）

慶長五年（一六〇〇）正月を寧は京都で迎えた。元旦早朝に豊国社に参詣し、銭一〇〇〇疋を奉納し、祝七人に小袖、神官に銭一〇〇疋、巫女に小袖を贈った。豊国社へは正月十八日、二月十八日にも社参した。また、正月十六日には北野社の松梅院が寧（「御城政所様」）に年賀の礼に出かけ、孝蔵主・梅久・大心にも進物を贈った。同月二十四日に寧は孝蔵主（こうぞうす）を通じて、北野社に「天神様御絵」を預け、初穂として三〇〇疋を寄進した。正月二十二日には、里村昌叱（しょうしつ）に夢想連歌を興行させた。三月六日には義演から庭前の花一枝と初蕨を進上され、十三日には西洞院時慶から牡丹の花を進上され、四月四日には禁裏へ薪一折を進上し、十日には義演から杜若（かきつばた）や竹子を贈られた。義演や時慶からは、折につけて季節の草花が届けられた。四月八日からは北野社に夏の間は花を摘んで届けるようにと銀子一枚が渡された。寧は、花を愛でつつ京都での平穏な日々を過ごしていた（『舜旧記』『北野社家日記』『義演准后日記』『時慶記』『お湯殿の上の日記』）。

しかし、四月に入ると、関ヶ原合戦に向けてのきな臭い動きが始まった。徳川家康は会津在国中の上杉景勝に上洛を要請し、これが拒否されたことから、四月一日に会津出

高台院屋敷配置図

（注）京都市編『京都の歴史』四（一九六九年）より作成。

家康の来訪

陣を企図する。十七日には大坂城を出て伏見城に入り、十八日には入京して秀頼名代の京極高次とともに豊国社に参詣し、神楽を奉納した。十九日には参内して、後陽成帝に対面した。これには、宇喜多秀家・小早川秀秋・池田輝政・最上義光・佐竹義宣・長宗我部盛親が従った。その翌日、四月二十日付で小早川秀秋が本願寺教如（光寿）に宛てた書状がある（「大阪城天守閣文書」）。内容は、教如からの書状に礼を述べ、昨日、秀秋が教如から受けた接待に感謝を伝え、本日、返礼のために教如を訪問したいが、まずは家康を訪ねるので（「内府様へ参候間」）、時間が出来次第、挨拶にあがりたいと予定を報せた。なお、「昨日は大酒を飲んだので、散々な二日酔いであり、正体もありません」と泥酔が抜けていない状況も伝えた。家康はこの日、寧を訪ねており、秀秋が二日酔いの体に鞭打って家康を訪ねたのは、右の訪問に同道するためだろう。この日、参会した三人の会話内容は不明だが、家康には会津出兵に向けての布石の一つだった。家康は、二十一日に相国寺の西笑承兌と公家の近衛信尹に会い、二十二日に大坂城に戻った（『お湯殿の上の日記』『言経卿記』『時慶記』）。

小早川秀秋

なお、秀秋は秀頼が誕生した翌年に、小早川隆景の養子に出され、慶長二年に隆景が没すると、筑前・筑後・肥前三三万六〇〇〇石を継ぎ、筑前名嶋に居城を置き、「筑前中納言」と呼ばれた。同年には秀秋を総大将とし、総勢一四万一五〇〇人で朝鮮出兵が命じられた。陣中に、名を秀俊から秀秋に変えた。翌年六月には軽率なふるまいを譴責されて越前北庄一二万石に減封されたが、慶長四年二月に筑前に復領した。

浅野幸長の情報

さて、関ヶ原合戦を前にして、寧は重要な役廻りを担うようになる。伏見に居た浅野幸長が甲斐に蟄居中の父長政に五月二十六日に送った書状によれば、六月十六日に大坂を出立し会津に出陣するとの家康の意向が示されると、茶々（「秀頼様御袋様」）が家康を大坂に引き留めたいと考え、奉行衆を使者として家康のもとに派遣しようとした。しかし、家康の機嫌が悪くなり、奉行衆はそのことを伝えられないでいた。そこで、寧（「政所様」）が明日二十七日に「秀頼様御見廻」と称して大坂に下る予定だが、内実は家康を引き留めるためだとのことであった（「坂田家文書」）。

大蔵卿局の復帰

寧が大坂に下った日時を特定できないが、六月三日になると、昨年九月に生じた家康暗殺の嫌疑で大坂城を出され、京都に「召置」かれていた大蔵卿局の件が解決し、局は大坂に下った。これには、豊臣家の老女ちゃあが同行した。五日には寧が明日上洛と予定が伝えられた。理由は、「大蔵卿局赦免」が叶ったからだった。実際に寧は八日に大坂から京都新城に戻った（『義演准后日記』『北野社家日記』『時慶記』）。また、この裏事情として、六月十日付の来次氏秀の書状（「杉山悦郎氏所蔵文書」）によれば、家康は出陣にあたり秀頼を連れ、豊臣の軍勢六万を動かす目論見であったが、秀頼の馬廻衆一同が「秀頼様御事大坂之御城を出し申間敷」と猛反対したため、家康はなかなか出陣できないでいるとのことだった（山本浩樹「関ヶ原合戦と尾張・美濃」）。

秀頼の出陣阻止

これらを踏まえれば、茶々の真意は秀頼の出陣阻止にあり、奉行衆や寧を通じて家康を引き留めようとした。これは成功しなかったが、曲がりなりにも秀頼出陣は阻止でき、大蔵卿局の赦免も得ることができた。その立役者は寧であり、大きな政治力を発揮した瞬間だった。跡部信は、寧は「家康を動かす力をもっていた」「淀殿には、この件を単独で解決するだけの力がなかった」と寧の力量を高く評価した。奉行たちですら恐ろしがる家康を相手にする寧は、確かに肝が据わっていると思うが、家康五十九歳、寧五十二歳、茶々三十二歳という年齢差も考慮したい。

家康五十九歳、寧五十二歳、茶々三十二歳

寧と茶々には豊臣家存続という共通の目的があり、秀頼が成長するまでは安定した後見人が必要だという点で二人は連携し、家康を引き留めようとした。しかし、家康は予定通り六月十六日に大坂を出発し、伏見城に入った後、十八日には江戸に向けて出発した。一方、豊臣家の主力部隊は大坂城に残ることになり、毛利輝元が大坂入城を果たすと、輝元を惣大将とした石田三成らの勢力に秀頼の馬廻衆は吸収され、伏見城攻撃から関ヶ原合戦へと動員されることになる。以下、この勢力を上方衆と呼ぶことにする。

七月十日には、寧の霍乱（夏期に起こる急性の体調不良）が伝えられた。十二日には西洞院時慶の妻が蕨餅三重箱を京都新城に持参して、寧を見舞った（『時慶記』）。その前日の十一日に、石田三成と大谷吉継が反家康の動きを明確にし、十二日には前田玄以・増田長盛・長束正家の三奉行が家康と毛利輝元に上洛を求める書状を送った。十三日には会津に向けて出陣した鍋島勝茂・脇坂安元・前田茂勝らの軍勢が、近江愛知川の関所で引き留められ、戻ってきたことから、伏見と大坂で騒動となった。その頃から、伏見や大坂城下に残された諸大名の妻子が人質に取られ、十七日には細川忠興の妻明智玉（ガラシャ）が自害した。十七日にはまた「内府違いの条々」を三奉行の連署で諸大名に送り、対決姿勢を鮮明にした。十二日に送った輝元宛の三奉行書状は十五日に広島に着き、輝元は即座に決意して上洛し、十六日夜に大坂に着き、十九日に大坂城に入った（『北野社家日記』、藤井讓治『徳川家康』ほか）。

明智玉自害

伏見籠城

七月十八日には伏見城を守衛中の家康の軍勢が籠城体制に入り、城下にあった奉行たちの屋敷を焼き払い、翌日から本格的な戦闘に入った。伏見籠城勢は二の丸を自焼したが、上方衆は木下勝俊（寧の甥）が預かる松の丸への攻撃を開始した。三十日に松の丸と名護屋丸が落ち、八月一日の総攻撃で伏見城は落城した。西洞院時慶の日記には、「筑前中納言（小早川秀秋）御手柄ノ由」とあり、秀秋は伏見城攻めの最大の功績者との名声を得た。

小早川秀秋の手柄

この後、秀秋は伊勢方面を攻略予定だったが、実際には北国方面に向かい、岐阜落城を受けて、八月二十九日に大垣城に入城した（黒田基樹『小早川秀秋』）。

黒田長政・浅野幸長連署状

寧は七月二十三日に小早川秀秋のために、北野社に七日間の祈念を依頼し、銀子一枚を奉納した。翌二十四日にも北野社に千度祈念を依頼し、二〇〇疋を奉納した。こうした寧と秀秋の強いつながりを示すのが、八月二十八日付秀秋宛黒田長政・浅野幸長連署状である（島根県歴史博物館蔵）。これ以前にも二人は書状で秀秋に連絡を取っていたが、返事が遅いと山岡道阿弥から督促があり、再度書状を送った。その主旨は、秀秋がどこにいようと忠節を尽くすのが肝要で、家康が二、三日中に到着するので、それ以前に分別が必要だと、徳川方への味方を促す内容だった。続いて、次のように説得した。

> 政所様（浅野寧）へ相つゞき、御馳走申さず候はでは叶わざる両人に候間、此の如くに候、

解釈が分かれる史料だが、寧との関係で世話をしなければならない二人（長政・幸長）なので、このように伝えている、とのことだが、家康側に付くことが寧のためになると説得したものだろう。換言すれば、家康側も「秀頼様」のためを大義名分に掲げて戦っており、どちらに付く方が「秀頼様」を大事に思う寧の気持ちに添うかを考えれば、家康に付くべきだ、と説得したのである。長政は、長浜城での人質時代に寧に面倒をみてもらった関係があり、この時三十五歳。幸長は寧の義弟浅野長政の嫡子、つまり甥で、この時、二十四歳。秀秋は十九歳だった。

この間の家康側の動きは、七月末に下野小山に上方の情勢が伝わり、家康は会津出兵を諦め、上方に戻ることを決意する。八月五日にいったん江戸へ戻り、二十三日には先鋒隊として上方に向かわせていた福島正則・池田輝政らに織田秀信が守る岐阜城の攻略を成功させた。この頃、長政・幸長が秀秋に接触し、徳川方への翻意を画策したが、家康はまだ江戸におり、九月一日になってようやく江戸を出立した。

京都新城の破却

一方、寧は七月二十三日に豊国社に祈禱を依頼し、八月二日、同月十八日には豊国社に参詣した。八月二十九日になると京都新城の石垣や櫓を破却し、それらを公家に下げ渡した。本来、自ら城を破ることは降伏の意を示す行為だが、今回は、禁裏の近所ゆえに戦火を避けるためと説明された。九月十三日にはさらに南面の門を崩した（『義演准后日記』『時慶記』）。

大津籠城

京極高次

そのようななか、戦局を大きく変えたのが、近江大津城主の京極高次の籠城である。七月十四日に石田三成らから人質を要求されると、高次は長男忠高を大坂城に差し出し、八月十日に「北国堅田」に向けて出陣し、上方衆として行動した（『時慶記』）。ところが、二十三日の岐阜城陥落を受け、木之本まで戻ると、九月三日に大垣城に向かわず、舟で琵琶湖を渡って大津城に入り籠城した。六日に町中や城内三の丸侍屋敷を自焼し、七日朝から敵に取り巻かれた。大津城には京極龍（松の丸、高次の妹）や茶々の妹の浅井初（高

木食応其と孝蔵主の調停失敗

次の妻）がいたため、寧は調停に乗り出し、木食応其と孝蔵主を大津に派遣させたが、調停は失敗に終わった。城外の放火が始まり、八日には総攻撃となった。「鉄炮響き地を動かす、焼煙霧の如し、町悉く焼き払う」といった激戦となり、孝蔵主は鉄炮の雨が降るなか帰京した（『義演准后日記』『時慶記』）。

大津城開城

九月十四日の攻撃で、大津城は二の丸まで落ちた。そこで、寧から再び孝蔵主と新庄東玉斎の二人、大坂の茶々からは海津局を大津に派遣した。今度は高次が和議（「アッカイ」）を受け入れたため、砲撃が中止された。高次は、十五日朝に大津城を開城し、高野山に入った（「孝亮宿禰記」「京極御系図」）。のち、この籠城が上方衆の勢力を二分する活躍と評価され、高次には木下勝俊改易後の若狭八万五〇〇〇石が与えられた。

関ヶ原合戦

そして、九月十五日に命運を分ける関ヶ原合戦を迎える。石田三成が敗走、大谷吉継などが討ち死にした報せや家康が草津まで上洛したことが伝聞すると、「天下初めに成り申す由也」と噂された（『北野社家日記』）。春日社社司の中臣祐範は、上方衆が有利だったのに、秀秋が裏切って（「ウラカエリ」）、後ろより一万五〇〇〇人余で攻撃したため、石田たちが了見なく敗北になったとし、幼少から秀吉の養子だった秀秋の裏切り行為は、「比興の所行、世間の嘲嘍なり」と手厳しく批判した（『中臣祐範記』慶長五年九月十五日条）。

秀秋の裏切り

大坂からは甲冑を帯びた者たちが京都に乱入したため、公家や町人たちは門戸を閉じて用心した（『時慶記』）。禁裏周辺も「事外騒動」という状況だった（『言経卿記』）。木下家定の私宅付近には、木下勝俊が立て籠ったが、領地の若狭へ遁れた（『時慶記』）。十六日には大津城攻略に当たっていた立花宗茂が京都三条御幸町に手勢二〇〇〇人を率いて陣取り、寧を守衛するため大炊御門にいた家定に、「太閤の御恩を忘れていなければ、ともに大坂城に籠城して秀頼に忠を尽くすべき」と告げたが、家定は「我ただ大政所（浅野寧）を守護するのみ」と返答し、京都にとどまった（『寛政重修諸家譜』木下家定の譜）。

立花宗茂の説得

ところが、九月十七日になると家定を人質にとるため、大坂より軍勢が上洛した。その夜、寧は禁裏の准后（勧修寺晴子）の屋敷に裸足のまま徒歩で逃げ込んだ（『言経卿記』『北野社家日記』）。慌てた様子がわかるが、ここで寧が中立を保つことが必要と判断したためだろう。二日後の十九日には秀秋が寧を見舞うため准后のもとを訪ねてきたので（『時慶記』）、ひとまず安堵を得ることができた。

准后屋敷に逃げ込む

九月二十一日には、女御（近衛前子）から寧に振舞いとして、呉服五重と樽五色五荷が贈られた。前子は秀吉の養女なので礼を尽くしたのだろうが、寧が女御ではなく、准后を頼って逃げた点からすれば、寧は前子と養子縁組をしていなかったのだろう。二十二日の夜明けとともに、寧は京都新城に戻った。二十四日に家康はまだ大津にいたが、大坂との「無事」が調ったとの情報がもたらされた（『時慶記』）。その後は関係者の捕縛

京都新城に戻る

小早川秀秋没

が続き、九月二十六日には大谷吉継の母の東（ひがし）と妹のこやの二人が捕縛された。生命の危機には及ばなかったが、二人は仕えを辞し、京都粟田口に居住して余生を過ごした。十月一日には、石田三成・小西行長・安国寺恵瓊（えけい）が六条河原で処刑された。十月十三日には孝蔵主にも嫌疑が及んだが、翌日には別条なしとなった（『時慶記』『兼見卿記』）。大津城の開城に貢献した新庄東玉斎（近江新庄一万四六〇〇石）は、上方衆とみなされて所領没収となったが、のち近江坂田郡柏原に所領を得て、元和（げんな）六年（一六二〇）に没した。享年七十九（『寛政重修諸家譜』）。

小早川秀秋は、関ヶ原合戦で武将としての評価を落としたが、家康からは「今後は秀忠と同様に思って疎略にしない」と記された感状を得た（「足守木下家文書」）。論功行賞では、備前・美作五一万石を得て、岡山に居城を置き、「備前中納言」と呼ばれた。慶長六年に片桐且元は秀秋の先収米の件を寧（「政所様」）に働きかけるように三好新右衛門に指示しており（「誉田（こんだ）神社文書」）、合戦後も寧は秀秋の後見的立場にあった。事実、慶長七年四月二十日付で秀秋が寧付の客人に宛てた金子借用状があり、金五〇枚を借用し、秋に八田伊代の代官地より返弁すると約諾した（「足守木下家文書」）。

ところが、慶長七年十月十八日に秀秋は急死した。没する三日前の十五日には国元で鷹狩をしており、別条はなかったが、帰宅後に気分が悪くなり、そのまま落命した。法号は瑞雲院秀山厳詮。享年二十一。十月二十四日に西洞院時慶の妻が弔問のため寧を訪ね、十一月八日に時慶は秀秋の追悼文を寧に送った。これは先日より借用していた「平家物語ノ紙」に添えて送ったというが、追悼文は伝来しない（『時慶記』）。

近衛信尹（このえのぶただ）による秀秋の回想文（「足守木下家古写系図」）によれば、秀吉は秀秋を慈しみ、将来は後継者とし、国政の助けをさせようと思い、幼少より聖護院門跡道澄（しょうごいんもんぜきどうちょう）に学ばせ、八歳の頃には歌の道にも日々精進し、蹴鞠（けまり）も一度に修得するほどで、何においても人に後れをとることのないようにと思う気持ちの勝る少年であり、物心がついた頃には零落した武士たちや世の中を流浪する者たちを救いたいとの志を持つようにみえたが、若き者たちとの戯れで盃ごとが増え、昼夜を巡らすことも多くなり、これに寧（「政所」）が反省を促したが、実に理にかなった戒めであると世間でも見聞していた、とある。

たびたび使者を岡山に下す

青雲の志を持った秀秋が酒に溺れたのは秀頼が誕生したためとされることが多いが、鶴松（つるまつ）の誕生後から秀秋の浮沈は始まるので、自暴自棄の原因を秀頼のみに求めるのは筋違いだろう。とはいえ、寧は崩れていく秀秋を最後まで見捨てなかった。慶長六年五月に秀秋の病気を聞くと、北野社に七日参祈禱を依頼した（『北野社家日記』）。岡山にいる秀秋が寧付の客人に宛てた十月七日付書状によれば、心配して寧がたびたび使者を下すのは無用で、毎日秀秋から使者を送るのでよく披露してほしい、とのことであった（「足守木下家文書」)。署名は「秀詮」とあるので、没する直前の書状となる。なお、同年十月には秀秋の兄弟三人が死去したと伝聞された(『舜旧記』)。十月十五日には秀秋のもとに寄寓していた兄俊定が没していた。法号は慈徳院林叟幼化。享年不詳。もう一人の兄弟は、木下家の系図では該当者がいないので、これは誤伝としておく。

三　出家の道

慶長八年(寧五十五歳)

家康将軍宣下

養母七曲没

慶長八年(一六〇三)二月十二日に、伏見城で徳川家康に将軍宣下があった。これにあわせて諸大名が上洛し、二月十五日には加藤清正が寧を訪ねた。十七日に寧は嵯峨釈迦堂(清凉寺)、十八日には豊国社に参詣した。三月の豊国社参詣はない。三月二十一日になると家康が初めて二条城に入り、二十五日に参内し、四月四日から三日間にかけて公卿、門跡、大名らを饗応し、十六日に伏見城に戻った。その賑々しいなか、四月十一日に寧は兄家定を伴い豊国社に参詣した。これは急なことだった。六日後の十七日には再び豊国社に参詣し、養母七曲の病気快復のための湯立神楽を依頼した。その翌十八日、七曲は没した。享年不詳。実名はふくといい(「長井健一文書」)、法号は雲亮院宝林妙瑜(「高台寺過去帳」)。二十七日には葬礼があり、群衆が見物に出るほど盛大であった(『時慶記』)。

七曲の動向はよくつかめないが、夫長勝との死別後は上方にいたらしい。天正十九年（一五九一）元旦に北野社の禅永（松梅院禅昌の父）に一貫文を奉加し（『北野社家日記』）、文禄期（一五九二〜九六）には大坂にいて豊臣家の親族集団の一人として振舞っていた。慶長五年九月二十二日には孝蔵主が公家の大炊御門経頼の宅に来訪し、滞在中の七曲を見舞った（『時慶記』）。この日、寧は関ヶ原合戦の難を遁れるため逃げていた准后屋敷から京都新城に戻っている。七曲も同様に大炊御門の屋敷に遁れていたのだろう。

秀頼と千の婚礼

寧は養母の喪に服し、五月・六月・七月の豊国社参詣をしなかった。七月十八日には「政所重服故社参なし」とあり、この日の例大祭には福島正則と加藤清正が参詣した。七月二十八日には豊臣秀頼（十一歳）と徳川千（秀忠と浅井江の長女、七歳）の婚儀があった。寧が大坂に下った日時は不明だが、八月十四日に大坂から上洛したので（『時慶記』）、豊臣家の将来を担う若き夫婦の祝福に出かけたらしい。八月十八日の秀吉の命日には、阿弥陀ヶ峰の廟所に参り、豊国社には孝蔵主を名代として参詣させた（『舜旧記』）。そして、寧はようやく出家を決意する。夫の死から、すでに五年の時を経ていた。

高台院の院号勅許

慶長八年十一月三日付で、「高台院」（「かうたい院」）の院号勅許を伝える女房奉書が出された（「高台寺文書」）。長橋局（持明院基孝の娘孝子、勾当内侍）が奉書作成を担当し、使者には大乳の人が派遣された。寧より「かたじけなし」との感謝の意が伝えられ、後陽成帝に白銀五〇枚、緞子一〇巻、女院（勧修寺晴子）に白銀二〇枚、緞子五巻、女御（近衛前子）に白銀二〇枚、緞子五巻、長橋局に白銀一〇枚、小袖一重、大乳の人へ白銀一〇枚、小袖一重が贈られた。寧は従一位関白太政大臣豊臣秀吉の本妻であり、すでに豊臣吉子の名で従一位に叙されていたから、天皇が近親の女性に与える女院号と同様の対応がとられたものと考えられている。十一月二十八日には、「かうたい院」より禁中に蜜柑が進上された。以後、朝廷では高台院と呼ぶことが定着する（『お湯殿の上の日記』）。そこで、以下では寧を高台院と称えることにする。

出家

法名「杲心」号「快陽」

ただし、豊国社社僧の神龍院梵舜は、以後も「政所」を用い続け、慶長二十年の大坂夏の陣による豊臣氏の滅亡後に「高台院」を用いるようになる。よって、寧のことを「北政所」「政所」と呼ぶ例が消滅するわけではない。また、寧は康徳寺住寺弓箴善彊から法名の「杲心」と「快陽」の号を授かる。宗派は曹洞宗である。京都の高台寺には、この時に授けられた「血脈」（師が弟子に嗣法したことを証明する文書）、「安名」（法名を与えたことを示す文書）、「嗣書」（釈迦牟尼仏から嗣承した諸祖師の名を書き連ねた文書）の三点が血脈箱と血脈袋に入れられて大切に保存されている。日付はいずれも、「慶長八年霜月七日」である。五十五歳での出家となった。

慶長九年（寧五十六歳）

慶長九年は秀吉の七回忌であり、豊国社臨時祭の準備が粛々と進められた。高台院は正月二十一日から二月一日まで大坂に滞在した。四月十四日と五月二十六日には加藤清正が高台院を見舞った。六月二十二日に家康が参内し、その二日後の二十四日に高台院の申し出により、二条城で能が興行され、家康を振舞った。家康は、七月一日に伏見城に戻った（『時慶記』）。

能の興行

秀吉七回忌

豊国社臨時祭に先立つ八月二日、高台院は豊国社に参詣し、湯立神楽二七釜を奉納した。順番は、一番「政所」（高台院）五釜、二番「松丸殿」（京極龍）五釜、三番「備前様」（前田豪）三釜、四番「万里小路内義」（前田麿阿）三釜、五番「木下法印」（家定）一釜、六番「長慶院」（高台院の姉）一釜、七番「中納言殿」（前田利長か）二釜、八番「奥殿」（浅野長政妻の長生院か）一釜、九番「客人」一釜、一〇番「松女房衆」三釜、一一番「中納言殿局」二釜という大がかりなもので、久々に豊臣家の関係者が一堂に会し、高台院が施主となって秀吉の七回忌を営んだ（『舜旧記』）。

豊国社臨時祭

一方、大村由己「豊国大明神臨時御祭日記」によれば、臨時祭の施主は秀頼であった。八月十二日の湯立神事に始まり、十八日まで七日間の祭礼が続いた。十三日は雨で翌日に順延となり、十四日には大名が奉納した馬二〇〇疋が建仁寺門前より豊国社まで二列で進み、群衆が見物した。社殿では、幣と榊が奉納され、騎馬二〇〇人が続き、田楽衆三〇人、猿楽四座による新儀能一番ずつが奉納された。十五日は上京・下京から五〇〇人の踊人が出て洛中が沸き返った。その様子は「豊国祭礼図屏風」（豊国神社蔵）に描かれた。

高台院は、参道入口の楼門北側に設けられた桟敷席（さじきせき）で見物した（『義演准后日記』）。十六

豊国社臨時祭（「豊国祭礼図屏風」より，豊国神社蔵）

日には禁裏より神楽が奉納され、大仏殿跡地では施行があった。この日、片桐且元と梵舜は伏見に行き、家康に臨時祭が無事に終了した報告をすると、家康は「別而御機嫌之由」であった。十七日からは例大祭となり、十八日には秀頼名代として片桐貞隆が参詣し、勅使を迎え、福島正則・織田有楽・加藤清正・浅野長政・京極高次・同高知・浅野幸長らが参詣した。十九日は伶人舞楽があり、すべての日程を終了した（『舜旧記』）。

高台寺の建立

この後、高台院は高台寺の建設に着手する。その初発は、母朝日の菩提を弔うために、長巌周養を開山に迎えて建立した曹洞宗の康徳寺だった。創建は、天正（一五七三〜九二）末年の頃、あるいは慶長三、四年の頃ともいわれ、はっきりしない。慶長八年十一月に寧が出家する際の嗣書には、高台寺の開山となる弓箴善彊が文禄元年（一五九二）十一月に師の長巌周養から受け嗣いだ場所を「城州康徳禅寺」と明記している。よって、朝日が没する慶長三年八月以前に、すでに康徳寺は創建されていた。場所は寺町通鞍馬口下だったが、現在の高台寺の地（京都市東山区）に移され、「玉雲院」と名を改めて高台寺の塔頭の一つとなった（『高台寺の名宝』）。

鷲尾家の替地

その移設にあたり、高台寺一帯の土地は公家の鷲尾家の所有であったため、鷲尾家が替地を訴訟することになり、慶長九年閏八月九日に孝蔵主が伏見に赴いた（『時慶記』）。閏八月十三日付で孝蔵主は伏見から大工頭の中井正清に宛て、「北政所様御寺の御用」

高台寺（京都市東山区）

のため大工三一人の手形を手配するよう依頼しており（「中井家文書」）、しばらく伏見に滞在したらしい。結果は、高台院の意向通りに土地が得られた。

家康は高台寺建造に関しては総じて好意的であり、所司代の板倉勝重を普請奉行、堀直政を普請掛に置いて協力した。翌慶長十年九月一日付で家康は高台寺に康徳寺の寺領一〇〇石を改めて寄進し、同十七年五月一日には五〇〇石に加増された。慶長十年九月二十八日には、板倉勝重が三ヶ条の禁制を高台寺に与えた。「岩清不動山」での竹木伐採、草刈り、寺内・門前での殺生や牛馬の放し飼いを禁じ、寺中役者以外の者の「検断」を禁じる内容である。慶長十年六月二十八日には、まず康徳寺が移徙し（『時慶記』）、高台寺の完成は慶長十一年とされる（『高台寺の名宝』）。同年には木下利房（寧の甥）が伏見城内の高台院化粧殿を高台寺境内石段下にある円徳院に移築したと伝承するが、焼失して現存しない（櫻井成廣『豊臣秀吉の居城　聚楽第　伏見城』）。なお、高台院は高台寺に暮らしたと思われてきたが、その後も京都新城の跡地の屋敷に住んでおり、時折、東山の高台に位置する高台寺に参詣して過ごした（内田九州男「お祢の生涯」）。

高台寺寺領分配

高台院は、元和二年（一六一六）十月に高台寺の寺領を九つの塔頭に分配する取り決めを行った（「高台寺文書」）。これには高台院の黒印が捺されている。元和三年七月二十一日付では、高台寺宛の寺領五〇〇石を保証する秀忠の安堵状が発給されており、これは高台院にとって大きな安堵であった（「高台寺文書」）。

高台寺の転派

周南紹叔

元和八年八月には、高台寺は幕府の許可を受けて曹洞宗から臨済宗へと転派した。理由は、高台寺の住持が六、七代も相次いで交替し、曹洞宗には後住とすべき僧侶が不在のため、高台院は甥の周南紹叔（しゅうなんしょうしゅく）（家定七男）を後住に望んだからである。幕府老中土井利勝（どいとしかつ）と同酒井忠世（さかいただよ）から、「高台院さま御心しだいに」という秀忠の快い返答が伝えられた。高台院はすぐに礼状と返礼の品を送ると、九月十九日付で土井利勝から再度の書状が届いた。高台院がとても満足していることに安堵するとともに、病中でありながら念入りな様子に感謝を述べるものだった。

ところが、右の幕府の決定にもかかわらず、曹洞宗側の異議申し立てがあり、すぐには決着しなかった。これが解決するのは寛永元年（一六二四）九月三日のことだった。臨済宗の建仁寺常高院の三江紹益を住持とし、紹叔を西堂とすることに決し、二人はこの日、高台寺に入寺した。高台院は、この三日後に没した（「高台寺文書」）。

三江紹益

なお、高台院は、三江紹益とは特に親しかった。「そちらは忙しいかもしれないが、用があるので待っています。そのために一筆申します」と書いた常光院宛の高台院書状や新年の祝儀として銀子二包みを贈った常高院宛の高台院書状が伝来する（「常高院文書」）。

四　豊臣秀頼との交流

住吉社参

慶長四年（一五九九）に京都に移り住んだ寧は、同七年に久々に大坂に下った。住吉社参詣のためだった。二月三日朝から社僧たちが掃除に余念なく、終日雨であったが、上の客殿に幕を張り、その中に寧が出座し、茶々もお忍びで同座した。神楽二場が催され、午後一時頃に膳が出された。奉行は小出秀政で、大坂城から屏風や膳具など、いっさいが持ち込まれた（『鹿苑日録』）。寧は二日後の五日に、京都に戻った（『時慶記』）。

この後も、慶長八年正月下旬・八月中旬、同九年正月下旬、同十年十月中旬、同十一年三月中旬、同十二年二月下旬、同十三年二月から三月、同十四年二月下旬から三月、同十五年五月、同十六年十月と、毎年大坂に下向した。慶長十七年は不明だが、慶長十八年八月中旬の大坂下向が最後となる。ただし、その後も文通や贈答は確認できる。また、慶長十一年十一月に秀頼は高台院の屋敷の屋根の修理のため、片桐貞隆を奉行に命じており（『慶長日件録』）、その生活を支える側面もあった。秀吉の死後に高台院が大坂城にいる茶々や秀頼と疎遠だったという見解は、まったく事実無根である。

毎年の大坂下向

慶長十年四月十六日には徳川秀忠に将軍宣下があり、家康は高台院を通じて、秀頼が上洛して礼をするよう「内存」を伝えてきた。この時は、茶々の猛反対により、秀頼の上洛は回避された（『当代記』）。この件は、高台院が家康の手先になったもので、茶々との不和の一つとされ、桑田忠親に至っては、「淀君が、北の政所の心中に本当に敵意を発見したのは、おそらく、この時だったであろう」（『淀君』）とまで述べて、両者の敵対関係をあおった。確かに上方が一時騒然となったのは事実だが、この時、高台院は大坂に下向していない。高台院が家康の手先となって本気で秀頼を上洛させようとしていたのなら、大坂に下向したはずではなかろうか。

秀忠将軍宣下

換言すれば、高台院が真剣にことを運ぼうとする場合は、必ず大坂に出向いた。その

北野社松梅院の檀那

よい例が、北野社の造営である。あらかじめ高台院と北野社社僧の松梅院との関係を述べておくと、高台院は松梅院の檀那であった。慶長六年正月に寧が北野社に参詣すると、当番の者が七曲を通じて参銭を要求したが、寧は「松梅院檀那」なので初穂はすべて松梅院に渡すといって断った。

禅祐殺害

また、同年四月十八日に、北野社社僧の妙蔵院禅祐が殺害される事件が起きた。親族での花見の最中に、宮仕（下級の社僧）四人とその配下らが喧嘩をしかけ、禅祐を切り殺し、親族も負傷した。松梅院禅昌は所司代に訴え、伏見にいた家康は本多正信・大久保長安に穿鑿を命じたが、解決しなかった。禅昌は大名を含めてさまざまな手段に訴えたが、それでも解決しないため、二十八日についに寧を訪ね、浅野長政にも対面して詳細を伝えた。すると、寧からもう一度家康に伝えることになり、寧が動いたことで事件は禅昌の希望通りの決着となった。禅昌は、寧が松梅院の檀那であり、かつ妙蔵院の娘が高台院の世話をしているゆえに、懇切な対応をしてくれたと理解した（『北野社家日記』）。このように、高台院は松梅院を手厚く保護していた。

慶長十二年（寧五十九歳）

北野社大造替

慶長十二年二月になると、高台院は所司代の板倉勝重から北野社造営につき依頼を受けた。そこで二十日に大坂に下り、秀頼と茶々に造営の資金援助を申し入れた。かねてから松梅院も依頼しており、母子からは快い返事が得られた。そこで、高台院は板倉に書状で結果を知らせ、板倉から松梅院に大坂に礼に来るようにとの高台院の意向を伝えさせた。二十八日に松梅院は大坂に下り、二十九日に秀頼・茶々および高台院に進物を贈った。同年十二月十三日に造営遷宮式があり、奉行は片桐且元であった。この時の造営は、本社末社の社殿をことごとく造替する大事業となった（『北野天満宮神宝展』）。

ちなみに、慶長十二年二月二十五日には、木下家定が「綱敷天満宮縁起（つなしきてんまんぐうえんぎ）」を起筆した。これは高台院が幼少から正真の「菅丞相（かんしょうじょう）」（菅原道真）を拝みたいとの念願が深かったゆえに、ある夜、菅公が夢に現れ、南は清水、北は吉田の中央に鎮座すとのお告げがあり、目覚めると綱敷天満宮の尊影が出現したとの縁起が記された（「高台寺文書」）。この霊夢により、高台院は高台寺の鎮守社として綱敷天満宮を勧請する。高台院の天神信仰の深さを示しており、菅原道真を祀る北野社の大造替は高台院自身の大きな喜びだった。

高台院の肝入りで勅使派遣

ただし、高台院はこれを個人の信仰の問題のみに収斂させることはなかった。慶長十二年三月二日には、高台院の肝入りで、後陽成帝から大乳の人、女院（勧修寺晴子）から帥（そち）、宮（政仁親王）から乳の人、女御（近衛前子）からも使者が大坂城の秀頼に派遣された。秀頼には毎年、年頭の勅使が派遣されるので、これは特別なことであった。北野社造営に対する謝意が伝えられたとみられるが、高台院がこの件を通じて豊臣家と朝廷との関係を取り結ぶ役割を果たしたことが明らかとなる。また、使者が女性だったことをみれば、表向きは秀頼への使者だったが、実際には茶々への謝礼使だった（『お湯殿の上の日記』）。

慶長十三年（寧六十歳）

高台院がこの件でも政治力を発揮したことに加え、高台院と茶々の連携を改めて確認できる。

秀頼疱瘡

慶長十三年正月四日には、秀頼の名代片桐且元が豊国社に参詣した。五日には高台院が豊国社に参詣し、湯立神楽二釜を催し、無病息災を祈った。二月十一日に秀頼は頭痛があり、これに続いて疱瘡に感染した。大坂では、二月二十三日付で義演に病気平癒の祈禱を依頼し、二十四日から始められた延命修法は三月二日に結願(けちがん)した。禁中内侍所でも、二十四日に臨時神楽が催された（『舜旧記』『義演准后日記』『お湯殿の上の日記』）。

曲直瀬道三

高台院は、二月五日に梵舜の来訪を受け、十四日には江戸の将軍秀忠から鷹で捕えた雁を贈られ、吉田社の兼見に分け与えた。よってこの頃までは京都にいた。二十一日には秀頼のために二夜三日の祈禱をするよう兼見に依頼した。大坂から兼見に祈禱を依頼するのはこの二日後なので、高台院が逸早く秀頼を心配した様子がわかる。高台院が大坂に下った日時は不明だが、二十六日に兼見は大坂の高台院にお祓いを届けており、翌日に大坂の高台院から書状と銀子一〇枚が届き、病気快復の旨を知らされた。三月一日も、高台院は大坂に滞在していたことが確認できる（『兼見卿記』）。これに関連して、三日付で高台院が秀頼の病気快復を心より喜ぶ書状を医師の曲直瀬(まなせ)（延寿院）道三(どうさん)に送っている（「宮川清氏所蔵文書」）。

御返しごとながら、細々と御うれしく見まいらせ候、
一、廿九日昼程に大便快く通じ、その後も通じ申候よし、御うれしく思ひまいらせ候、
一、朔日には、いよ〳〵気色よく、日暮れの脈一段よく候よし、めでたく思ひまいらせ候、しかしながら、そもじの御手柄にて候間、満足申事にて候、書付のごとく、血多く採り候あとにて御入候まゝ、枯れ木のやうに御入候事、理りと思ひまいらせ候、そもじの御精入候ゆへ、かやうのめでたき御左右聞きまいらせ候事、御手柄感じ入まいらせ候、なをも〳〵御精御入候て給候はば御うれしく思ひまいらせ候べく候、安堵申事にて候、まづ申候ハんとて、秀頼の御方煩ひ日々に験の御事にて候まゝ、御心安く存じめし候べく候、返々も御ふみ見まいらせ候て、かやうの御うれしき事は御入候はず候、そもじ御気づまり候ハんと推し量りまいらせ候、なおめでたき事、申うけ給べく候、かしく、

三日　　　　高台院

道三法印　まいる　　　祢

秀頼の快復を喜ぶ

二月二十九日昼には秀頼に便通があり、三月一日の日暮れには脈もよくなり、これは道三の御手柄と褒め、秀頼が血を多く抜かれて枯れ木のように痩せ細ったが、道三の治

療で秀頼が助かったこと、また道三が秀頼の病状を詳細に知らせてくれたことを本当にうれしく思っているとの心情を伝え、さらに朗報を報せてほしいと結んだ。

三月十二日にも高台院は再び道三に書状を送り、感謝を伝えた（「神宮徴古館農業館文書」）。

御返しごとながら、御文の様体見まいらせ候て、数々御うれしく思ひまいらせ候、験に御入候とは申候へども、さほどに候はんとは思ひまいらせ候はず候つるに、さて〳〵めでたき事にて候、とかくそもじの御手柄申ばかりなき事にて候、かしく、返々久々そこ程に御入候、御心はつき候はんずれども、かほどまて御志たて候事にて候まゝ、なを〳〵御精に入候て給候はば、おうれしく思ひまいらせ候、かしく、なをめでたき御左右まち入候、かしく、

十二日　　高台院

ゑんしゆ院（延寿）　まいる　　祢

道三からの再報を受け、病状がそこまでとは思わなかったと驚くとともに、繰り返し道三に感謝を伝えており、秀頼に対する高台院の深い愛情をみることができる。

秀頼に対する愛情

京都にいた義演は三月四日に秀頼快復の報せを受け、護摩薬師を九日に結願し、十三日には疱瘡快復後に行う酒湯を秀頼が済ませた旨の連絡を受けた。なお、三月十八日には高台院は豊国社に参詣しており（『舜旧記』）、この頃までには京都に戻った。

慶長十五年（寧六十二歳）

　慶長十四年は二月二十六日から三月八日の十三日間、慶長十五年は五月十日から二十五日までの十六日間を高台院は大坂に滞在した。同十五年五月二十三日には能を興行して高台院を饗応しており、その場には秀頼・茶々・千が同座した（「済美録」）。

秀吉十三回忌

　慶長十五年は秀吉の十三回忌であり、八月十六日に豊国社に大坂から銀子が届けられ、高台院からは湯立料金子一枚、御内衆からも銀子三枚が奉納された。例大祭の十七日には高台院が参詣し、再び金子一枚、御内衆も神楽銭二三貫五〇〇文を奉納した。十八日には勅使広橋兼勝が束帯姿で社参し、太刀一腰・折紙を神前に奉納し、秀頼の名代として片桐且元が金子一枚・鳥目一二〇貫文を奉納し、翌日の神事用に綿・錦・絹などを納めた朱塗の長櫃三合が届けられた。会所では秀頼の上句で連衆一三人による漢和連句会が催された。

　八月十九日には豊国大明神十三回忌の臨時祭が催され、午前十時頃より祭礼が開始された。奉行は片桐且元で、神官六人に五〇人が供奉し、楼門の下で神楽一座が奉納された。稚児舞と伶人舞楽、神宝長櫃三合の奉納後、楼門下で田楽舞いがあり、秀頼から神馬一二疋が奉納され、今春と金剛の二座が神事能を奉納した。楼門下南方に桟敷八間（一二畳）が準備されたが、高台院の出座があったかどうかはわからない。これに先立つ八月九日に梵舜は大坂に出向き、神官たちの装束料の下行を訴訟して許可された。秀頼はいずれの神事にも参列していないが、右の下行から臨時祭の施主は秀頼だとわかる。臨時祭に並行して六月十二日には京都東山大仏殿（方広寺）の地鎮祭があり、八月二十二日には立柱式があった（『舜旧記』『義演准后日記』）。

二条城会見

慶長十六年（寧六十三歳）

慶長十六年は、久々に家康が駿府から上洛した。後陽成帝の譲位を執り行うことが第一の目的であった。諸大名も上洛し、三月二十一日に加藤清正は高台院を訪ね、そこで高台院の警固役の浅野長晟（ながあきら）とも対面した。二十七日に政仁親王（ことひと）（後水尾帝（ごみのお））への譲位があり、受禅（じゅぜん）（皇位継承の儀式）を終えた。その翌二十八日、家康は秀頼を二条城に迎え、対面した。秀頼は、秀吉の死後に七歳で大坂城に移ってから初めての上洛であった。秀頼の供は、織田有楽・片桐且元・同貞隆・大野治長、そのほか番頭・小姓が三〇人ばかりであった。京都からは、家康九男で十二歳の右兵衛義利（後の尾張徳川義直（よしなお））、同じく十男で十歳の常陸介頼将（よりのぶ）（後の紀伊徳川頼宣（よりのぶ））が鳥羽まで出迎えた。義利の供は浅野幸長、頼将の供は加藤清正だった。藤堂高虎と池田輝政も迎えに出向いた。

辰刻（たつのこく）（午前八時頃）に一行は二条城に到着し、家康は庭上まで秀頼を迎え、秀頼が慇懃（いんぎん）に礼をした。家康が先に屋敷の中に入り、続いて庭から秀頼が「御成の間」に上った。その後に家康が入ってきて「互いの礼」を提案したが、秀頼が斟酌（しんしゃく）して家康を上座として礼を行った。三献（さんこん）の式があり、一献目の後に互いの進物の贈答があった。美麗の膳部が準備されていたが、秀頼は吸い物だけをいただいた。その場には、高台院のみが相伴した。秀頼の滞在時間は「一時」(約二時間)であり、その後、豊国社へ社参し、建造中の大仏殿を見物し、さらに伏見の加藤清正邸に立ち寄ったのち、乗船して大坂城に戻った(拙著『豊臣秀頼』)。

『義演准后日記』紙背文書にある高台院書状には、「十七日には大御所(徳川家康)わが身方へお成りにてお機嫌よくおはしまし、満足申候ことにて候」とある。竹子一折も贈られた季節なので、四月十七日とみられる。その翌日、家康は京都を発つので、暇乞いだろう。

浅野長政没

加藤清正没

高台院書状は、二条城会見を無事に終えた安堵感に満ちていた。なおこの時、高台院はまだ知らなかったが、四月七日に浅野長政が病気療養中の下野塩原(栃木県那須塩原市)で没した。享年六十五(異説あり)。続いて、加藤清正も帰国途中の船中で発症し、六月二十四日に急逝した。享年五十。高台院は六十三歳だった。

慶長十七年(寧六十四歳)

慶長十七年二月二十四日に高台院は、豊国社に秀頼の祈禱を依頼した。二十八日に義演は秀頼の「不例」により祈念の御守の懸札を大坂に届けており、高台院も秀頼の病気快復祈願だった(『舜旧記』『義演准后日記』)。なお、この年は大坂への下向は確認できない。

慶長十八年二月には大坂城の鎮守として豊国社が山里丸に造営され、二十六日に遷宮の儀式があった。その際の二〇〇人分の飯米は、高台院から下行された。この時、高台院は大坂に下向せず、八月八日になって大坂に出向いた。十三日には大坂城の豊国社に神宝奉納があり、これを見物するためだったのかもしれない。秀頼は八月十日付で伯母の瑞龍院日秀（秀吉の姉智）に書状と銀子二〇〇枚を送り、高台院が下向しており、瑞龍院とも久しく会っていないので、下向してはどうかと誘った（「瑞龍寺文書」）。瑞龍院が実際に下向したのかどうかはわからない。十五日に高台院は大坂より京都に戻り、十七日に京都豊国社に参詣して、湯立神楽二釜を見学した（『時慶記』『舜旧記』）。

秀頼の高台院宛書状

なお、秀頼から高台院に対しては、正月朔日付で高台院から文と進物を贈られた返礼として緞子二巻を贈る旨の自筆書状（「豊国神社文書」）、正月六日付で新年に銀子一〇〇枚を贈った自筆書状（「本法寺文書」）、十月二十五日付で「まんかゝ」宛に寒中見舞いを贈った自筆書状（「宮崎光勝寺文書」）、「今度の祝儀」とあることから慶長二十年と推定される正月四日付の自筆書状（「高台寺文書」、一九二頁掲載写真参照）の四点が伝来する。

五　大坂冬の陣・夏の陣

慶長十九年（寧六十六歳）

慶長十九年（一六一四）正月の京都は、晴天続きであった。元日巳刻（午前十時頃）に高台院は豊国社に参詣し、銀子五枚と散銭五貫文を奉納した。四日には秀頼の名代として片桐

キリシタン改め

大久保忠隣改易

旦元が参詣し、例年通り金子一枚と銭一〇〇貫文が奉納され、神官以下にも例年通りの下され物があった（『舜旧記』）。その平穏を打ち破るかのように、十六日には江戸から秀忠付年寄の大久保忠隣の率いる軍勢が上洛し、キリシタン改めを実施した。北野辺りの教会が壊され、拘束された門徒は五〇〇〇〜六〇〇〇人という騒動となった（『時慶記』「孝亮宿禰記」）。その忠隣に対し、今後は突如逼塞の命令が下った。理由は秀忠の「勘気」を受けたというが、さまざまな憶測がとびかった。特に秀忠付年寄の本多正信の讒言により失脚したとされるが、真相はわかっていない。忠隣は武具や軍勢をすべて没収され、自身は従者四人のみを連れて近江中村郷に蟄居し、事態は収拾された。二月一日に醍醐寺三宝院門主の義演は「京都静謐」と安堵したが（『義演准后日記』）、それも束の間だった。この半年後、いわゆる「方広寺大仏殿鐘銘事件」が起こり、大坂冬の陣・夏の陣へと続き、京都が久々に戦渦に巻き込まれることになる。

大仏殿

遡って、豊臣秀吉が造営した大仏殿は、文禄五年（一五九六）の京都大地震で半壊した。その後、再建が進められたが、完成をみずに慶長七年十二月四日の火事で焼失した。慶長十四年正月頃より再び建造が始まり、翌十五年六月三日には秀頼から大仏地鎮の儀が命じられ、同月十二日に義演を導師として地鎮祭が催された。折あしく雨であったが、高台院の義演宛書状では、「大仏地鎮、雨の晴れ間にするすると御仕合せよく」と無事に済んだことを喜んだ。とすれば、高台院も実際に地鎮祭に足を運んでいたのだろう。

大規模な鐘の鋳造

慶長十七年には、早くも大仏と大仏殿が完成した。慶長十九年四月十六日には、大仏殿に奉納する鐘が鋳造(ちゅうぞう)された。群衆が観覧するなか、京都鋳物師棟梁(いもじとうりょう)一四人、小工二〇〇人、鋳物師三〇〇〇人が携わる大規模なものだった。高台院もお忍びで豊国社に参詣し、帰りがけに鐘鋳(しょうちゅう)の場所を見学した。四月二十四日には、片桐且元が鐘の完成を家康に報告するために駿府に下り、同月二十八日に京都に戻った。六月二十八日には鐘楼に鐘を釣り、最初に片桐且元、次に鋳物師、続いて諸奉行が鐘を撞(つ)いた。その鐘の音は高台院の住む三本木までは届かなかっただろうが、あとはめでたく大仏殿本尊の開眼供養(かいげんくよう)の執行を待つだけとなった（『義演准后日記』「紙背文書」『舜旧記』ほか）。

供養延期

ところが、七月末になると、家康が鐘の銘と棟札(むなふだ)の文面にクレームを付け、供養延期を伝えてきた。奉行の片桐且元は、文面を作成した南禅寺の清韓長老(せいかんちょうろう)を伴い駿府(すんぷ)に下り、家康への弁明を試みたが、同意が得られないばかりか、秀頼が大坂城を出て伊勢か大和に移ること、諸大名と同様に駿府と江戸に参勤すること、生母の茶々を人質として関東に差し出すこと、という三つの条件を持ち帰ってきた（曽根勇二『片桐且元』）。これらの経緯を且元の裏切りとみた大坂では、且元を切腹させようとしたが、且元は病気と称して出仕しなかったため、城内が騒然となった。そこで秀頼は、十月一日に且元やその弟の貞隆に、妻子や家中を連れて領地の摂津茨木に退去させた。

片桐兄弟の大坂出城

これらの騒動は、京都にいた高台院の身にもふりかかった。九月二十九日に西洞院時慶は、昨日より高台院の屋敷の門の出入りが止められ、番が厳しくなったことや、高台院が大坂に下向したとの雑説を聞き、確かめに行かせたが、確かなことはわからなかった。十月一日には、高台院は屋敷を出て大坂へと向かったが、鳥羽から帰ってきたとのことだった。これは二日朝に高台院のもとに尋ねにいかせて得た確実な情報であった（『時慶記』）。

高台院鳥羽から引き返す

この後、高台院は軟禁状態にあったらしい。まず、十月以降の豊国社参詣がなくなった。さらに、大坂との連絡も取れない状況に陥った。そのことは、高台院が平野長泰の子息救出の依頼を断った状況により判明する。長泰は、賤ヶ岳の七本鑓の一人、つまり秀吉の古参家臣であったが、この頃には秀忠の旗本となっていた。その一方で、長泰の兄長景は大坂城で秀頼に仕えて夏の陣まで戦い抜き、慶長二十年五月七日の天王寺表の合戦で戦死した。長泰の長男長勝も大坂城で秀頼に仕えていたため、長泰は江戸を出て駿府に行き、長勝を引き出すために大坂城に入城したい旨を家康に直訴した。しかし、長泰がそのまま大坂城に残り豊臣方に加担する疑いがあったため、長泰は江戸に戻って秀忠の出陣に同行するようにとの家康の意向であった。長泰はこれを了承し、江戸に戻

平野長泰の依頼

った。家康付年寄の本多正純（まさずみ）は、江戸にいる秀忠付年寄の本多正信（正純の実父）に書状を送り、右の経緯を伝えるとともに、長泰が無事に「帰参」（秀忠への再出仕）できるよう取りなしてほしい、と伝えた（『本光国師日記』）。その後、家康は十月十一日に駿府を発ち、二十三日に二条城に入った。秀忠は二十三日に江戸を発ち、十一月十日に伏見城に入ったが、長泰は秀忠への従軍は許されず、豊臣大名の福島正則・黒田長政・加藤嘉明らとともに江戸に残された。

長泰はそれでも諦めず、高台院の甥にあたる浅野長晟や木下延俊（のぶとし）らを頼って画策してきた。長晟の書状によれば、十一月四日付と十三日付の長泰書状が届いたので、和歌山帰国後、すぐに高台院に書状を送ったが、高台院からは大坂への連絡の手段がなく（「はや大坂への通路これ無し」）、伝達は不可との返事だった。長晟は長泰の心中を察し、何とかしたいと思ったが何もできず、また細川休無（忠隆、忠興の長子）も長晟の陣所の博労淵（ばくろうぶち）を訪ねてきて、大坂に二、三度も使者を派遣したがうまくいかない、とのことだった。続く次の条文からは、高台院が置かれた状況が判明する。

一、細川内記（忠利）殿へ御書状申（もうしそうら）候へば、本佐州（本多正信）、本上州（本多正純）へ仰され候て御覧あるべきとの儀に候、御両人御同心に候はば、高台院様へは我等ゟ能（よく）申上げべく候、（後略）

細川忠利に書状を出すと、本多正信・同正純に伝えてはと提案されたので、二人が同意するようならば、高台院には長晟から言上するとのことだった。なお、この書状は「浅野家文書」として原文書が伝来するので、長泰の手元に届かなかった可能性があるが、高台院の置かれていた状況はわかる。つまり、高台院の行動は徳川方から監視されており、家康（本多正純）・秀忠（本多正信）の同意がないと身動きできない状況に置かれていたのである。

監視された高台院

ただし、十一月二十二日に豊国社の社僧梵舜が社務の萩原兼従（はぎわらかねより）とともに高台院を訪ね、振舞いを受けており、いっさいの出入りが禁止というわけではなかった。その三日後に、梵舜と兼従は家康の陣中見舞いに出かけており、二十七日に二人は家康への対面を許され、神道についての問答を受けた。また、次の高台院書状（「杉原俊也氏所蔵文書」）にあるように、浅野長晟や木下延俊からたびたび書状が届けられていた。

> 平野遠江殿（長泰）より、我々（高台院）方へ暮の小袖給（たまい）候はず候とて候、そもじへ迷惑がり候て参り候よし、何方（いずかた）より給候も、皆々返し候て取りまいらせ候はず候ま丶、左様の事うけ給候へば、かへりて迷惑申候ま丶、よきやうに申されてたび候べく候、さては遠江殿息子（平野長勝）の事、浅野但馬守殿（長晟）よりも、そもじ（木下延俊）よりも再々文越し候て、我らに肝を入、大坂へ断り申候てくれ候へとて、様々肝入られ候て、爰ほどにも人を付け置かれ候つれども、何ともならざる様子どもにて候つるに、我々しうたいのやうに思わ

れ候はんかとかやうの迷惑申候事は御入候はで候、そもじよりも、よきやうに御申候てたび候べく候、さりながら、はやく／＼と和談になりまいらせ候て御うれしさにて候よし、御申候て給候べく候、かしく、

末尾では、和談を喜んでいる。冬の陣の和議は十二月二十日に成立し、二十二日には秀頼と家康の間で起請文が取り交わされ、二十五日に家康は二条城に戻った。よって、本書状は、高台院が二十日の和議の情報を得たあとに書かれたものとなる。

右によれば、まず平野長泰から高台院に歳暮の小袖が届けられたが、高台院は受納しなかった。この状況下で高台院は誰からも品を受け取らずに返却していたためだったが、長泰は延俊を通じて改めて届けてきた。冬の陣で、延俊は大坂備前島に在陣していた。高台院は迷惑なので、よくいって返却してほしいと謝絶した。さらに、長泰の息子の件で、長晟や延俊からも再々書状が届き、高台院から大坂に断りを入れてくれるよう世話をしてほしいと、人も付け置かれているが、何ともならない様子なのに、高台院が「しうたい」（醜態カ）のように思われるほど迷惑なことはない（傍線）と不満を露わにした。

高台院への期待

ここからも、高台院は自身が無力だと諦めていたのとは裏腹に、周囲ではこの難局を突破できるのは高台院だけだと考えていた期待の高さが明らかとなる。それゆえに、徳川としては高台院を危険視し、その行動を監視せねばならなかったのである。

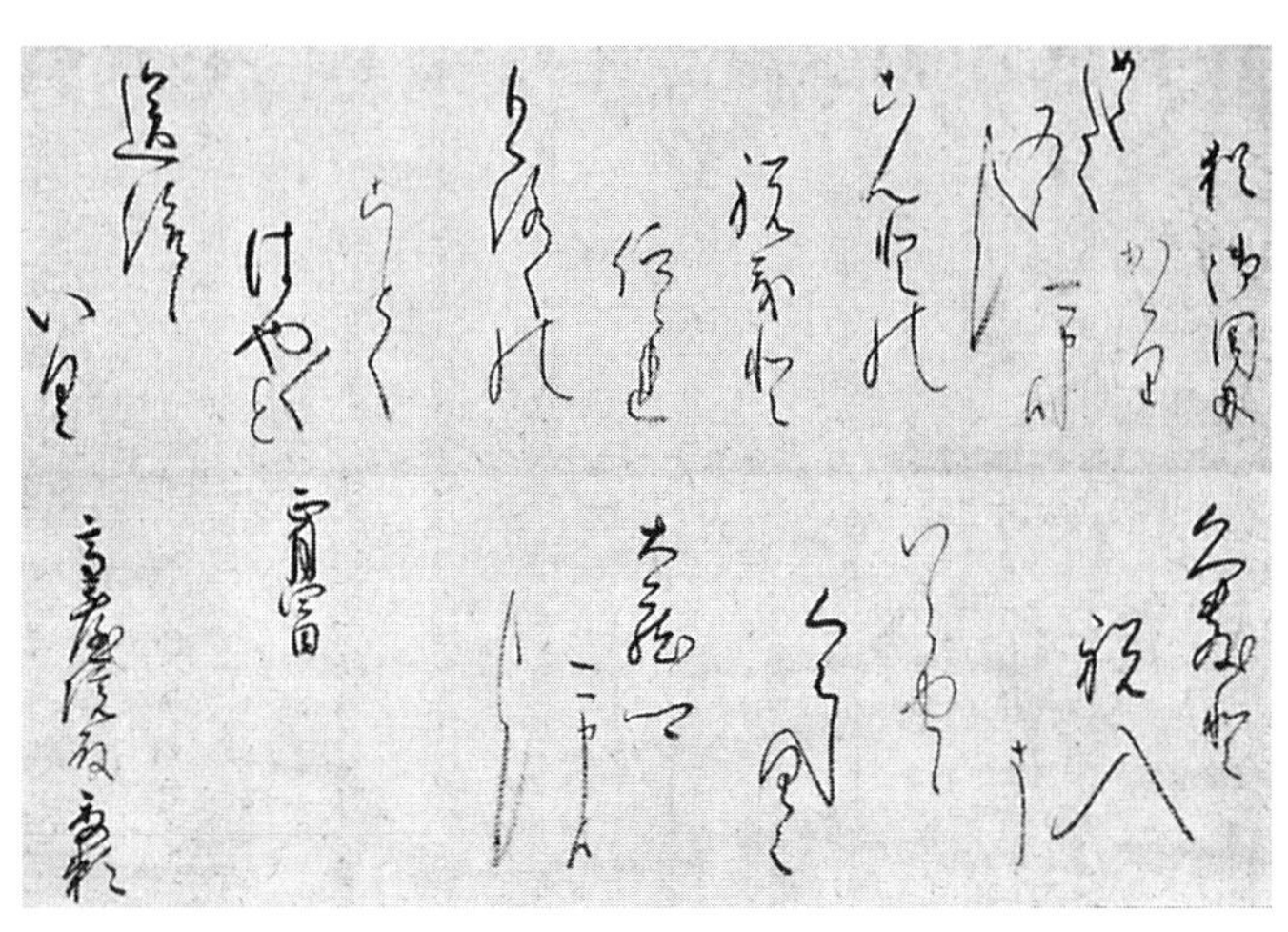

高台院宛豊臣秀頼返礼状（高台寺蔵）

明けて慶長二十年早々に、高台院は秀頼に祝儀を贈った。秀頼は正月四日付で返礼状を出し、「御目にかかりたい」と親愛の情を伝えた（「高台寺文書」）。しかし、高台院はその後も外出を控え、二月一日になって新年初めての豊国社参詣を果たした。ただし、人目を避けたのだろう。早朝に行い、梵舜や兼従には会わなかった（『舜旧記』）。

冬の陣後に豊後日出（ぶんごひじ）に帰国した木下延俊から、高台院の侍女鶴（つる）に宛てて近況を確認する書状が届いた。高台院はその返信において、自身は無事であり、屋敷も問題はないと告げる一方で、京都は火事でことごとく焼けてしまって「肝を潰した」と驚きを述べ、町方ではいまだに櫓をあげて昼夜厳しく用心をし、明るいうちから門を閉じて

「乱国」

おり、これは乱世に戻ったようだ（「乱国のていにて候」）と告げ、屋敷の中の不要な蔵は壊して取り払ったので、その修繕普請の途中であり、いまだ端々には原因不明の火付けが生じていると緊迫した状況を知らせた（『日本書蹟大鑑』）。慶長二十年三月になると、京都では放火事件が続いていた。その不穏な情勢のなか、四月十八日に家康が上洛し、二条城に入った。秀忠は二十一日に上洛し、伏見城に入った。こうして夏の陣が始まる。

大坂落城

五月七日には大坂城に火の手がかかり、公家の土御門泰重は、大坂落城の風聞が伝わると、禁裏御所の清涼殿の屋根に登り、昼の八時（午後二時頃）から夜半時分まで火焔があがるのを見た（『泰重卿記』）。高台院の住む三本木や高台にある高台寺からも、大坂方面が赤く染まるのが見えたことだろう。その心痛は察して余りある。未明に秀頼や茶々が自害し、八日に夏の陣は終結した。

戦陣を終えて上洛してきた伊達政宗から、高台院に書状が届いた。その返書で高台院は「いつも〳〵おねん比の御事」と述べており、政宗とは懇意の間柄だった。仙台は遠方なので書状を送らなかった無沙汰をわび、政宗に帷子二〇を贈るとともに、在京中に何かできることがあれば連絡してくれと気丈に振舞った。とはいえ、高台院は次のような大きな落胆を政宗に伝えた（『伊達家文書』二）。

大坂の御事はなにとも申候はんずる、ことの葉も御入候はぬ事にて候、意訳すれば、「大坂の事は何と言えばよいでしょうか、（まったく）言葉を失う事でした」となる。日付は十九日とのみあるが、おそらく五月十九日付だろう。落城からわずか十一日であり、高台院が茫然自失の状態にあった様子がわかる。

これに追い打ちをかけるように、五月二十三日には秀頼の男子国松（くにまつ）が捕縛され、京中を車で引き廻された後、群衆が見物するなか、六条河原で斬殺された。八歳だった。梵舜は「哀（あわれ）」、土御門泰重は「哀傷也（あいしょうなり）」、細川忠興は「目もあてられざる次第」と哀悼した（『舜旧記』『泰重卿記』『綿考輯録』）。この痛ましい事実は、高台院の耳にも入ったことだろう。秀頼の娘は江戸に送られ、尼寺の鎌倉東慶寺に入れられた（「東慶寺由緒写」）。

露（つゆ）と落ち　露と消えにし我が身かな　浪速（なにわ）のことは　夢のまた夢

豊臣秀吉の辞世である。わが身が露のように消えても、大坂城の栄華が続くことを夢みていた秀吉の夢。それはまた高台院の夢でもあったが、辞世に暗喩されたかのように、露のごとくはかなく消え去った。高台院、六十七歳の時であった。

第五　晩年とその死

一　豊国社の解体

慶長二十年（一六一五）五月に、大坂城の豊臣氏は滅亡した。徳川氏による戦後処理が始まり、閏六月二十八日には所司代板倉勝重から京都の諸寺社に対して、過去に得た朱印状などの提出が求められた。豊国大明神を祀る豊国社の社僧神龍院梵舜は、板倉の屋敷に出頭して、「豊国の三通の御朱印・同社領の帳」を提出し、善処を頼んだ。また、帰りには徳川氏の寺社行政を担っていた金地院崇伝を訪ね、同様に依頼した。

豊国大明神を大仏殿に移す

ところが、七月九日に崇伝は梵舜に対し、豊国大明神を大仏殿の中に移し、「社頭」（豊国社の周辺）はすべて破壊する旨を内証で伝えた。梵舜は驚き、「是非なき也」と無念の思いを日記に記した。翌日、梵舜は崇伝から正式決定を伝えられ、次に所司代に召喚され、神官の全知行を没収する旨を命じられた。梵舜は急ぎ高台院にこれを伝えた。七月二十九日に、所司代の立ち会いのもと、豊国社南苑の屋敷と徳善院（前田玄以）の屋敷を文殊院に引き渡した。梵舜は、「盛者必衰之理は目前に有り、哀々言語なき也」と悲痛の思いであった。八月十八日は豊臣秀吉の命日だったが、神事の作法は省略された（『舜旧記』）。高台院の参詣もなかったが、なぜか片桐貞隆の参詣があった。

萩原兼従

豊国社社務の萩原兼従は、伯父の細川忠興に七月十二日付でことの次第を伝えた。兼従の母が、細川幽斎の娘伊弥という関係にあった。忠興は七月二十七日付で兼従に返信し、豊国社の神領がすべて召し上げられ、ご神体を大仏殿へ入れることは、「天下の事」なのでどうにもならず（「是非なき儀」）、兼従には細川家が預かる豊後の代官所から替地が与えられるが、これは上方でもらうか、九州でもらうかの違いなので、気にすることはない、高台院は豊国大明神の奉納道具をそのまま置くようにとの意向だが、これは所司代の板倉勝重によく断りを入れることが重要である、と伝えた。さらに、徳川家康から梵舜の財産整理を命じられた件（「神龍院之手前御算用候へと　仰せ出され候」）は、兼従が梵舜から借りた銀子二〇貫目のうち、一五貫目を返弁したと聞いたが、残る五貫目はもし兼従が返弁できなければ忠興が返弁するので、その旨を高台院に伝えて借用して返弁するように指示した（「豊国社祠官萩原家文書」）。兼従の妻は木下勝俊（長嘯子）の娘であり、高台院は夫妻の後見人的存在であった（後掲二一四～二一五頁参照）。

唐装束の長櫃

八月十四日に高台院を訪ねた梵舜は、豊国社奉納の唐装束の長櫃の件を尋ねられ、倉に入れていると兼従から聞いた旨を伝えるとともに、板倉によく届ける必要を説いており、問題は共有されていた。八月十六日に豊国社の鐘などを引き渡すよう板倉から指示があり、二十日には神道の全道具を吉田社に引き渡し、豊国社の倉を大仏殿に移築することになったが、高台院が気にしていた長櫃の数々は天台宗門跡寺院の妙法院に引き渡された（「豊国社納御進物之注文」）。二十一日には、豊国社に高台院が参詣した際に用いられていた金屏風と「高コタツ（炬燵）」が高台院に渡され、高台寺に納められた。九月五日には、豊国社の内陣の戸が釘で固められた（『舜旧記』）。

徳川家康没

しかし、梵舜は諦めなかった。毎月十八日に、豊国社に参詣した。十一月十五日には所司代に豊国社の番のことを申し入れ、これは江戸の将軍秀忠の意向を確認することになった。その後も毎月の参詣と神前の祈念を続けたが、元和二年（一六一六）四月十七日に家康が駿府に没したことが一つの転機となった。梵舜は家康を祀る久能山の神廟建造に関わり、江戸参府を終えて七月三日に帰京すると、同月十八日は豊国社に神供を備えるだけだったが、八月十八日には神宮寺の禰宜一〇人と神前祈念を行い、燈明を奉納した。十二月十五日には高台院の御内衆四人（鶴・なか・清首座・こふ）からも、豊国大明神の燈火料として銀子四四匁が届けられた。三日後の十八日にはこの四人が社参して神前に神供を備え、来年中の燈明神供を続けるようにとのことであった。

元和三年（寧六十九歳）

元和三年は梵舜の日記を欠くので不明だが、元和四年正月には高台院より豊国社の祈禱料として鳥目二貫目が届けられた。二月に高台院は体調を崩したらしく、一日に梵舜は吉田社の野狐の札と五色のお祓いを届けた。三月になっても体調不良のため、十九日には祈禱が執行された。この日、豊国大明神の燈明料として銀子六〇匁が清首座・清月・永春・鶴の四人から届けられた。その後もことあるごとに高台院からは神供料が届けられた。元和四年五月二十一日には長慶院（高台院の姉）が吉田社の春日大明神社に参詣し、高台院からの願として、湯立神楽一釜を執り行った。二十二日には、長慶院から豊国社に燈明米一石が供えられた。同年十二月十八日には松の丸（京極龍（きょうごくたつ））からも、神供として樽が進上された。

元和五年（寧七十一歳）

元和五年元旦には、高台院から神供の進上があった。正月八日に梵舜は久々に高台院を訪ね、対面した。杉原一〇帖と水引五〇把を進上すると、高台院からは桃色の小袖一つを拝領した。高台院に仕える清首座・永春・鶴・清月（「御老者女中衆三人」「せい月（清）」）、茶湯坊主一人、男五、六人にも進物を贈った。同五年二月六日には高台院の御内衆一一人から燈明料四三匁（一月から七月の分）が奉納された（『舜旧記』）。このように、元和五年までは高台院をはじめ、豊臣家の親族や関係者によって、豊国社の豊国大明神に対し神前供養が細々と営まれていた。

元和五年二月二日になると、板倉勝重より梵舜に豊国社神宮寺を与えるという家康の遺志が伝えられ、俄かに梵舜を喜ばせたが、半年たっても進展しなかった。それどころか、九月五日には板倉から神宮寺の屋敷は妙法院に渡すことに決した旨を伝えられた。その背景には、金地院崇伝がそのような家康の意向は知らないと返答したためで、梵舜は崇伝の裏切りを「比興（ひきょう）なる返事、前代未聞」と憤り、「世上へヘツライ沙汰の限り」と罵った。崇伝が、徳川の顔色を窺ったことは明らかだった。梵舜はすぐに高台院にこれを伝えると、驚いた旨の返事がすぐにあった（『舜旧記』）。

妙法院へ神宮寺を引き渡す

九月十六日に梵舜は神宮寺を妙法院に引き渡し、そのことを高台院に伝えた。十月四日には高台院からの豊国社神供料の銀子一枚のうち、残り二三匁、高台院の女中衆からの燈明料八〇匁のうち、二五匁を返却した。神宮寺とともに豊国社も妙法院に引き渡されたため、豊国社への参詣ができなくなったためであった。それでも、梵舜は諦めなかった。十一月二十五日には豊国社を梵舜の神龍院に移し、以後、豊国大明神は鎮守大明神と名を変えて、梵舜が死去する寛永（かんえい）九年（一六三二）十一月まで毎月十八日の神前供養が続けられた。高台院も没するまで、初穂や神供・燈明料をたびたび届け続けた（『舜旧記』）。

鎮守大明神

なお、豊国社の再興は明治になってからとする文献があるが、これは正確ではない。実は吉田神道の再興に尽力した吉川惟足（よしかわこれたる）が江戸幕府に働きかけて、復興を遂げている。

寛文期の再興

（井上智勝『吉田神道の四百年』）。寛文十一年（一六七一）に豊国社社務の萩原員従（兼従の養子）は、「豊国御社御修復料」として金子一〇〇〇両を幕府から受け取り、萩原氏の名誉を大いに回復した（「豊国社祠官萩原家文書」）。

二　高台院の経済力

有馬則頼の借金返済

ここでは高台院の経済力につき、全般的にみていく。既述のように（七三頁参照）、天正十三年（一五八五）二月五日に摂津阿弥陀寺に寄進した。「北政所」になる前のことだが、この段階で自由にできる経済力を有していたかどうかの判断は難しい。天正十八年十一月二十四日付で孝蔵主が発給した有馬則頼宛の黒印状では、小田原の陣の際に則頼が「政所さま」から借りた金五枚を返弁し、かつ借入証の紛失は問題ないことを了承した（「名古屋市博物館所蔵文書」）。つまり、軍事資金の援助をしていた。また、「北政所」が進めた寺社再興の様子からも、「北政所」時代には相応の個人資産を蓄えていたとみられる。

日常的な消費

城内の日常的な消費は、豊臣家の蔵入から支出された。たとえば、慶長三年（一五九八）の河内・和泉の蔵入米一万二五三石余のうち、高台院（「政所様」）の支出は一二五石、台所白米は三一石九斗五升、伏見本丸肴代は七石二斗八升だった。ちなみに、茶々（「御うへ様」）の支出は二一八石三斗二升五合、肴代は一一石八斗八升だった。台所白米が不明だが、それでも西の丸で暮らす茶々の方が支出は多い（「下条文書」）。

領知

こうした豊臣家の蔵入経済とは別に、独自の知行地を秀吉から与えられていた。天正二十年三月二十三日付の秀吉朱印状では、大阪市域東部にあたる領地一万一石七斗が指定された（『豊臣秀吉文書集』三九九七）。この三日後に、秀吉は肥前名護屋へ向けて京都を出発する。よって、豊臣蔵入地とは別に、高台院に独自の知行を経済基盤として与えることで、その地位の安定化を図るものだった。これに先立つ三月二十日には、十一歳の養子秀俊にも丹波国内で一万石を与えて独立させていた（『豊臣秀吉文書集』三九九三）。

文禄（ぶんろく）三年（一五九四）には摂津検地があり、翌四年正月十一日付で表（次頁参照）のような知行宛行となった（『豊臣秀吉文書集』五一〇六）。先高は天正二十年の知行高をほぼ継承し、出米が今回の検地による増加分であり、計一万五六七二石余と約一・五倍に増加した。なお、この朱印状は代官の小出秀政（こいでひでまさ）に宛てて発給され、「運上」を納めるように命じられた。これに関しては内田九州男の分析があり（「北政所・高台院の所領について」）、①北政所所領は秀吉から天正二十年に一万石が与えられて成立し、文禄三年検地によって大幅に増加するが、所領の村は変動しない。②秀吉の死後、その所領は家康によって追認され、高台院の死まで続くが、その性格は後家分と考えられる。③その管理は豊臣家代官（小

高台院の領地高

所領		知行高(石)	計(石)
平野庄	先高	一〇〇〇	四七五五・四四
	先高	一一四〇＊1	
	先高	一八四・五＊2	
	先高	四・八＊3	
	出米	二四二六・一四	
天王寺	先高	四〇八二	六四一八・一〇
	出米	二三三六・一	
喜連村	先高	一四〇五・二四	一八三六・七九
	出米	四三一・五五	
遊屋島	先高	四四一・二二	四六一・五一
	出米	二〇・二九	
田島	先高	三九一・八一	四七六・七五
	出米	八四・九四	
中川	先高	四九〇・九二	五八三・二九
	出米	九二・三七	
片江村	先高	四一八・〇二	五三五・七二
	出米	一一七・七〇	
先高合計(石)		九九一二・〇一	
出米合計(石)		五七六〇・二五	
総合計(石)		一万五六七二・二六	

林寺	先高 出米	三〇五・五〇 一六五・〇七	四七〇・五七			
玉作	先高 出米	四八 八六・〇九	一三四・〇九			

（注）＊1：金子一九枚上、一枚に付き六〇石替え。
＊2：本銭一二三貫上、一貫に一石五斗替え。
＊3：年中に油四石八斗上。

出秀政）であったが、小出の死後は代官の選任を含めて高台院の意志に任され、一族である木下家定・勝俊・利房に委ねられた。④所領は摂津欠郡（かけ）の中に集中していたが、その中心は欠郡平野庄と東成（ひがしなり）郡天王寺村であった。このうち、平野庄は特異な年貢形態——定額金納制——をとった。⑤平野庄の負担には、夫役の銀納があり、これは平野庄の都市的性格のあらわれでもあるが、この夫役銀はみそ・しょうゆなど平野庄から高台院家に納められる加工品の決済原資にあてられた、とする。なお、②から⑤の経緯については改めて後述する。

堀直政

越後上布

　慶長三年四月二日付秀吉朱印状（『豊臣秀吉文書集』五七九〇）では、堀直政（ほりなおまさ）を「越後国布出候所」とその廻りの蔵入地五〇〇〇石の代官に任じ、「運上」を納めるよう命じた。「布出」の場所は特定されていないが、越後は古くから苧麻（ちょま）で作る越後上布の生産地である。この文書は高台寺に伝来するので、高台院との関わりが想定される。小出宛の朱印状との共通性からすれば、越後上布の「運上」は高台院に納められたと推定される。

これに関連して、浅野長政が木下家定に宛てた十月十八日付書状がある（「足守木下家文書」）。

以上、
北政所様（浅野寧）ゟ京之町人に御うり付成され候糸之銀子之事、約束の如く急度御取集め候て御上成さるべく候、自然無沙汰の者候はば、仰せらるべく候、内府様（徳川家康）へ申上げべく候、恐々謹言、

糸割符制度

寧（「北政所」）が京都の町人に売り付けた糸の代銀の回収を家定に命じたもので、応じない者がいれば家康（「内府」）に報告する、と伝えた。秀吉が没した慶長三年から家康が将軍に就任する前年の慶長七年の間の発給と比定できる。朝尾直弘はここに慶長九年から導入される糸割符制度の原型を見出し、「輸入生糸の京での販売特権」を「北政所」が握っていたとみた（「北政所の生糸」）。「糸」が「輸入生糸」だと断定するには、さらに裏付けが必要だが、重要な指摘だろう。他方、女性への進物の代表に糸があり、「北政所」のもとには膨大な糸の集積があったので、その糸を京の商人に売り付け、富の再配分がなされた可能性もある。いずれにせよ、糸や布という製品の流通に関わる収益が、「北政所」時代の寧の財源の一つだった。

秀吉の遺産分け

秀吉から家族への遺産分けでは、天守にある金銭が分配された。寧（「まんどころ」）に

は一万貫文、これはすでに渡し済みで、残る七〇〇〇貫文は茶々（「おちや〳〵」）、さらに七〇〇〇貫文は豪（「びぜんの五もじ」）に渡し、合計二万四〇〇〇貫文。残る三二〇〇貫文のうち一〇〇〇貫文は寧、三〇〇〇貫文は余り金で、合計三五〇〇貫文とある（「豊後臼杵稲葉文書」）。

財産管理

ただし、秀吉の遺産は金銭だけではなかった。慶長三年九月十七日付で、よめとちよぼが作成した血判起請文がある（「大阪城天守閣文書」）。よめは「太閤様被召遣衆」「太閤様御つぼね御よめ」と出てくるので（『駒井日記』）、秀吉付である。ちよぼも同じだろう。よめは、秀吉から預かった天守の蔵にある物品目録を提出し、内容に間違いがないことと寧への忠誠を誓約した。ちよぼは、秀吉から預かった茶の湯道具・唐物、黄金の碗・折敷・黄金の茶の湯道具、馬の鞍・皆具の目録を提出し、やはり内容に間違いないことと寧への忠誠を誓約した。保管場所の天守は特定できないが、豊臣家の財宝が分散管理されていた様子、および秀吉の死後に寧が遺産管理に努めていたことがわかる。

代官の継承

代官の小出秀政が慶長九年三月二十二日に没すると、高台院の兄家定が後任の代官となった。同年閏八月二十二日付で家定は寧付の侍女客人に宛てて、都合一万六三四六石余の高台院の領地目録を黒印状で発給した（個人蔵）。慶長十三年八月二十六日に家定が没すると、長男の勝俊（長嘯子）がこれを引き継いだ。ところが、慶長十五年に平野庄の年寄たちが代官は不要とする旨を伝えてきた。そこで、高台院は六月二十日付で黒印状を勝俊に与え、年寄の意に任せて代官は置かないが、米年貢は念を入れて上納し、年々上納してきた夫役米（ぶやくまい）二〇〇石、および諸種の支払いも平野庄の末吉太郎兵衛増重によく担当させ、用次第に使う旨を厳重に命じるように伝えた（「末吉文書」）。平野庄年寄の末吉勘兵衛利方が織田信長・豊臣秀吉に仕え、その子が孫左衛門吉康であり、増重は吉康の従弟にあたった。

平野庄とのトラブル

その後も平野庄とのトラブルが続いた。高台院用人の浅香九郎右衛門は、十月二十一日付で平野庄の末吉孫左衛門に宛て、高台院の意向を伝えた。すなわち、今月二十日切に上納予定の「二百石の銀子」が未納だが、少しでも納めないと偽りになり、木下利房（家定次男）が二十四、五日頃に上洛予定なので、一両日中に上納せよ、とのことだった。利房の関与があるので、元和期（一六一五～二四）のことになる。

しかし、まったく埒が明かず、十月二十四日付の書状では、昨日、高台院が浅香を呼び、厳重に請状をとった日切を疎略にするのは「沙汰の限り」「表裏者（ひょうりもの）」と末吉に腹を立てており（「もっての外に御腹立成され候」）、末吉の請状があるからには平野庄の年寄どもがいろいろといっても理屈は立たないし、請状は利房から高台院に渡してあるので、利房の上洛までに善処せよ、と命じた（「末吉文書」）。

家康による諸役免許

ことの顚末は不明だが、元禄七年（一六九四）に平野庄年寄が作成した書上によれば、高台院の賄料だった時は頻繁に夫役を調達され、百姓が迷惑した。また、年貢のほかに夫役米二〇〇石を掛けられていたが、大坂の陣後に家康より諸役免許になったという（「末吉文書」）。裏で糸を引いていたのは家康であり、これを根拠に平野庄では「二百石の銀子」の上納を渋っていた。高台院たちはそれを知らなかったのだろう。

元和三年（一六一七）六月二十三日付で木下利房が平野庄の末吉太郎兵衛に宛てた証文では、前年（辰年）の年貢米のうち、八〇石を受け取ったので、重ねて高台院の黒印状が発給される、とある（「末吉文書」）。六月という遅い時期に年貢が皆済しておらず、夫役米二〇〇石だけでなく、年貢米の納入も遅々していたことがわかる。

一心寺

元和四年十一月十日に、高台院は一心寺の本誉上人に掟書を与えた。一心寺は天王寺村の浄土宗寺院である。第一に家康が寄進した屋敷は相違ないこと、第二に寺中で殺生および竹木伐採を禁じること、第三に寺法に背かないこと、の三ヶ条である。同日付で木下利房が出した添状があり、高台院の「御状」に相違することがないようにと念を押した（「一心寺文書」）。これも家康が高台院の知行地内にある寺院に独自に屋敷地を与えたことにより、地域支配の上下関係を明確にしたものだった。このように、高台院の知行地支配は、次第に弱体化しつつあった。高台院の死後は、知行高のうちから三〇〇〇石が養子利次（利房の次男）に与えられたが、知行地は近江内に移された。

政所様手代衆

なお、元和六年六月に、河内狭山の池堤が大水で決壊し、水のかかった村々より水留普請の「人足」を出すことになった。高台院の知行地にも一〇〇石に一人の夫役が掛けられた。これを命じられた「政所様手代衆」は、間宮三郎左衛門光信・宮城丹波豊盛・北見五郎左衛門勝忠・末吉孫左衛門長方・平野藤次・藤林市兵衛勝政・今井宗薫・小沢休務の八人であった。翌年正月にも同様の夫役が徴収された。その際の「高台院殿御領」の手代は、右の八人から宮城・末吉の名が消え、片桐貞隆・同孝利・北条太郎介氏信の三人を加えた九人だった（藤田恒春『小堀遠江守正一発給文書の研究』）。これについては今

「公儀御領」

後さらなる検討を要するが、手代の経歴からすれば、高台院領は「後家領」というよりは「公儀御領」の一環として管理・運営されていた側面を読み取るべきかもしれない。

三　木下家定と浅野長政の死

木下家定没

慶長十三年（一六〇八）八月十七日は、秀吉没後十年の命日であり、高台院は例年のように豊国社に参詣していた。そこに兄の家定が病気との知らせがあり、急いで屋敷に戻った。二十二日には危篤となり、高台院は豊国社社務の萩原兼従（はぎわらかねより）に、家定の存命中に見舞

いに来るようにと伝えた。兼従は、前年の慶長十二年十一月二十六日に木下勝俊の娘と婚姻したばかりだった。家定は、八月二十六日に没した（詳細は一八〜一九頁参照）。

九月二十日に梵舜が高台院を訪ねると、穢中ということで、門外での挨拶となった。その後も、高台院は豊国社参詣を控え、喪に服した。十二月十八日は、喪は明けていたが、咳のため豊国社参詣ができなかった。その後も、高台院の病状は快復せず、二十八日から三十日まで豊国社と吉田社で祈禱が行われた。翌十四年二月十八日には豊国社に参詣したので、この頃までには快復した（『兼見卿記』『舜旧記』）。

遺領問題

木下勝俊

そこに、家定の遺領問題が浮上する。高台院は家定長男の勝俊（勝利・長嘯子）一人に遺領を相続させたいとの意向であった。勝俊は永禄十二年（一五六九）に生まれ、幼少より秀吉に仕えたというが、詳細は伝わらない。家定が天正十五年（一五八七）九月に姫路一万一三四二石を得ると、勝俊が龍野城主となった。石高は六万五〇〇〇石と伝わるが、父の石高より多い点には疑問も出されている。翌十六年に従四位下・侍従に叙任され、龍野侍従と称された。文禄三年（一五九四）に若狭小浜に移った（『龍野市史』二）。翌四年の「秀次事件」後の七月二十日付で提出された起請文には、「羽柴若狭侍従」と署名がある。慶長三年七月の秀吉の遺物配りでは「若狭少将」とあるので、少将任官はこの間のことになるが、その間の行動はまったくつかめない。慶長五年の伏見籠城で持ち場（松の丸）

木下家・萩原家略系図

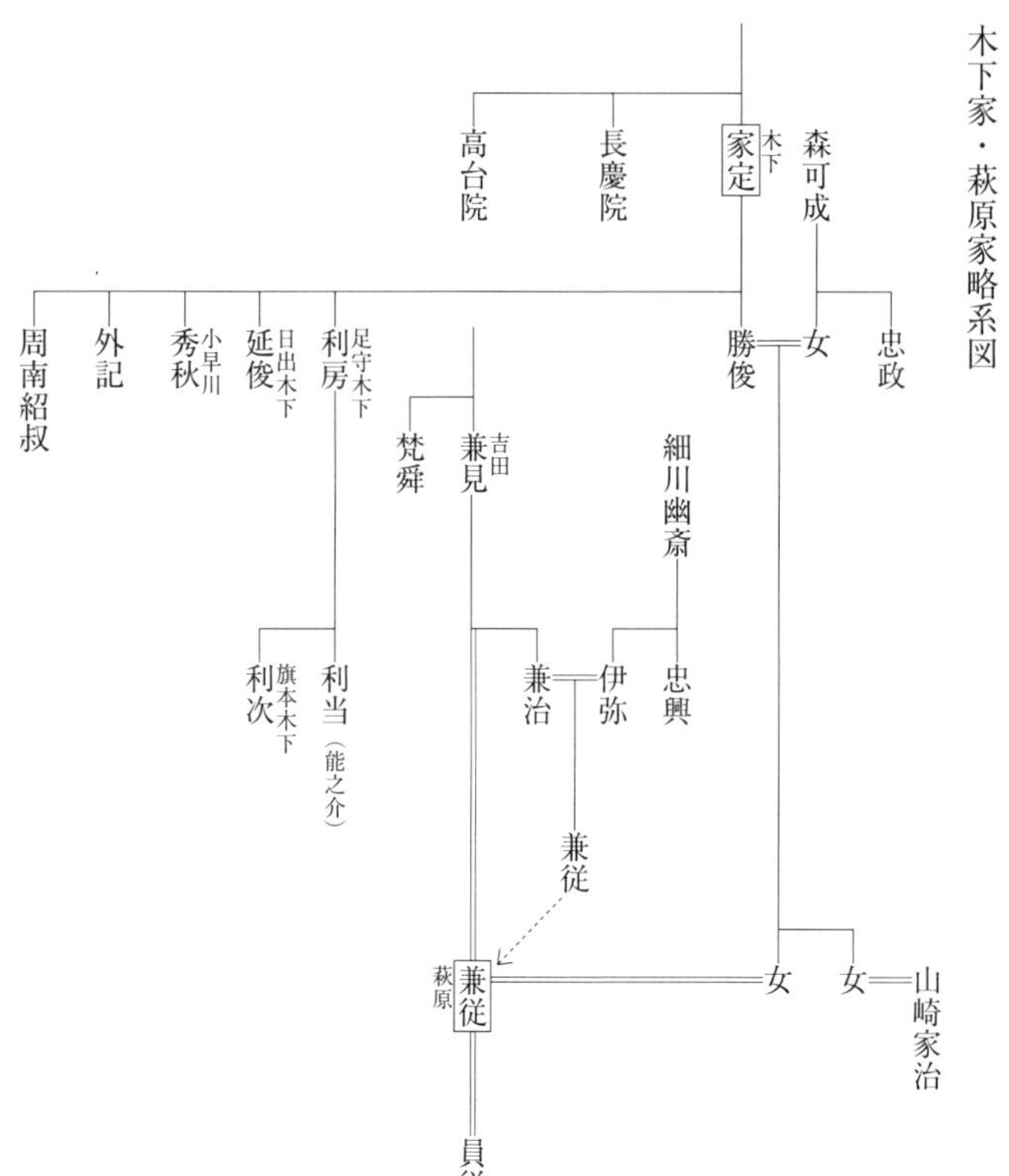
森可成
木下 家定
長慶院
高台院
忠政
女
勝俊
足守木下 利房
日出木下 延俊
小早川 秀秋
外記
周南紹叔
吉田 兼見
梵舜
細川幽斎
忠興
伊弥
兼治
旗本木下 利当（能之介）
利次
兼従
萩原 兼従
女
女
山崎家治
員従

を放棄して逃亡した行動が家康から譴責され、戦後は若狭を没収された。その不遇な長男勝俊に父親の遺領を単独相続させたいと高台院が考えたのは、武家相続のあり方からすれば順当なことであった。

浅野長政書状

しかし、高台院の思惑通りには進まなかった。義弟の浅野長政が五月三日付で孝蔵主と客人に宛てた書状（「高台寺文書」）によれば、まず慶長十四年に勝俊が駿府城の大御所家康に参礼し、さらに江戸にも下って四月二十六日に将軍秀忠に礼を済ませた。勝俊はこの対面で、伏見籠城時の罪状を赦免されたといえよう。五月二日に勝俊は秀忠を饗応し、暇を与えられ、馬・帷子を拝領した。その際には、秀忠付老中の本多正信や大久保忠隣が懇ろに対応してくれたので、すぐに高台院から礼状を送ってほしい旨であった。次に、勝俊一人に遺領相続をさせたいという高台院の意向を正信に伝えると、「尤も」とのことだった。そこで、勝俊が同席する場で秀忠に伝えてもらい、長政からも懇ろに言上すると、秀忠は次のように返答した。

> この知行の事は、高台院様へ御所様（徳川家康）より進ぜらるるよしに候間、御覚悟次第に遣わされ尤もに存じ候、

つまり、遺領は家康が高台院に与えたものだから、高台院の覚悟次第に遣わして構わないとのことであった。また、以前に遺領の扱いを決定した際に、「政所様次第」と家

康が「仰せ出」されたのを正信が聞いたと伝える書状を長政が正信に見せたところ、「政所様御覚悟次第になされ候へ」と正信からも返事があり、また何時でも正信が家康の面前に出て「はずをあわせる」ので、「御心強く遣わされたき方へ遣わされ候べく候」との理解が得られた。

さらに、高台院の知行は小出秀政の没後は木下家定が代官を担当したので、この後任も問題となった。これは、家康より、阿茶（家康別妻）・本多正純・側近（「走り回り衆」）のいずれかより書状で伝達される前は、家定（「二位法印」）の担当時のように命じるのが尤もだとの長政の意見を伝えた。この件では何者かが異を挟んでいたようで、長政は誰かから口上で脅されても驚かないように（「誰々むざと口上にて脅し申候とて、御驚きなされ候まじく候」）と伝え、家康から代官のことを命じられても、いちおうは自分の意向通りにしたいと返事をし、再び家康から命じられたらそれに従えばよいと意見した。つまり、代官替えにより、高台院の知行が没収されることを危惧していたようである。

そのうえで、長政は高台院に次のような説教をした（次頁写真参照）。

（前略）惣別、高台院さま常に御慈悲にて御心弱く候ゆへ、御そばに使わされ候衆まで、卑しみ候て、むざとしたる事を申候まま、その御心得なされ、御申付け尤もに存じ候、此よし御申上たのみ申候、かしく、

慈悲深く心優しい

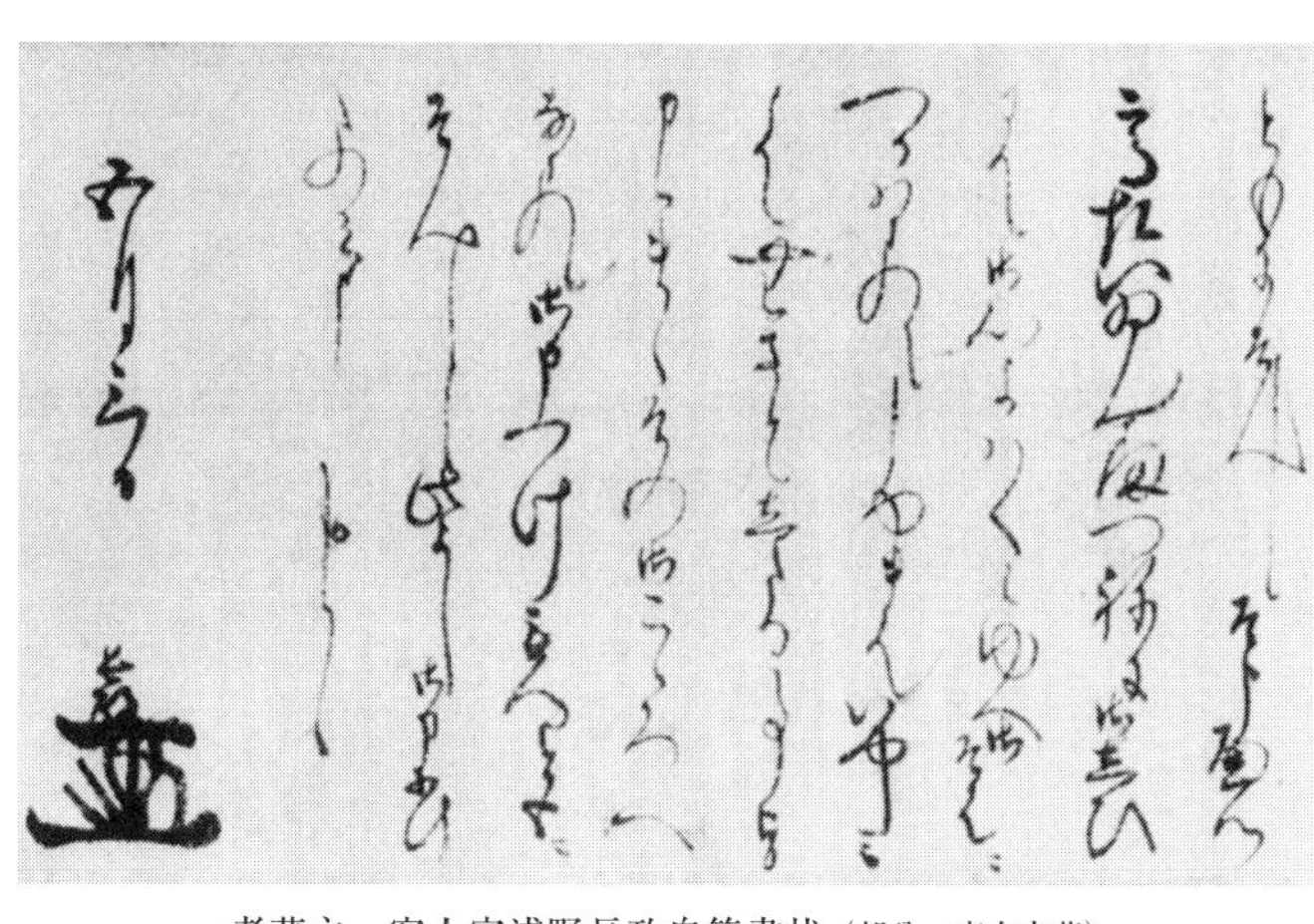

孝蔵主・客人宛浅野長政自筆書状（部分，高台寺蔵）

つまり、高台院が常に慈悲深く心優しいので、側に召し使う者たちまでが侮(あなど)って、軽率なことをいうので、その心得をして（厳しく）命じるのが第一だ、と伝えさせた。長政が義姉の高台院をどうみていたのかがわかり、興味深い。

秀忠との面談では、すべて高台院次第とのことで決着していたが、九月になると孝蔵主が家康から召喚され、京都から駿府に向かった。理由は、遺領は勝俊と利房の二人に与え、高台院に昵懇(じっこん)に仕えるようにとの家康の意向だったのに、高台院が勝俊一人に知行を与えた次第に家康が激怒したからで、理由があれば弁明せよとのことだった（『時慶記』）。この件は、『当代記』に「近年政所老気違(おいてきちがい)、比興成事多(ひきょうなることおおし)」と書かれたため、高台院が耄碌(もうろく)

して不公平な対応をしたために知行没収になったと説明されることが多い。『大日本史料』十二編の綱文も、「家康、高台院浅野氏ガ命ニ違ヒテ、サキニ分賜セラレタル故木下家定ノ遺領ヲ、其子勝俊ニ与ヘテ、利房ニ分タザルヲ怒リ、悉ク之ヲ没収ス」とあり、高台院側に大きな非があるような書き方となっている。

本多正信の裏切り

しかし、長政の書状をみる限り、高台院たちは家康と秀忠の意向を確認し、最大限の根回しをして進めていた。何時でも「はずをあわせる」といって安心させた本多正信に裏切られた形だが、後の祭りだった。またしても、家康にしてやられたのである。こうして勝俊は名を長嘯子に変え、京都東山に隠棲して暮らすことになった。翌年、一年のブランクを経て、備中足守二万四〇〇〇石は浅野長政の次男長晟に与えられた。

勝俊娘と萩原兼従の婚儀

なお、高台院は勝俊のみならず、勝俊の娘夫婦の面倒もみていた。慶長十二年十一月二十六日に勝俊の娘が豊国社社務の萩原兼従と婚姻した際には、高台院の屋敷から送り出した。前日には長櫃一〇六合が届けられ、これには片桐貞隆と板倉勝重が随行した。豊国社に関わる婚礼なので、大坂城の豊臣家も支援したのだろう。以後、勝俊娘は高台院が豊国社に参詣すると、その応接に出てきた。また、慶長十五年正月五日に兼従と新妻の勝俊娘が高台院を訪問した際は、「御里帰」と記された。兼従は申刻（午後四時頃）に沈酔して帰宅し、土産として銀子五〇枚、屏風二双、緞子二巻を贈られた。勝俊娘は、義父の吉田兼見や吉田家の人々への土産物を携えて、夜に入ってから帰宅した（『舜旧記』『兼見卿記』）。

兼従の出奔

兼見は慶長四年に豊国社を創建するにあたり、嫡子兼治の長男兼従を養子に迎え、豊国社専属の社家として萩原家を興し、兼従を社務とした。ただし、兼従は不服を抱いており、慶長十四年七月十二日朝に「種々條数存分」があるとして、伏見に出奔してしまった。兼見は「先代未聞、沙汰之限」と憤ったが、これを解決したのは高台院であった。

高台院の説得

高台院は使者と書状を送って兼従を説得し、七月十六日に兼従は承服して、伏見より豊国社に戻る一幕となった（『兼見卿記』）。兼従は天正十七年生まれで、数えの二十一歳であった。高台院は六十一歳であり、婚姻時から若い夫婦の後見的立場にあったが、高台院に高徳の人柄が備わるゆえに、兼従もその説得に応じたといえよう。

浅野長晟

備中足守を継ぐことになった浅野長晟は、天正十四年正月十三日に近江坂本に生まれた。母は長生院である。幼名は岩松。文禄三年に長政が若狭より甲斐に国替えとなった際に母とともに上京し、高台院のもとで過ごし、秀吉の膝元に奉仕するようになった。慶長二年に右兵衛と名を改め、二〇〇〇石の知行を得て、秀頼の児小姓番頭の列で詰衆となったが、慶長十五年三月に足守を得たことで、二〇〇〇石を秀頼に返上した。以後、長晟は高台院付として仕えることになる。母の長生院は、慶長八年十二月十八日に夫の長政とともに豊国社に参詣したように、在京したままであったが、同十三年九月に伏見から江戸に下った。長晟が足守を得ると、四月十三日付で江戸から長晟に書状を送り、高台院の気に合うように油断なく奉公するのが肝要と伝えた。長政も九ヶ条の意見状を与え、その第五条で今回得た知行で人を新たに召し抱えることは無用とした。その理由は次のようであった（『浅野家文書』）。

新規の召し抱えを禁ず

木下肥後殿（家定）抱え置かれ候奉公人多くあるべく候、か様申物共、政所様（浅野寧）を頼申、奉公仕度由申すべく候、余仁の衆仰され候人抱え候て、政所様仰せられ候者、抱え候はずは、御うらみ仰せらるべく候、か様の御うらみ仰せられ候事、両御所様（徳川家康・同秀忠）御耳に立ち候共、其方不相届に罷成べく候間、分別候て、一せつ（切）人を抱え候事無用の事、

要するに、木下家定の旧奉公人を召し抱えずに、他人から頼まれた者を新規に抱えると、高台院から恨み言をいわれるし、その恨み言が家康・秀忠の耳に入ったら、長晟が不届きと思われるからよく分別せよとのことだった。

浅野長政没

慶長十五年六月に長晟は知行拝領の礼のため江戸に下向することになったが、それでは高台院の警固が「無人」となるため、兄の幸長（長政長男）が番衆を提供した。こうして浅野家全体で高台院を支えていたが、慶長十六年四月七日に長政が没した。享年六十

五。九月十四日に、高台院に遺物として壺一つと山吹の屏風一双が贈られた（『浅野家文書』）。長政は慶長四年九月に甲斐に蟄居になった際に、家督を幸長に譲っていた。関ヶ原合戦後、幸長は甲斐から紀伊和歌山三七万石に移された。長政には慶長十一年に隠居料として常陸真壁五万石が与えられており、これは三男長重が継いだ。

浅野幸長没

続いて、慶長十八年八月二十五日に幸長が病死した。享年三十八。法号は清光院春翁宗雲。男子がいなかったため、次弟の長晟が紀伊和歌山を継ぎ、早速和歌山に入部した。その際に、高台院は番衆を木下利房（家定次男）に任せたいとの意向を示したが、家康が同意しなかった。江戸にいてその仲介をした孝蔵主は、二十六日付で「かやうの笑止なる事御座候はず候」と長晟に書状を送った。長晟からは、当面は自己の番衆を置いたままとすること、自身も帰国の際に利房に命じるのがよいと言上した旨を返信したが、その後も何の進展もなかった。慶長十九年に弓鉄炮者二〇人と小者三〇人を番替えするに際して、長晟は家康や秀忠から命じられたわけではないので番を引きたい旨を本多正信に申し出た。これに正信は同意したが、高台院は八月に家康が上洛するまではこのままでとのことだった。そうこうするうちに、「方広寺大仏殿鐘銘事件」となった。大坂冬

木下利房

の陣での番衆は引き続き長晟が担ったと思われるが、夏の陣では木下利房が徳川方から「高台院をして大坂にいたらしむべからず」との命を受けて、高台院を守衛した。その

功により、戦後は利房に備中足守二万五〇〇〇石が与えられ、足守（あしもり）木下家を再興することになった（「済美録」『寛政重修諸家譜』）。

足守木下家の再興

長生院の気遣い

また、慶長十七年に三弟長重が長兄幸長の病気見舞いに和歌山に赴いた。長生院は高台院の側（そば）に仕えていた長晟に四月二十七日付で書状を送り、長重が江戸に戻る前に高台院を見舞う必要を説き、長重が「何の土産もない」と渋るかもしれないが、参上しないと高台院の機嫌が悪くなる（「御きげん悪しく候はんまゝ」）と伝えた。高台院と長生院の往復文書は伝来しないが、右の経緯からは相互に連絡しあっていたことや、長生院が高台院に大変気を遣っていたのがわかる。浅野家当主となってからの長晟は、母長生院の依頼もあり、京都の高台院・松の丸（京極龍（たつ））・長慶院（高台院の姉）に端午（たんご）・重陽（ちょうよう）・歳暮の祝儀を贈り続けた。長生院は元和二年（一六一六）二月二日に没したが、その後も長晟は高台院たちとの交流を欠かさなかった。

長生院没

なお、高台院が二十一日付で、長晟に宛てた書状が伝来する（「大阪間中家伝来書状」）。上洛の祝儀として道服などを贈るが、「ちゃゝ」とはいっしょに上洛しないように、と長晟に釘を刺す内容である。茶々は長晟の兄幸長の次女で、慶長二十年四月十二日に尾張名古屋で徳川義直（よしなお）と婚礼があり、その準備のために上洛が予定されていた。これはその時の書状と推定される。大坂夏の陣直前であり、長晟に慎重な行動を求めたのだろう。

尾張徳川家で茶々は、「春姫」と呼ばれた(「済美録」)。

四　木下家の人々との交流

木下家定の次男利房(勝義)は、天正元年(一五七三)に生まれた。通称は不詳。叙爵時期も不明だが、宮内少輔を称した。天正十九年閏正月二日には、兄の木下勝俊や山崎家盛・中川秀政とともに、淀まで材木の引き上げを担当し(『豊臣秀吉文書集』三五九四)、同年七月二十二日には軍役五〇〇人で名護屋在陣を命じられた。ちなみに、兄勝俊は一五〇〇人、弟延俊は二五〇人だった(『豊臣秀吉文書集』三七一〇)。文禄三年(一五九四)六月五日に勝俊が若狭小浜に移封し、小出吉政が播磨龍野二万石余を得た際には、そのうちの播磨飾東郡五〇三二石二斗六升が「木下宮内少輔分」とあった(『豊臣秀吉文書集』四九四八)。系譜などでは、利房は初め若狭高浜城主となり、従五位下・宮内少輔に叙任されたというが、それ以前に播磨で知行を得ていたことが判明する。大坂冬の陣では徳川方となり、翌年、備中賀陽郡内二万五〇〇〇石を与えられ、足守木下家を再興した。豊臣家が滅亡し、豊国社の存続も危ぶまれるなかでの朗報だった。十月二十四日付で福島正則が利房に宛てた書状によれば、江戸で利房に帰国の暇が与えられた際に、将軍秀忠から高台院に懇ろの上意が示されたと聞き、このようなめでたいことはない、と喜びを伝えた（「林省三氏所蔵文書」）。つまり、利房の取り立ては秀忠による高台院への配慮であり、以後、利房は高台院付として在京した。二〇一九年に重要文化財に指定された「豊臣家文書」（六七通、名古屋市所蔵）は、本来は豊臣家に伝来すべき性格を持つ文書群だが、これが近年まで「足守木下家文書」として伝来したのも、高台院が没するまで利房がその警固番役を勤めたことによるのだろう。なお、利房は寛永十四年（一六三七）六月二十一日没。享年六十五。法号は、円徳院半湖休鷗（「高台寺過去帳」）。

木下延俊

家定三男延俊は、天正五年に生まれた。天正十六年十一月十九日付秀吉朱印状（『豊臣秀吉文書集』二六二二）で、摂津矢田辺郡内駒ヶ林に五〇〇〇石を宛行われた。父家定が大坂留守居となったため、姫路で二万五〇〇〇石を領したというが、裏付けとなる一次史料は確認できない。天正二十年正月に後陽成帝が聚楽城に行幸した際に、従五位下・右衛門大夫に叙任された。関ヶ原合戦時は父に代わって姫路城を守り、戦局では徳川方につき、十月には義兄の細川忠興とともに小野木重次が守る丹波福知山城を攻め、自害させた。その戦功により、慶長六年（一六〇一）に五〇〇〇石を加増され、豊後速水郡日出三万石に移された。

次の高台院書状（『豊太閤真蹟集』一一七号、現在は、「ＭＯＡ美術館所蔵文書」）からは、高台院と延俊の初期の交流がわかる。

　五日に御下り候や、天気もよく候て、よき事にて候、肥後守（木下家定）方より、再々にお返事給候（たまいそうろう）、そもじ事涯分（がいぶん）引き廻し候はんよし申され候、やがて〳〵仕合（しあわせ）よく上りの事待ち入候（いりそうろう）、身上（しんしょう）の事も、かしく、肥後守へ談合候べく候、かしく、

大さか

五日　　　　[illegible]

ゑもん殿（木下延俊）　まいる　　祢（寧）

文意は、「本日、下国しましたか。天気もよかったので、よき事でした。家定から再々返事をもらいました。延俊の面倒を精一杯みたといっています。そのうち次第よく上洛する事を待っています。身上の事も家定と談合してください」となる。延俊が右衛門大夫を名乗る天正二十年以降で、かつ高台院が大坂にいるので、慶長四年までの間となる。延俊が下った先は、姫路だろう。

次の高台院書状（『豊太閤真蹟集』二一八号）は、右に連動するものと推定される。出発した延俊を追い、道中痛むかもしれないが気持ちなのでと、生成（なまなり）の酢（すし）を届けさせた。

　又この生成の酢、程遠く候まゝ、道にて悪しくなりまいらせ候ハんや、知らず候へども、まいらせ候、志（こころざし）にて候、かしく、

五日

又　ゑもんの大夫殿（木下延俊）　まいる　　祢（寧）ゟ

この後も高台院と延俊の交流は続いた（後述）。延俊は、寛永十九年正月七日没。享年六十六。法号は、東松院心甫宗得（『平姓杉原氏御系図附言』）。

木下俊定

家定四男の俊定（としさだ）は、信濃守（しなののかみ）を名乗り、小出秀政の養子となったが、弟秀俊（ひでとし）（小早川秀秋）のもとで過ごし、慶長七年十月十五日に没した。享年不詳。家定五男は、秀吉・寧夫妻の養子となる秀俊。六男は実名（じつみょう）不詳。出雲守（いずものかみ）、外記（げき）、号は宗連。七男は、高台寺住持となる周南紹叔（しゅうなんしょうしゅく）である（『平姓杉原氏御系図附言』）。

『木下延俊慶長日記』

さて、延俊には、侍臣二人が記した慶長十八年の一年間の日記が残る（『木下延俊慶長日記』）。また、延俊は豊後日出に在国する関係から、高台院からの書状が一四点確認され、最も多い。女性の書状は形式的な礼状が一般的だが、高台院の書状は人柄が窺えるので、以下に日記とともに紹介してみたい。なお、いずれも延俊が右衛門大夫を名乗り始める天正二十年正月以降の発給となる。

延俊は慶長十八年正月を江戸で迎え、二月四日に江戸を出立し、十二日に駿府で家康に礼をし、十三日に駿府を出立し、二十日に京都二条の屋敷に到着し、約四ヶ月余りを京都で過ごし、六月二十八日に京都を出立し、二十九日に大坂城の豊臣秀頼に礼をし、七月一日に大坂から豊後日出に下った。

木下外記

正月十二日は、京都にいる雲照院（延俊母、杉原家次長女）、長慶院（延俊叔母、杉原定利長女）、利房（家定次男）、外記（同五男）ら一一人に書状を送った。その中に高台院の名はなかった。ただし、右に名がある外記は、初め出雲守の名で豊臣秀頼に仕え、子細があって「浪客」となり、名を外記と改めて高台院のもとにいたというので、外記から高台院に近況が伝えられた可能性はある。外記は高台院の死後は、豊前小倉の細川家の重臣溝口式部が聟だった関係で、細川家の領地豊後に閉居し、没した。子の新兵衛某が伯父延俊に寄食し、のち家臣となった（『平姓杉原氏御系図附言』）。

高台院との不和解消

延俊は、京着の翌日（二月二十一日）に兄の利房、二十二日に池田利隆（播磨姫路）、二十三日に稲葉典通（豊後臼杵）を訪ねた。悪天候のためか、二十六日に母の雲照院をようやく見舞った。その後、利房や雲照院とは頻繁に往来したが、高台院の訪問は四月八日まで延引した。理由は不明だが、延俊は高台院と不和だったためで、この日、無事に仲直りとなった。雨の中、四時（午前十時頃）に叔母の長慶院を今回初めて訪ね、それより浅野長晟と同道して高台院を訪ねた。高台院は「一段と御機嫌」とのことだった。門で長晟と別れて、雲照院を訪ね、長慶院を再訪した後、二条の屋敷に戻った。翌九日には高台院から音信として、小袖三、樽、種々の肴が届き、さらに鱸が届けられた。この件では、四月二十六日に豊後より使者が上り、高台院との仲直りが「めでたい」との口上が家中から届くほどで、かなり深刻な状況だったらしい。八日の仲直り以後は、頻繁に高台院と延俊の交流がみられるようになる。なお、史料集の翻刻では、「中直(なかなおり)」を「中丞」と読み誤っているので、注意を促しておきたい。

高台寺参詣

四月十五日七時(ななつどき)（午後四時頃）に延俊は高台院を訪ねて種々の品を拝領し、十六日には朝食後に高台院を訪ねて茶壺・菓子折などを贈り、長慶院を見舞って帰宅すると、高台院から樽と雁一つが届けられた。十七日朝方に高台院が豊国社と高台寺を参詣したと聞き、翌十八日に延俊は豊国社に参詣後、高台寺と父家定の菩提寺である常光院に参詣した。なお、高台院がわざわざ高台寺に参詣していること、また高台寺に参詣した延俊が高台院を見舞っていない点から、高台院はやはり高台寺に住んでいないとわかる。

延俊次女豊

十九日には、延俊の次女豊(ぶん)が高台院を訪ねた。高台院は延俊の血筋の者を一人京都に置きたいという意向があった。すでに豊が在京していたとわかるが、高台院とは同居せず、延俊の屋敷にいたのだろう。これに関連して、高台院が延俊に送った書状（「稲田周一氏所蔵文書」）には、次のようにある。

つきし（候脱カ）はぬこの春よりの御喜び、心のままと推(お)し量(はか)りまいらせ候、こなたにも心のま丶の春を待ちまいらせ候、久々と国元にて年を御とり候て、めでたく候、賑々(にぎにぎ)と子たち御満足にて候はんと推し量り、めでたく思ひまいらせ候、いづれも息災に、北野にも何事候はで一段と機嫌もよく御入候よしにて候まゝ、御心安く候べく候、めでたくやがて〳〵おのぼりを待まいらせ候、この物（者）急ぎ候まゝ、まづ〳〵文にてとりあへず申入候、なを御喜びこれより申入候べく候、めでたく又々かしく、

祢（寧）

えもんの大夫殿（木下延俊）
まいる

国元で子たちに囲まれ賑やかに新春を迎えているだろうと新年の喜びを伝えたもので、「北野」にも無事に機嫌よくしており（傍線部）、延俊の上洛を待つ、と伝えた。本状は、中村孝也『秀吉北政所』で紹介され、慶長七年と推定されたが、「北野」とは北野松梅院禅意と婚姻した豊のことなので、検討を要する。婚姻は元和八年（一六二二）七月二十二日で（『細川家史料』）、豊は寛永二年四月二十四日に没した。諡は松林院涼月紹清。享年不詳（『平姓杉原氏御系図附言』）。高台院は寛永元年九月に没するから、本書状は元和九年もしくは寛永元年の春の発給となる。

さて、日記に話を戻すと、四月二十二日に弟の外記が延俊を訪ねてきて話をし、翌日は延俊が外記を訪ねて振舞いを受けた。二十七日には高台院から延俊の子たちに端午の帷子が贈られ、国元にいる岩（延俊長女）の分は、使者として豊後から上洛した松渡主馬

慶長十八年四月二十二日

に渡された。五月二十四日に岩から高台院に返信が届いた。

高台院は延俊の子たちに、ことあるごとに進物を送っていた。次の書状はこの時のものではないが、端午の祝儀を送った際のもので、特に延俊には茶道具（柿茶箱）を送っている（「内田康氏所蔵文書」）。

柿茶箱

あやめの御節句めでたさ御祝儀迄に、美しくも候はね共、この帷子五ツ、御子たちへもまいらせ候、幾久しく相変わらずと祝い入まいらせ候、そこほど、めでかしく、とり〳〵息災の御事にて、めでたく思ひまいらせ候、爰ほどにも息災の事にて御入候まゝ、御心安く候べく候、今年ハ悠々と国元に御入候て、ちと〳〵御くつろぎと御うれしく思ひまいらせ候、なを御悦ども重ねて〳〵申うけ給候べく候、めでたくかしく、又この柿茶箱壱つまいらせ候、わざと御まいり候べく候、めでかしく、

高台院

木下

ゑもん（延俊）の大夫殿へ　まいる　祢（寧）

延俊長女岩

延俊長女の岩は、慶長六年に生まれ、豊後日出で育てられた。母は細川忠興の妹加賀である。次の高台院書状（「堺市博物館所蔵文書」）には、「大坂の御普請」とあるので、元和六年頃と推定され、岩の名がある。

目安

江戸へ御遣はし候者、そこほどへ御下り候よし申候まゝ、御うれしく一筆申候、一日は咳気げに御入候つるよし、早々よく候や、御聞きまほしく候、我々ハ息災に候まゝ、御心安く候べく候、目安上げ候者の事も、そもじ御為にかゝづらひ候事にても御入候はず候由にて候まゝ、御心安く思ひまいらせ候、将軍さまも御機嫌よく候と申候まゝ、御うれしく思ひまいらせ候、又、大坂の御普請に、御大儀どもと推し量りまいらせ候、猶々事多き中に申かね候へども、いつものやう、もし木御上せ候て給候はば御うれしく思ひまいらせ候べく候、木どり候ハず候□□□（すり切れ）、ありのまゝにて御上せ候べく候、すへハごやうもじ（御用文字）にも申つけ候まゝ、手間入候はず候とも御越し候て給うべく候、頼み入候、又御岩へ文にて申候ハんずれども、御事づて申候て御入候、かしく、

八月廿一日

木下ゑもん（延俊）の大夫殿

まいる

高台院

文意は、「江戸に遣わした者がそちら（日出）に下るというので、うれしくて一筆しました。先日は、咳ぎみとのことでしたが、よくなりましたか。聞きたいことです。私は息災ですので、安心してください。目安を上げた者の事は、延俊に関わる事ではありま

松平忠重

せんので、安心しています。将軍（秀忠）様も機嫌がよいとのことで、うれしく思います。又、大坂普請は大儀だと推量します。なお、多忙中なのでいいにくいですが、いつものように木を送ってもらえればうれしく思います。製材はせずに、そのままで送ってください。最終的には御用にも役立てますので、手間をかけずに寄越してください。また、御岩に文を送るべきですが、伝言をお願いします」となる。まだ岩が国元で過ごしているとわかる。

岩は似合いの相手がみつからず、なかなか縁談がまとまらなかったが、元和六年頃に松平忠重に嫁いだ。元和八年十月に忠重は、上総（かずさ）佐貫（さぬき）一万五〇〇〇石を拝領した。次の高台院書状（「足守木下家文書」）は、岩が長女を出産した際の書状である。

　佐貫には十二日にする〳〵のよし、数々目出度く思ひまいらせ候、そもじ満足推し量りまいらせ候、我々も一入（ひとしお）めでたく思ひまいらせ候、かしく、返々易々（やすやす）と誕生めでたさ申ばかりなく候、急ぎ一筆申候、めでたくかしく、

　十二月二十三日

木下
　ゑもん（延俊）の大夫殿　まいる　　高台院

これに関連して、二月十日付で細川三斎（忠興）が延俊に宛てた書状（「日出木下家文書」）

には、岩が十二月十二日午刻（うまのこく）に「息女」をするすると誕生して「めでたし」と喜び、初めて娘が誕生するのは「万吉之由申ならハし候」と伝えた。岩は、忠興の姪にあたる。忠興は中津にいると考えられるので、これは寛永元年と推定され、高台院書状はその前年の元和九年十二月二十三日の発給と確定できる。なお、先行研究では原文の「さぬき」を「讃岐」と誤解しているので、注意を促しておきたい。岩は、慶安（けいあん）四年（一六五一）十月晦日に没した。謚は松寿院喜安光栄。享年五十一（『平姓杉原氏御系図附言』）。

慶長十八年五月一日

　さて、日記に戻ろう。五月一日の昼に延俊は高台院に礼に出向き、その後、雲照院を訪ねた後、夕刻屋敷に戻った。三日は利房の屋敷に数寄に出かけ、四日は午前中より端午の祝儀に出向き、高台院に三荷三種、長慶院に一荷二種を贈り、雲照院を訪ねた。高台院からは、返礼として松茸一折（九本）が届けられた。

　五日は雲照院のもとで朝食をとり、昼は高台院に礼に行き、菓子入れ二つを拝領した。再び雲照院、さらに利房を訪ねて、午後二時頃に一度帰宅した後、常光院を訪ねて日暮れに戻った。高台院からは、六日に蜜柑、九日に茄子、十七日に河鱸が届けられた。延俊は、二十二日朝五時（いつつどき）（午前八時頃）に雲照院を訪ねた後、昼に高台院を訪ねて肌着を拝領し、長慶院を訪ねて午後二時頃に帰宅した。二十四日には豊後から使者が上り、岩からの書状を高台院に届けた。二十五日には豊後より届いた茶を高台院に届けた。

薬三色を届ける

六月一日朝は雲照院を訪ねて朝食をとり、昼は長慶院を訪問後に高台院を訪ね、夏切の茶壺を拝領し、午後二時頃に利房を訪ねて午後三時頃に帰宅した。二日は高台院から瓜が届いた。七日は長慶院だけを訪ねた。十五日には午後四時過ぎに高台院を訪ね、帷子・寝巻・蠟燭・巾着などを拝領し、日の入りに長慶院を訪ね、すぐに雲照院を訪ねて、初夜（午後八時頃）に帰宅した。二十日には延俊が体調不良と聞いた高台院から書状が届き、さらに薬が三色届いた。ただし、延俊はその朝、長慶院を振舞っており、これを聞いた高台院から樽と雁などいろいろと届けられた。食後は雲照院が来て、豊が相伴した。二十一日に延俊は長慶院と雲照院を訪ねた。二十二日には高台院を見舞った。二十三日に未明には大徳寺に参り、午後二時頃に帰宅した後、常高院住持三江紹益を同道して八条宮智仁親王、近衛信尹、高台院を訪ねて、午後六時頃に帰宅した。おそらく暇乞いだろう。二十八日は雲照院の所で朝食をとり酒宴をし、夜に伏見に入って夜舟で大坂に下った。これには弟の外記も同行した。

豊臣秀頼に礼

二十九日朝五時（午前八時頃）に大坂天満に到着し、大坂城で豊臣秀頼に礼をした後、織田有楽の茶の湯に参加した。これには外記も相伴した。七月一日は夜五時に出船して、五日に日出に到着した。国元で八月十六日に上方に書状と進物を送ったが、高台院の名はみえない。九月十二日には雲照院、長慶院、利房、外記、高台院などに書状を送った。

なお、日記では高台院のみは改行する平出で書かれており、親族の中で最敬意が示された。同月二十五日には高台院をはじめ右の人々および豊とその乳の人にも魚が贈られた。十月八日には早くも高台院から正月の小袖が届けられた。十二月二十日には高台院から届いた茶で、茶の湯を催した。高台院にかかわる日記の記事は、ここで終わる。

高台院が延俊の体調不良を聞いて薬を届けたことについては、高台院が親しい人々健康を気遣い、薬の調達に熱心だったことが、次の書状によっても知られる（『豊太閤真蹟集』一一九号）。文中の半井驢庵（なからいろあん）は、名を成信、江戸幕府では従二位典薬頭（てんやくのかみ）となり、寛永十六年四月十一日に没した。享年九十五。

なを〱申まいらせ候、驢庵の方（ほう）にて、この練り薬ども、長の合（あわせ）申まいらせ候、薬種も、即ち驢庵御採り候所にて採り申候、一段とよく御入候よし、驢庵も御ほめ候まゝ、めでたくかしく、

そなたへも態とまいらせ候まま、御まいり候べく候、御用に候はば、いかほどもうけ給候べく候、三色まいらせ候、めでたく、薬師（くすし）きゝまいらせ候て、上手に成まいらせ候て、皆々も御目にかけ候て給候、人となり申候やうにと、祝い入まいらせ候、めでたくかしく、

十一月十日

半井驢庵

木下
ゑもん殿（延俊）　まいる
祢（寧）

文意は、「延俊へもわざわざ送りますので、試してみてください。御用であれば、いくらでも調達します。三種類を送ります。めでたく。薬師に尋ねさせ、上手になったので、皆々にも見せてください。一人前になってほしいと祝っています。めでたくかしく。なお、驢庵の所でこの練り薬を長野某が調合しました。薬種も驢庵の所で採取したもので、一段とよいようです。驢庵もほめています。めでたくかしく」となる。なお、「めでたく」「めでたくかしく」は、仮名書きの書状に用いられる書止文言である。

豊後産の茶

また、延俊は高台院から茶を贈られていたが、延俊からも高台院に豊後産の茶を贈っていた（「河野幸夫氏所蔵文書」）。

暮のこと、国の御茶五石賜り候、めでたさ幾久しく万々年祝い入まいらせ候、前廉にも夥しく給候つるに、重ね〴〵満足申しまいらせ候、めでたくかしく、ことに見事のかます弐百、所の物とて給候、いつも〳〵御心に入候て、見事の肴御うれしく賞玩申まいらせ候、大坂普請済み申候時分には御上り候とうけ給候、重ね〴〵の大儀と思ひまいらせ候、御つとにめでたく、うけまいらせ候て御入候ハんとうれしく待ちまいらせ候、めでたくかしく、

高台院
祢(寧)

木下
ゑもんの大夫殿　まいる

文意は、「歳暮として豊後の茶五石を賜り、めでたく幾久しく万々年もと祝っております。前回も夥しく送っていただいたのに、重ね重ね満足しています。めでたくかしく。ことに見事のカマス二〇〇匹を豊後産のものとして贈られ、いつもいつも心尽くしの見事の肴をうれしく賞翫しています。大坂の普請が済む頃に上洛と聞いています。重ね重ねの大儀と思っています。はやくめでたく終えられることをうれしく待っております」となる。大坂普請が終了とあるので、元和八年の頃だろう。

高台院の茶の湯

延俊の日記からは、高台院が茶の湯に親しむ様子は窺えなかったが、次の高台院書状（「大阪城天守閣文書」）からは、高台院が延俊を茶の湯でもてなしたことがわかる。

明日御茶申たく御入候まゝ、御出（いで）候はゞ、うれしく思ひまいらせ候べく候、誠に幾久しくもとの験（しるし）ばかりにて候まゝ、必ず御出候べく候、さやうに候はゞ、朝にて候まゝ、その御心得候べく候、かしく、めでたくかしく、

八日　　　　　　ね

木下
ゑもんの大夫殿（延俊）　まいる

祢(寧)

明日の茶会への出席を伝え、「必ずきてほしい」と伝えるとともに、「朝なので、その心得を」と念を押したところに、高台院の人柄がみえる。

最後に、次の高台院書状（「杉原俊也氏所蔵文書」）は、晩年の高台院を取り巻く人々の様子をよく伝えている。

江戸へ御下し候使い上り候て、そこ程へまいり候まゝ、ひもじとりむかいまいらせ候、何事も候はで、御息災とうけ給候、めでたく思ひまいらせ候、ここ程にも、めでたくかしく、一段と息災に御入候、御心安く候べく候、今年ハそこ程物入りも悪（わろ）く御入候やうにうけ給候、笑止と思ひまいらせ候へども、息災にさへ御入候へば、めでたく御入候と申候事にて御入候、近くの正月にて御入候、春ハやがて〲御上りにて候ハんまゝ、めでたく御けもじ候て申候べく候、雲照院殿・長慶院殿・宮内（利房）殿・外記殿・ぶつくわうし（仏光寺）・ひもじ、いづれも残らずとり〲息災に御入候、御心安く候べく候、めでたくかしく、

十二月十九日

木下　ゑもん（延俊）殿　まいる　　祢（寧）

文意は、「江戸へ派遣した使いが国元に戻るので、一筆届けます。何事もなく、息災だとめでたく思っています。今年は不作のように聞いています。笑止と思いますが、息

災でさえあれば、めでたいことです。正月も近いので、春になればすぐに上洛でしょうから、めでたく見参してください。雲照院・長慶院・利房・外記・仏光寺・「ひもじ」（姫のこと）はいずれも息災なので、安心してください」となる。

息災を喜ぶ

「息災でさえあれば、めでたい」。数々の苦難を乗り越え、最高の栄華を極めながら、豊臣家の凋落を目の当たりにした高台院が、最後に到達した境地であった。

五　古き友との再会と別れ

人質の管理

本節では、高台院の交友について紹介していきたい。「北政所」時代の高台院が、人質として大坂・京都・伏見の屋敷に集められた諸大名の妻子たちの管理をしており、高台院自身のネットワークを形成していたのではないかと指摘されている（田畑泰子『北政所おね』）。そうした役割や行動が同時代史料で十分に証明されたわけではないが、以下にみる高台院の交友関係は、やはり「北政所」時代に構築されたものとみなせよう。

鍋島直茂の妻陽泰院

まず、肥前佐賀の鍋島直茂の妻陽泰院（石井常延の娘）との文通がある（「多久家文書」）。三通の書状の差出は東（ひがし）である。一通は陽泰院（「鍋島加賀守（直茂）殿御かもじ」）から高台院（「北政所さま」）に書状が届いたことへの返信で、昨日は「藤八郎」（長法師、高房、龍造寺隆信の孫）が参上して、高台院（「まへもじさま」）の機嫌がよく、躾がとてもよいと褒めて感謝していたことをよく伝えるようにとのことで、他国では難儀かもしれないが、背が大きくなれば難しくなるので、幼き前はたびたび参上するようにと愛おしがっていたとのことだった。天正十七年（一五八九）に龍造寺高房が養父の鍋島直茂とともに大坂に上り、名を長法師から藤八郎に改めた時のことと思われる。要するに、男子の場合は成人前でなければ、高台院はその管理下に置けなかったとわかる。この後、いったん藤八郎は帰国した。天正十八年二月には小田原の陣中の人質として陽泰院たちは上洛し、大坂玉造の屋敷で過ごした。鍋島家は文禄四年二月に伏見豊後橋に屋敷を与えられ、陽泰院や藤八郎も伏見に移った。もう一通は、伏見移住後の朝鮮出兵期とみられる書状で、陽泰院が高台院（「北政所さま」）に美しい呉服一重を進上したことへの返礼状である。藤八郎が成人したかと噂しており、「亀山中納言」（小早川秀秋）の呉服があったので藤八郎に贈るとのことで、春はまた藤八郎を大坂に来させてほしいとの意向を伝えた。よって、歳暮の呉服進上だろう。もう一通は年不詳だが、いつも高台院（「まん所さま」）が藤八郎のことを褒めており、陽泰院がよく育てているから、将来はよい若君になると話しており、陽泰院の威勢まで上がると称賛しつつ、一折を藤八郎に届けてほしいと依頼した。「さしたる御事」ではないとも告げており、日常の交流であった。このように、高台院は人質となった妻子た

龍造寺高房の上洛

高房自害

ちとの交流を続けていた。その高台院の評価の高かった藤八郎高房だったが、龍造寺家の実権は次第に鍋島直茂・勝茂父子に握られた。高房は江戸で人質として暮らしていたが、慶長十二年（一六〇七）に失意して自害を試みたが果たせず、肥前に帰国させられ、九月六日に再び自害した。享年二十二（「多久家文書」「諫早龍造寺家覚書」）。

河村茶阿

次に、高台院は、徳川家康の六男忠輝の生母河村茶阿と文通していた（「花井家文書」）。

よき便りうれしく一筆とり向かいまいらせ候、大御所（徳川家康）息災に御機嫌よく御入候よし、めでたく御うれしく思ひまいらせ候、少将殿（松平忠輝）・将軍（徳川秀忠）の御方も、そこほどへ御越しのよし、さぞ〳〵めでたく御ひし〳〵と御機嫌よく御入候ハんとをしはかりまいらせ候、孝蔵主へ色々御懇ろのよし、数々御うれしく申つくし難く御入候、なを〳〵頼み入まいらせ候、めでたき事ども申承り候べく候、御序でに少将殿へいかほども我身事御とり成共頼み入まいらせ候べく候、御目にかゝりまいらせ候ハんと朝夕〳〵申暮らしまいらせ候、たけへも言付けと申たく候て、めでたくかしく、

廿五日（切封）

ちやあ　まいる　祢（寧）

松平忠輝

忠輝は慶長十年四月十一日に少将・従四位下に叙任され、同十六年二月に中将・参議に叙任したので、その間の書状となる。忠輝は慶長十五年閏二月に越後福島の堀忠俊が

改易されると、川中島領とあわせて六〇万石となった。本書状は、その祝儀として孝蔵主が駿府に派遣された時の書状ではないかと推定される（『豊太閤真蹟集』）。高台院と茶阿がどのような経緯で親しくなったのかは不明だが、内容からはかなり親しい様子が窺える。大意は、家康が息災で機嫌がよく、忠輝と秀忠が茶阿のもとに訪問したことはめでたく、さぞ機嫌のよいことだろう、孝蔵主に懇意にしてくれたこともうれしく言葉にできないほどだが、さらに頼りにしたい、めでたいことがあれば知らせてほしく、忠輝にも私のことをよく取り成してほしく、茶阿にもお目にかかりたいと朝夕話して暮らしており、「たけ」へも伝言してほしい、となる。

　次の高台院書状は、現在は「大阪城天守閣文書」となっているが、もとは花井家に伝来していたものである。

未（いま）だこの春は文にても申候はず候、御悦とも、おぼしめし候まゝの御事どもと数々祝い入まいらせ候、上総様（松平忠輝）御息災に御入候よしうけ給候て、何より〳〵めでたく思ひまいらせ候、今ほどハ飛騨に御入候よし、御心おも（を）御慰め候やうに肝要〳〵にて候、いつも〳〵そもじの御事我々へも御懇ろどもにて候つる事、忘まいらせ候ハねども、手前にとり紛れて、無沙汰のやうになりまいらせ候て心より外さ（ま脱カ）にて候、めでたくやがて御国もまいり候て、思召候がまゝの事ども申入候やうにと念じ入候、又このおもじ五筋（ごすぢ）美しくも御入候ハねどもめでたきしるしばかりにて候、上総様へも扇進上申候まゝ、よきやうに御申入候て候べく候、返々そもじ御息災に候や、御ゆかしく思ひまいらせ候、わが身も息災に候まゝ、御心安くおぼしめし候べく候、めでたく御入候、かしく、まづ〳〵申候ハんを御孫様美しく御成人の由、よき御慰みとおしはかりまいらせ候、返々采女には御目かけ候よしにて、乳母うれしがり申て候、かしく、

二月十二日

長もじ殿（河村茶阿）　まいる

申給へ　祢（寧）

朝覚院

宛所の「長もじ」は、忠輝の配流先に従った家臣の河村長左衛門と解釈した文献もあるが（『豊太閤真蹟集』ほか）、朝覚院（茶阿）のことである。「花井家文書」（長野市立博物館寄託）の中には、茶阿自身が「長かくゐん」と署名した書状が伝来するからである。元和二年（一六一六）七月に忠輝は謀反の嫌疑を受けて改易となり、伊勢朝熊（あさま）に配流され、同四年三月には飛驒高山に移された。茶阿は元和七年六月十二日に没したので、忠輝が飛驒に移った翌年の元和五年から同七年の間の書状となる。

大意は、新年の文を送らなかったが、忠輝も息災であり、今は飛驒に居ると聞いた。

心を慰めることが肝要である。いつも茶阿が高台院に懇切にしてくれることを忘れるわけではないが、多忙にまぎれて無沙汰をしたことは心外である。忠輝にいずれ国が与えられて思いのままとなると思っている。また、茶阿には帯五筋、忠輝には扇を送るので、忠輝へも取りなしてほしい。茶阿のことを懐かしく思い、また私は息災なので安心してほしい。茶阿の孫が美しく成人したのはさぞ慰みだと思う。また、「釆女」に目をかけてくれていることを乳母が喜んでいる、となる。

茶阿の孫は、忠輝の男子徳松丸がいたが、元和二年に没した。娘は二人おり、一人は土屋民部少輔忠直の妻、また一人は花井左京亮義虎の妻となった。文中の美しく成人した孫とは、そのどちらかだろう。書状では、茶阿の方が積極的に高台院に連絡していたが、高台院が茶阿を励まし続けた様子もわかる。茶阿の死後、高台院と忠輝との交流の行方は伝わらない。忠輝は寛永三年（一六二六）四月に信濃上諏訪に移され、天和三年（一六八三）七月三日に同地に没した。享年九十二。

高台寺二世良芸

次に、高台寺には、高台院が高台寺二世良芸に宛てたとされる書状が伝来する。

今年は伏見殿姫君の御方の七めぐりにて候まゝ、ひとしほ御廻向頼み〳〵まいらせ候、さては此箱の内に法華経・普賢経・無量義経十巻御入候、此御経ハ前備前中納言（宇喜多秀家）殿母義、円融院御持ち候つるをそののち姫君の御方へまいらせられ候、七年先に姫君はかくれ候ゆへに、我身方に御入候へども、いたづらに置きまいらせ候もいかゞにて候、姫君の御ために高台寺へ寄進しまいらせ候、いよ〳〵怠らず御廻向候てまいらせられ候事肝要に候、確かに御請取候べく候、かしく、

「伏見殿姫君」

主旨は、「伏見殿姫君」の七回忌にあたり、円融院（宇喜多秀家母）が所持していた三経一〇巻は「伏見殿姫君」に譲られ、姫君が七年前に死去した際に高台院の手元に渡ったものだが、今回廻向のために一箱に入ったこの経典を高台寺に寄進するという内容である。円融院は天正十八年に四十二歳なので（『兼見卿記』）、天文十八年（一五四九）の生まれであり、高台院と同い年だった。高台寺では、良芸が住持であった慶長十四年から十五年の間の書状と推定している（『高台寺の名宝』）。

宇喜多秀家娘「おなくの方」

ただし、「伏見殿姫君」は、伏見宮貞敦親王の王女で中宮寺に入室し、慶長七年三月十八日に没し、法号を高祐尊知とする姫君しか該当者がいない（「伏見宮御系譜」）。とすれば、七回忌は慶長十三年となる。いずれにせよ、伏見宮第一〇代の貞清親王（慶長二年生まれ）の妻が宇喜多秀家の娘（秀吉の養女、または前田利長の養女）の「おなくの方」であり、祝言は慶長九年十一月十四日だった。当日は公家の西洞院時直が高台院と伏見宮家を訪ねており、高台院はその関係者とみなされていた。元和元年に「おなくの方」は邦尚親王を出産した。なお、秀家本妻の豪が前田家に連れて帰った娘は、前田家家臣に降嫁し、

元和元年十月八日に没したので、「おなくの方」とは別人である。おそらく天正十九年生まれの秀家長女と思われるが、この書状からは秀家の配流後も、高台院が秀家の親族と交流を持ち、伏見宮家と結び付けていたことがわかる（「伏見宮御系譜」『時慶記』『本藩歴譜』）。

芳春院との再会

元和三年、高台院は六十九歳となった。この年は、出会いと別れが交錯した。まず、前田利家の妻の芳春院（篠原まつ）が久々に上洛してきた。芳春院が金沢にいる娘の千代に宛てた書状（尊経閣文庫蔵）は、日付が二十八日とのみあるが、「暑さ〳〵おなじ御事候や」とあるので盛夏の頃であり、また芳春院の死去日（元和三年七月十六日）から、六月の発給と推定される。暑いさなか、芳春院は金沢から京都の高台院を訪ね、久々の再会を果たした。

廿七日ニ高台院さまへ参り候、御めづらしがり御すもじ候べく候、

――二十七日に高台院様を訪ねました。珍しがっていた様子を推察してください。

芳春院没

芳春院は慶長五年五月に、前田家の人質として江戸に下り、約二年を江戸で過ごし、同七年二月に上洛して十月まで京都で過ごしたが、その後は江戸や金沢で暮らした。つまり、今回の上洛は、慶長七年から十五年ぶりの上洛だった。書状は、思いがけない来客に高台院が驚きを隠せなかった様子をよく伝えている。しかし、これが最後の対面となった。芳春院は金沢に戻り、七月十六日に没した。享年七十一。

見性院没

続いて元和三年十二月四日には、見性院（けんしょういん）が没した。享年六十一。尾張出身で、土佐高知の国持大名となった山内一豊（やまうちかずとよ）の妻で、高台院より八歳若かった。見性院は四月十四日付で山内忠義（山内家二代当主）に書状を送り（「山内家文書」）、「政所さま」が三月の節句に文を下されて、

山茶花

薄色の山茶花（さざんか）が土佐にあると聞き所望しており、忠義が上洛する際に山茶花を届けると伝えたので、その返事を書いてほしく、また、今はまだ花はないと思うので、返事は秋がよく、これは「こうぎ（公儀）」のことなので、失念のないよう必ず、秋に進上してほしい、と伝えた。晩年の見性院が京都で暮らし、高台院と連絡をとりあっていた様子がわかる。

福島正則

大名とのつきあいでは、まず福島正則があげられる。次の書状（「佐藤行信氏所蔵文書」）の原文は仮名書きであり、宛所の中納言は高台院の上臈である。正則は大坂陣後に羽柴名字を改めて福島名字に戻すので、本状は大坂の陣より前の発給と推定される。猛将として知られる正則が、かなり丁寧な披露状を用いて高台院の近況伺いをしていた。

> 態（わざ）と申まいらせ候、北政所様、弥々（いよいよ）御息災に御座候や、御見舞として、憚りながら文を進上致し候、御前（おまえ）にておゐてしかるべきやうに仰せ上げられ候て下さるべく候、又そもじさまへ国の酒二樽進じ候、誠に御文の印（しるし）迄にて候、めでたくかしく、
> はしば（羽柴）

七月三日　　　　さへもん大夫（正則）（書判）

まいる　ちうなこんさま（中納言）

また、元和三年と推定される六月十五日付福島正則の書状では、高台院と瑞龍院そのほかの音信の準備を指示した（「大橋文書」）。瑞龍院は秀吉姉智のことで、寛永二年四月二十四日に没した。享年九十二。法号は瑞龍院日秀。正則の実父は星野新左衛門成政といい、秀吉の実父弥右衛門の腹違いの兄弟というので（櫻井成廣『豊臣女系図』）、秀吉・瑞龍院と正則は従弟の関係だった。親族の中で、正則が高台院と瑞龍院を重んじたのも納得できる。その正則は、元和五年に城郭普請の事前許可を受けなかったことを咎められ、その後の城割（しろわり）も不十分であったことから、安芸・備後五〇万石余を没収され、寛永元年七月十三日に配流先の信濃高井野に没した。享年六十四。この二ヶ月後に、高台院も没したが、高台院が正則死去のことを知っていたのかどうかはわからない。

大名との交流

このほか、すでに黒田長政（くろだながまさ）・上杉景勝（うえすぎかげかつ）・伊達政宗（だてまさむね）との交流をみたが、稲葉典通（いなばのりみち）（豊後臼杵（うすき））が高台院に宛てた書状や侍女宛の佐竹義宣（さたけよしのぶ）（出羽秋田）の書状もあり、これらの大名とも交流があった。

細川忠興

次の高台院書状（「豊国神社文書」）は木下延俊に宛てたものだが、細川忠興との関係が窺える。

細川宰相（忠興）殿へ、昨日の御礼に文をまいらせ候、食籠（じきろう）の中、栗のかちん、もしまいらせ候はんかと申つけ候、我々者（もの）はむつかしく思し召し候はんまゝ、そもじの者に御遣はし候て給（たまい）候へく候、かしく、そもじの文にも、昨日の礼よく〳〵御申入候て給候べく候、頼み〳〵いりまいらせ候、めでたくかしく、

> 　　　　　　　　　　　　　　　　　　　　　　　　　　　　　　祢（寧）
>
> 木のした
> ゑもん（延俊）の大夫殿　まいる

高台院は細川忠興に昨日の礼として書状と栗餅を贈りたいが、高台院から贈ると返礼などで面倒なことになるので、縁戚関係のある延俊から贈ってほしいと依頼した内容である。忠興は慶長元年九月に参議（「宰相」）に任じられ、元和六年閏十二月に剃髪して三斎を名乗るので、その間の発給となる。延俊の妻が忠興の妹加賀であり、加賀は慶長九年十一月十四日に二十二歳で豊後日出城に没した。ただし、その後も延俊は細川家とは懇意の関係を続けている。

右のほかでは、五月八日付で肥前佐賀の鍋島勝茂が家臣の鍋島生三に宛てた書状では、高台院が家を欲しがっている旨を折々聞いていたので（「高台院様ゟ家御望みに思召し上られ候由、折々仰せ聞かされ候」）、居間にしている書院を一つ進上するようにと伝えた書状がある

書院進上

鍋島勝茂

前田利常

（「坊所鍋島家文書」）。折々とあるので、日ごろから親しい関係にあったとわかる。正月二十五日付で高台院が前田家家臣の中村刑部にあてた書状では、雪が深いのに新年の祝儀として鮭二を贈られたことの返礼と昨冬は前田利常（利家四男、「ちくぜん守殿」）からも小袖が届いた礼をついでの折に伝えてくれるよう頼んだ（射水市新港博物館蔵「御書類巻」）。前田家を継いだ利常とも、高台院は交流していた。

徳川秀忠

高台院は、徳川秀忠とは特に親密だった。秀忠に宛てた高台院書状は伝来していないが、秀忠が高台院や侍女に宛てた書状は多く伝来する。以下、紹介してみたい。

「足守木下家文書」の中には、秀忠書状が三通伝来した。一通は孝蔵主宛で菊の祝儀（重陽）を贈る礼状、二通は孝蔵主と客人宛で、暮の祝儀を贈る礼状一通と医者の竹田法印が江戸に下る際に届けられた文への返礼状一通で、後者には細々と文を送ってくれることへの感謝も述べられている（『ねねと木下家文書』）。また、孝蔵主と客人宛では、あやめの祝儀（端午）を贈る礼状一通がある（「本法寺文書」）。いずれも高台院への披露を依頼する丁寧な書札礼であり、かつ季節を表わすのに花の名が用いられており、秀忠は花を愛好する高台院の趣向をよく理解していたのだろう。逆に高台院から新年の祝儀として肩衣・袴十本、手ぬぐい六を贈られたことへの秀忠の返礼状もある（「酒井文書」）。

元和三年に秀忠側近の伊丹康勝は上洛の準備に着手し、所司代板倉勝重に参内の進物に必要な綿の数量を尋ねた。勝重は慶長十年に秀忠が参内した際の記録を別紙に写して送るが、「政所様」の進物の綿の記録は手元にないので、内々に調べて改めて報告すると伝えた（「安井文書」）。秀忠にとって、高台院が特別な存在であったことが裏付けられる。この上洛に関わるかは不明だが、秀忠が高台院より新年の挨拶と巻物三を贈られた返礼状で、細々（こまごま）と文を送ってくれることに感謝し、何事も上洛の際に申し承りたいと伝えた書状も残る（「今泉定介氏所蔵文書」）。

高台寺の寺領安堵

元和三年六月二十九日から九月十三日まで秀忠は在京した。その間の七月二十一日付で高台寺に宛てて、秀忠から寺領安堵状が発給された（「高台寺文書」）。それには、慶長十七年五月一日の先判の旨に任せ、都合五〇〇石および山林・竹木・門前境内諸役などを保証する、とあった。この時の秀忠からの高台院への進物は不明だが、高台院は伊丹康勝に帷子一〇枚を送り、将軍への取りなしを頼んだ（「土屋嘉兵衛氏所蔵文書」）。また、名月には秀忠に折一個を届け、返礼状を受け取った（「高台寺文書」）。陰暦八月十五日のことなので、在洛の期間からこの時のものと推定される。右のほか、いつの上洛かは特定できないが、秀忠が在京中に高台院に宛てた書状二通もある（「旗本木下家文書」「宮坂伊兵衛氏所蔵文書」）。

徳川和子入内

元和六年六月十八日には後水尾（ごみずのお）帝に徳川和子（まさこ）（秀忠五女）が入輿（じゅよ）した。その盛大な行列で、久々に京都の町は賑わった。この時、秀忠は上洛しておらず、高台院は江戸にいる秀忠に今回の入内の祝儀として一重物と袷を贈った。これへの感謝を述べた秀忠書状一通も伝来する（「京都大学総合博物館所蔵文書」）。

最後に、高台院は摂関家の本妻「北政所」となったことで、公家社会での交流も役目となった。日野輝資は慶長十年から十二年、同十六年の日記が残る。そのなかで慶長十年正月八日に上杉原紙一〇帖、練絹一端を贈り、三献の振舞いを受け、同十二年正月十五日には練絹一〇帖を進上し、酒の振舞いを受けた。年始とは別に、慶長十一年四月十八日には、高台院より呉服一重を拝領しており、相互に折々の音信をした。勧修寺光豊は日記の残る慶長十二年正月十五日、同十五年正月二十七日、同十六年正月二十日には、新年の礼に高台院を訪ねた。十二年は日野輝資、広橋兼勝、西洞院時慶・時直父子、五辻之仲と同道した。慶長十六年の記事には「例年の如く御振舞」とあり、年賀は恒例だった（『輝資卿記』『光豊公記』）。光豊に関しては、昨日の来訪に感謝し、単衣と袷を贈るとした高台院書状も伝来する（「保坂潤治氏所蔵文書」）。西洞院時慶は妻とともに孝蔵主を介して高台院と交流しており、季節の花木や旬の食材が頻繁に届けられた。また、年不詳だが、聖護院門跡興意親王が江戸に下向する前に、高台院に内密に会いたいので、孝蔵主に取り成してもらうよう時慶に依頼した書状もある（『猪熊文書』二）。以上は記録にみえる限りのことであり、右以外にも幅広い交流を持っていたことが想定される。

六　高台院の最期

元和四年（寧七十歳）

ここでは神龍院梵舜の日記を中心に、高台院の最晩年の様子をみてみたい。元和四年（一六一八）二月には、高台院の病状が伝えられた。一日に梵舜は、吉田社の野狐（やこ）の札と五色のお祓いを高台院に届けた。憑き物による体調不良と信じられたのだろう。三日には高台院のために天度祓をして清めた。しかし、体調不良は続き、三月三日にはお祓いと洗米が届けられた。十九日には高台院の屋敷で病気平癒の祈禱が執行されており、いまだ病状が続き、閏三月一日、四月一日、五月一日と天度祓と散米一包が届けられた。六月二十七日に梵舜が高台院を訪ねると、いまだ煩いとのことで対面はなかった。ただし、八月十八日には屋敷の門前に桟敷を設けて下御霊神社の御霊会を見物しており（『時慶記』）、快復していたようだが、梵舜は十一月二十八日に訪ね、ようやく対面となり、盃を頂戴し、頭巾を拝領した。

元和五年（寧七十一歳）

元和五年五月十八日にも高台院の祈禱のため、天度祓一二〇座を行った。この時は軽かったようで、五月二十五日に梵舜が高台院を訪ねると、禁裏から大乳の人が来客中だった。梵舜はやむなく帰宅したが、そのあと書状とともに帷子二つが届けられた。この年は既述のように豊国社と神宮寺が妙法院によって解体されるので、たびたび梵舜は高台院にその経緯を報告しに参上した。心痛が重なる一方だったろう。

梵舜隠居

元和六年に神宮寺の引き渡しを終えると、梵舜は隠居してしまうが、毎月十八日の祈念は続けられた。高台院からも祈禱料が届けられたが、往来はしていない。元和七年は日記が欠けている。元和八年は例年通りで、四月二十四日に梵舜は昨年以来、久々に筍（たけのこ）を持って高台院を訪ね対面した。七月四日には、高台院が豊国大明神の夢をみたとのことで、御内衆の清月・栄春・清首座から祈念依頼があった。高台院から三人に相談があったが、祈念のことを高台院は知らないとのことだった。「高台院様御夢御覧御不快」とあり、悪夢に悩まされたらしい。七月六日に神供が届けられた。九月十九日には高台院の「不例」により、祈禱を依頼された。高台寺の転派が許可された旨を伝えた八月二十一日付酒井忠世書状（朝香九郎右衛門宛）には、「御機（気）合しかゞとも御座なく候よし」とあり、九月十九日付土井利勝書状（「中納言の御方」宛）には「誠に御病中、御念を入れさせられ」とあり、病状は幕閣の知るところでもあった。将軍秀忠の耳にも入れられたことだろう。

上臈中納言

なお、高台院の上臈（じょうろう）（側役の筆頭女中）は長年、中納言が勤めたが、その素性はまったくわからない。また、この頃、高台院に勤仕していた者たちは、「御内衆十一人衆」と呼ばれており、十一人で構成されていた。

元和九年五月七日に梵舜は高台院を訪ね、筍五本を進上したが、対面はなく、帷子二つを拝領した。この年は秀忠と家光が上洛し、七月二十七日に家光に将軍宣下があった。諸大名も上洛するなか、八月四日に京都報国寺において黒田長政が没した。享年五十六だった。

元和九年（寧七十五歳）黒田長政没

元和十年（寛永元年、一六二四）正月七日に梵舜は年賀のため、高台院を訪ねた。十八日には神供を高台院に進上すると、初穂一分判一つを下行された。これは例年通りのことであった。四月二十二日に梵舜が筍五本を持って高台院を見舞うと、折あしく黒田長政の母昭福院が伺候しており、梵舜は帰宅した。昭福院は江戸に人質として下っていたが、前年に長政が死去したことで福岡への帰国を許された。その途中に高台院を訪ねたのであり、久々に思い出話に花を咲かせたことだろう。翌日には高台院から梵舜に帷子二つが贈られ、昨日の返礼がなされた。

寛永元年（寧七十六歳）黒田長政母昭福院

ところで、次の高台院書状は、寛永元年の発給と推定される（「足守木下家文書」）。

態と人を給候、御うれしく思ひまいらせ候、熊の介、お栗、卯月廿二日に祝言の由、数々めでたく思ひまいらせ候、さやうにとりあへすなる事、末繁昌のはしにて候、我々なども粗相なる事にて候つれども、天下隠れもなき事になりまいらせ候つるま、、繁昌にて候ハんとめでたく思ひまいらせ候、こなたにても日をみせ候へば廿二日一段吉日のよし申まいらせ候、仕合(しあわせ)よく御入候(おいりそうろう)よし、猶めでたき御事にて候べく候、かしく、

五月七日　　　　かうたい院(高台)

木下

ゑもんの大夫(延俊)殿　　　　祢(寧)

まいる

熊の介と栗の婚儀

文意は、「わざわざの使者をうれしく思いました。熊の介とお栗が四月二十二日に祝言したとのこと、数々めでたく思いました。そのように取り合った事は末繁昌の始まりです。私なども粗相な事ですが、天下に隠れもない事になったので、繁昌であるとめでたく思っています。こちらで日取りを占わせましたが、二十二日は一段と吉日であると知らせがありました。次第がよくめでたい事でありました」となる。

木下家定の次男利房の長男熊之介（利当(としまさ)）と家定の三男延俊の三女栗との祝言が四月二十二日にあり、その知らせを受けて喜んだ書状である。いとこ同士の婚姻になるが、これは天下に隠れもないこととなり、末広がりの繁昌にめでたいと繰り返し述べたところに、高台院の溢れんばかりの喜びが表現されている。

ところが、八月九日になると高台院の「不例」が伝えられ、梵舜に祈禱が依頼された。十三日には高台院と長慶院から祈禱の礼状が梵舜に届けられており、まだ危篤ではなかったようである。ただし、十八日に梵舜が神供を届けると、高台院から初穂一〇〇疋の下行があったが、これが最後となった。同日には妙法院から「唐装束之日記注文」が返却された。梵舜は早速、写しを作り、十九日に高台院に進上した。唐装束の実物が返却されたわけではなかったが、高台院はこの記録を見て、装束をまとい、得意げな秀吉の記憶を呼び起こしたことだろう。

高台院没

そして、九月六日の申刻（さるのこく）（午後四時頃）に、高台院は七十六年の生涯を静かに閉じた。豊国社の存続をめぐり、ともに苦労を重ねてきた梵舜は、高台院が長期にわたって病状にあり（「長々の御煩也」）、また多くの人々が悲しんだ（「天下ノ者悲申義也」）と日記に記した。翌七日夕刻に、遺体は壺（「御形像壺」）に納められ、木下利房と同延俊によって高台寺に運び込まれた。二十三日より葬儀となり、常光院長老が引導を務め、五山をはじめとする諸寺による諷経（ふぎん）が執行された。三江紹益から、高台院湖月心公の法号が贈られた。江戸にいた大御所秀忠は、十月二十一日付で木下利房に「是非なき事」「誠に痛ましき」と記した悔み状を送った（「足守木下家文書」）。

木下利次

利房の次男利次（利三）は、幼名を長橘丸、通称を左近といい、山城国に生まれた。母

養子の願い出

は進藤正次の娘。幼少から高台院の養子として育てられた。利次が書いた「口上之覚」（「旗本木下家文書」）によれば、高台院は大坂夏の陣後の元和元年に、二条城で利次を養子に迎えたいと家康に願い出たが、許されなかった。元和九年に秀忠と家光が上洛した際には目見えを許され、高台院は再度養子に迎えたい旨を願い出た。この時に、ようやく秀忠から「心次第」との許可が得られたのだという。なお、『寛永諸家系図伝』で、元和元年に京都で秀忠・家光に謁見したとするのは、元和九年の間違いである。利次は翌年二月に右の礼のため江戸に参勤したが、高台院の危篤を聞き、急ぎ京都に戻った。その際に、秀忠より時服七領・羽織一領を、家光より馬一疋を与えられた。九月六日に高台院は没し、十一月には高台院の遺物として、秀忠に茶壺、家光に記録一部、御台所の浅井江に菊の源氏一部を献上した（『寛政重修諸家譜』）。

高台院遺物

高台院の没後は、秀吉の甲冑をはじめとしたゆかりの品々は、利次に引き継がれた。その中には、豊臣秀頼が十歳の時に書した「豊国大明神」の神号もある。高台院はこれを時には眺め、豊国大明神に祀られた秀吉やこれを書した秀頼のこと思い出すこともあったのだろうか。利次は高台院の死後から二年後の寛永三年に、近江野洲・栗太で高台院の旧領高から三〇〇〇石を拝領した。この地は野洲川の下流域にあたり、かつては豊臣秀次が城主であった近江八幡城のすぐ西方に広がる平地であった。木下家では、琵琶湖に面した山賀村（守山市山賀町）に陣屋を置いて支配した（『旗本木下家資料』）。利次は、寛文六年（一六六六）に高台院の肖像画を作らせた（一一頁掲載写真参照）。没後四十年近くがたっていた。利次は貞享（じょうきょう）四年（一六八七）七月十日に致仕し、元禄二年（一六八九）正月十三日に没した。享年八十三。法名は利三。江戸芝の金地院に葬られた。子孫は、旗本豊臣姓木下

高台院画像（部分，高台寺蔵）

氏として幕末まで続いた。木下家の家紋は、澤瀉胡馬。

高台院画像二幅

高台院の菩提寺となった高台寺には、二幅の高台院画像が伝来する。いずれも右手に数珠を持つ法衣姿だが、一幅は剃髪前であり、まだ若さを残している（口絵参照）。これは旗本木下家に伝来する高台院画像の雰囲気に似ている（一一頁掲載写真参照）。また、前頁に掲載したもう一幅は、老齢になりやや強面の威厳のある姿で描かれた。いずれも、ややふっくらとした顔立ちである。

高台寺蒔絵

高台寺には、高台院が愛用した蒔絵の調度品が、遺品として多く残されている。この時代の華やかさを伝えるもので、いずれも秋草文様を中心としながら、片身替の意匠や菊、桐紋を巧みに取り入れた名宝である（『高台寺の名宝』）。

おわりに

高台院（浅野寧）の七十六年におよぶ生涯を振り返り、その人物像を一言で表現するならば、「努力の人」である。

天才肌の豊臣秀吉と最後まで連れ添ったからには、それに応じるだけの力量があったことは自明だが、秀吉と夫婦になったことで、高台院自身も尾張庶民出身の娘から、人臣として最高位の従一位を得て、日本女性を代表するトップレディとなった。その地位上昇の過程において、それ相応の振舞いをするための努力を惜しまなかったからこそ、人々からの支持を得て、そのポストに座し続けることができたのである。そこには、我々の想像を超える努力があったに違いない。主君織田信長から授けられた「上様なりに重々しく」振舞うようにとの教訓を肝に銘じ、弛まぬ努力を重ねた結果であった。それにしても、女の人生は男に左右される。そうした女の性を生きた代表格といってもよい。

その姿は、従来は「糟糠の妻」として語られることが多かった。夫婦二人三脚で助け合いながら人生を歩み、天下人となる夫を陰になり日向になり支えた献身的な妻のイメージである。夫に献身的であったという点については、そうかもしれない。ただし、それは、当時一般の女性に求められた「良き妻」の資質である。家をよく治め、暇なく夫に心を尽くすのが善とされた。よって、夫に献身的であったことをもって、ことさらに高台院の個性や長所として取り上げることには、積極的な意味を見出せない。

しかも、本書で明らかにしてきた高台院の前半生は、夫の身近にいて支える姿からは程遠い。夫婦の絆を強める二十代から三十代の前半に、夫は戦場の日々であり、天正五年（一五七七）からは播磨姫路に単身赴任となった。たまに長浜城に戻ってきても、ゆっくりと過ごす時間は多くはなかった。子にも恵まれず、長浜城で寂しく夫の帰りを待つ身だった。とはいえ、彼女は時間を無駄にすることなく、自分磨きに努力していたのである。まさか夫が関白になるとは思いもよらなかっただろうが、大名の妻として恥ずかしくない教養を持ち、身なりを整えることに余念がなかった。その姿を見て、信長は二倍も見上げるほどと褒め称えたのである。

夫が戦陣に明け暮れるなかで、夫婦関係は冷めかけもしたが、離縁をせずに乗り越えた。天正十三年に秀吉が関白となってから先は、関白豊臣家の第一位の妻である「北政所」としての役割を果たした。対外的には、朝廷・公家や宗教勢力とのつきあい、諸大名やその妻子たちとの交流、豊臣家の内部では、子の育成、秀吉や家族の衣服の調達や健康祈願、財産の管理、先祖供養などである。時には人々に頼まれて、秀吉の意向を翻すこともあり、徳川家康に対してもモノ言う存在となった。彼女の日々の努力が記録に残されているわけではないが、「北政所」の名に恥じない役割を見事にこなした事実にこそ、彼女の隠れた努力があったことが自ずと証明される。

高台院の地位を不動にしたのは、彼女を支える人々の存在も大きかった。実母朝日、養母七曲は、豊臣家の親族として高台院の家政を助けてくれていた。兄木下家定は常に高台院のよき理解者だった。吉田社の吉田兼見は、家定のことを高台院の「舎弟」と日記に書いた（『兼見卿記』慶長八年正月九日・十三日・四月十一日条）。家定が献身的に高台院に仕える姿が、兄ではなく弟に映ったのだろう。

また姉の長慶院は同じく子を持たない者同士であり、精神的な支柱だった。次の長慶院を宛所とする書状（「大阪城天守閣文書」）は、かつて「千姫」（徳川秀忠と浅井江の長女、豊臣秀頼の妻）の書状とされていた。これに対し、中村孝也は「千姫」と木下家は接点がないため、細川忠興の妹で小笠原長良の妻となった千ではないかと推定した（『秀吉北政所』）。しかし、近年では書状の左下隅に「祢」の署名が確認できるため、高台院書状と修正されている（口絵参照）。

けしからぬ暑さにて候、さては右衛門大夫殿（木下延俊）やがて〳〵豊後へ下り候はんとの由、煩いも未だしか〴〵とも御入候はずに、土用の中は無用にて候、御留め候てよく候べく候、我々（高台院）ゟかやうに申候よし、御申候て給べく候、癪気もすきと御入候はず候に、温気の時分御下り候はば悪しく御入候べく候、その御心得候べく候、めでたくかしく、

十五日

長慶院殿　申給へ　祢（寧）

内容は、猛暑のなか、豊後に下国するという甥の木下延俊に対し、病後間もないので土用の期間は無用とするべきとの意見を長慶院から延俊に伝えるよう頼んだ書状である。高台院が直接伝えると延俊には絶対命令となるので、姉を通じてやんわりと伝えさせた。子を持たない姉妹が、延俊をわが子のように慈しむとともに、高台院が難しい役回りを長慶院に頼んだところに、二人の信頼関係がみて取れる。長慶院は、高台院が没した約四ヶ月後の寛永二年（一六二五）正月二十三日に没した。享年不詳。

高台院を支えたのは親族だけでなく、東、客人、孝蔵主といった優秀な侍女にも恵まれた。次の秀吉書状は、中納言を小早川秀秋ととるか、豊臣秀頼ととるかで年次が分かれる。秀頼ととれば、慶長三年（一五九八）に推定される（『豊臣秀吉文書集』六九〇二）。

其方呼び候ハんぬとて恨みのよし候間、迎いお（を）遣わせ候へと申候へば、灸をしる（す）のよし、こや申候て無用のよし申候まゝ是非なく候、又客人呼び候へとお祢（寧）に申候へば、

灸点をいたし候まゝ無用よし申され候、こ（れ脱）又是非なく候、余りに〳〵心元なく候まゝ、
筆を染め申しまいらせ候、かしく、

返す〳〵、両人の事ハ久々なじミ候てかわいく候まゝ、腹立ちも余儀なく候、祢（寧）にも
そ（の脱カ）よし申候て、こなたへ越し候時、両人ハ少しきかせ候ハぬと申くらし候、中納言
殿へ心へ候て給うべく候、皆々若き物ども一かき、又政所のゐすミ申候て感じ入候、

十四日

（封）

ひがし
きやく人　　大（豊臣秀吉）

何かの行事に東と客人を招かなかったことで二人が恨んでいると聞いた秀吉は、二人を呼びにやったが、灸の最中といって素気ない返事だった。秀吉は、二人には久しく馴染みがあり、腹立ちは尤もだが、中納言には心を込めて仕えてほしい、と頼んだ。東と客人は高台院付の侍女だが、秀吉からも厚い信頼を得ていた。豊臣家の奥向の維持には、これらの女中たちが高台院の手足となって行動することが必要だったし、その行動は奥向に限定されず、関ヶ原合戦時には大津城の開城という政治史の一齣にも貢献した。

ところで、高台院が実子に恵まれなかったことを自身がどう思っていたのかは推測せざ

るをえないが、心の傷だったのではないか。秀吉から「そなたは子を持たない」といわれたことは、生涯消せない傷を心に残しただろう。あれだけ祈禱やお祓いをして気を遣った「小姫」と鶴松（つるまつ）を早世させたことにも、強い責任を感じていただろう。子を持つことだけが女の幸せではないが、天下人の第一位の妻である以上、子の問題は政治問題と結び付かざるをえない。高台院が早々に男子を生み、豊臣家の正嫡を得ていれば、甥の豊臣秀次（ひでつぐ）や小早川秀秋たちは、また別の人生を過ごしていたはずである。

かたや浅井茶々（あざいちゃちゃ）は、二人の男子に恵まれたが、幸せばかりではなかった。大坂冬の陣の講和後に悲嘆に暮れる愛息秀頼の姿を見た茶々は、「十に満たないうちに父に後（おく）れ、心を許して秀頼の事を相談するべき後見もいなかったので、心を一つにして憂き年月を送ったが、二十歳に余るまで世の聞こえを憚り、一日片時も心の穏やかなる事はなかった」と、女手一つで子を育ててきた母たる苦悩を回顧したうえで、次のような言葉を吐露した。

政所殿（浅野寧）、松丸殿（京極龍）など子孫御座（ましまさ）ぬ事をぞ、いみじき事に思ひ侍（はべ）りし、子と云物（いうもの）なくて有なんと云し人の心の内、今ぞ思ひ知られ侍（はべ）る、

――政所殿や松丸殿などは子孫がいないので、悲しい事だと思っていました。けれど、子はなくてよいという人の心の内が、今こそよくわかりました。

これは『豊内記』（別名『秀頼事紀』）に載る話なので、実話かどうかは留保せざるをえな

いが、世間一般の見方を示したものではあろう。子がいなければ悲しいが、子がいればいたで、また別の苦労があり、悲しい。だから、子はなくてよいという見地にもなるが、やはり子はいないと悲しい。そうした世間一般の視線や自身の葛藤を高台院は克服し、嫡母「まんかか」として、豊臣家の正嫡秀頼に最後まで愛情を注ぎ続けた。

秀吉の死後に高台院が京都に移住したことで、高台院と茶々が対立関係にあり、高台院は豊臣家を見限り、徳川家を支持したという見解が通説化していたが、これは誤りである。高台院は秀吉の死後も大坂城の茶々や秀頼と常に連絡を取り合い、ともに豊臣家の存続に尽力していた。跡部信は、高台院の政治力は大坂を根拠地とする豊臣家の一員であったことにより、また大坂城の豊臣家は京都の高台院の存在に補完されていたと両者の関係を総括した(「高台院と豊臣家」)。両者が連携していたことについては、さらに本書によっても事例を補足しえたと考える。

しかし、豊臣家は、最後の希望であった秀頼を大坂夏の陣で失い、滅亡した。秀吉を神に祀(まつ)った豊国社(とよくにしゃ)も、徳川の手によって解体された。そのなかで、高台院は豊臣姓木下氏を存続させることに成功した。その晩年は、木下家の人々に囲まれての穏やかな暮らしがあり、次第に病に冒(おか)されながらも、七十六年の生涯を全うした。戦国から太平の世へと、時代が大きく移り変わる激動を第一線で見届け、行動した人生だった。

また、高台院は、「慈悲の人」である。書状などからは、多少、怒りっぽい性格であったことが窺えるが、それでも他者を許す大きな心を持った人だった。破天荒な秀吉と連れ添うことができたのは、慈悲の心があったゆえであり、何度、家康から裏切られ、ひどい仕打ちを受けようとも、家康を許し、礼節を欠く態度をとることはなかった。義弟の浅野長政(ながまさ)が、高台院は慈悲深く心優しいために、使用人からも侮(あなど)られ、軽口をたたかれると評したが、見方を変えれば、慈悲深くかつ気安い人柄だったのであり、そのことは本書で明らかにした事績からも、さまざまに読み取ることができよう。

高台院が一芸に秀でたとすれば、裁縫が得意だったようだ。秀吉からよく褒められている。趣味では、花を愛(め)でていたことが、贈答のありようから窺える。見性院(けんしょういん)(山内一豊(やまうちかずとよ)の妻)に頼んで、土佐から薄色の山茶花(さざんか)を取り寄せようとしたことは、その最たる例といえよう。冬の寒い時期に彩りを添える山茶花を眺めながら、穏やかに余生を過ごす高台院の姿が目に浮かぶ。文芸では、高台院の兄家定には文才があり、甥の勝俊(かつとし)(長嘯子(ちょうしょうし))も歌人として著名なので、高台院にもそうした文才があったのかもしれないが、和歌は嗜(たしな)んだものの、辞世は残されていない。

寛永(かんえい)元年(一六二四)九月一日に、高台院は自身の発句で「賦何路連歌(ふなにみちれんが)」百韻を興行した(末吉文書)。没する五日前のことである。

うけは(ば)るや　千年の穐を　松の色

高台院が寄せたのは、この発句のみであった。

近代になると、豊臣秀吉に功臣としての顕彰が進む。その一還で、大正十四年（一九二五）には、京都市東山区にある豊国神社内に貞照神社が勧請され、高台院は豊臣吉子として神に祀られた（『京都府神社略記』）。そして、現代に至るまで、天下人豊臣秀吉の妻「北政所」として、その名を歴史に大きく刻むことになった。

最後になるが、高台院の実名に関しては、「おね」「ね」は名前の略称表記であり、名前として用いるのはいささか問題がある。正しくは、公式名の「ねい」、もしくは幼名・愛称の「ねね」、これに敬称を付けるならば、「おねい」「おねね」が用いられるべきことを述べて、本書の終わりとしたい。

杉原家・浅野家・木下家略系図

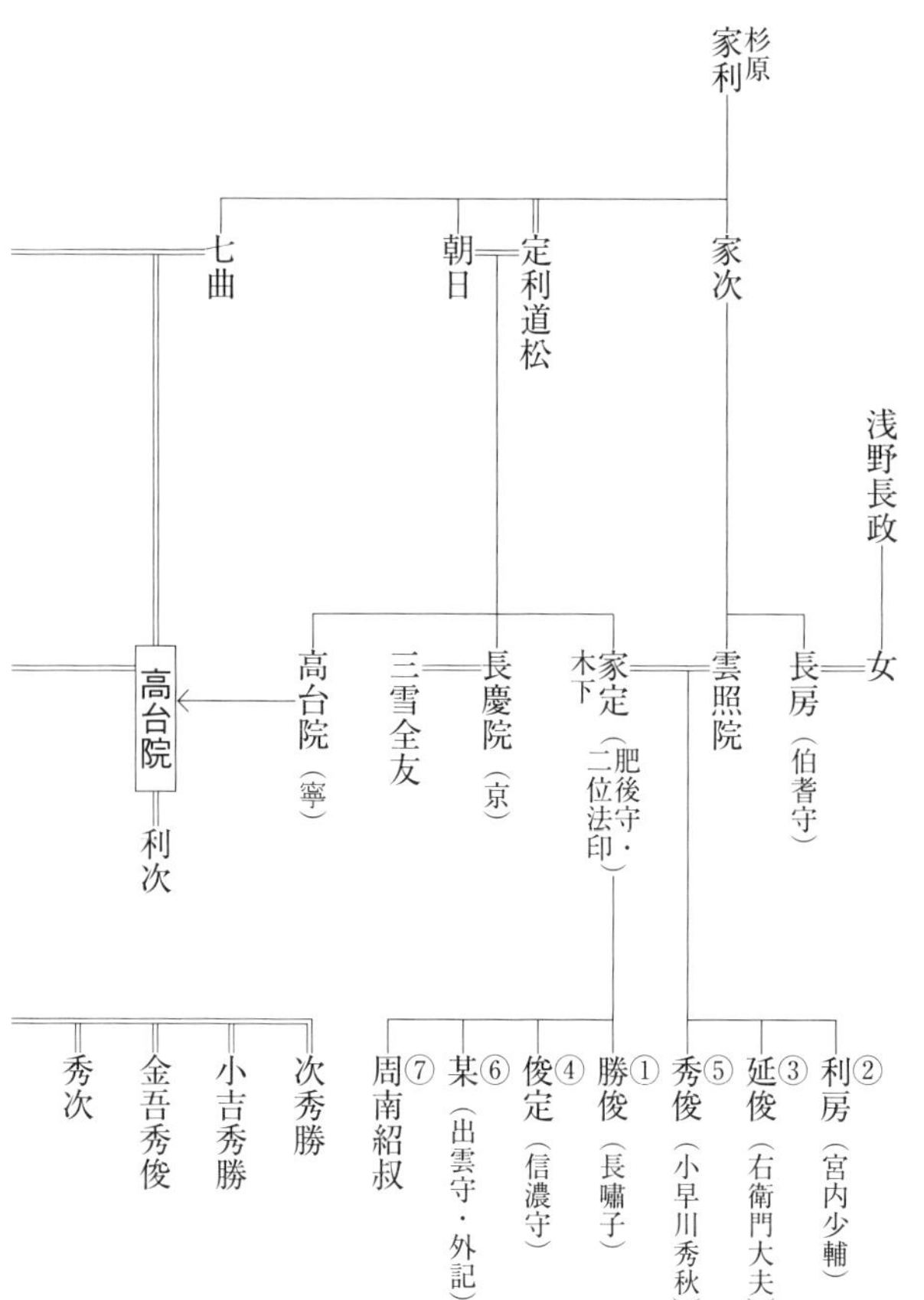

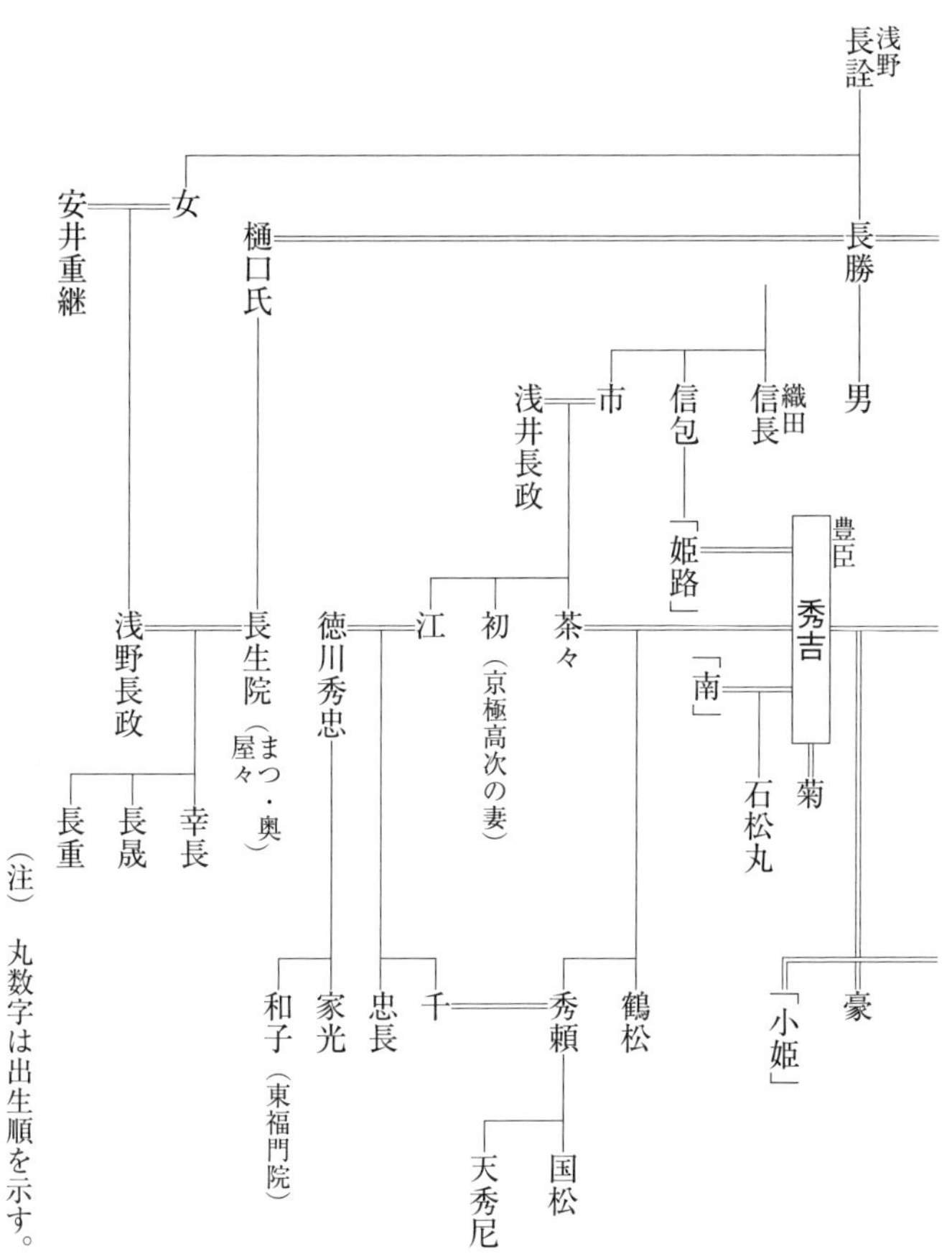

（注）丸数字は出生順を示す。

豊臣家略系図

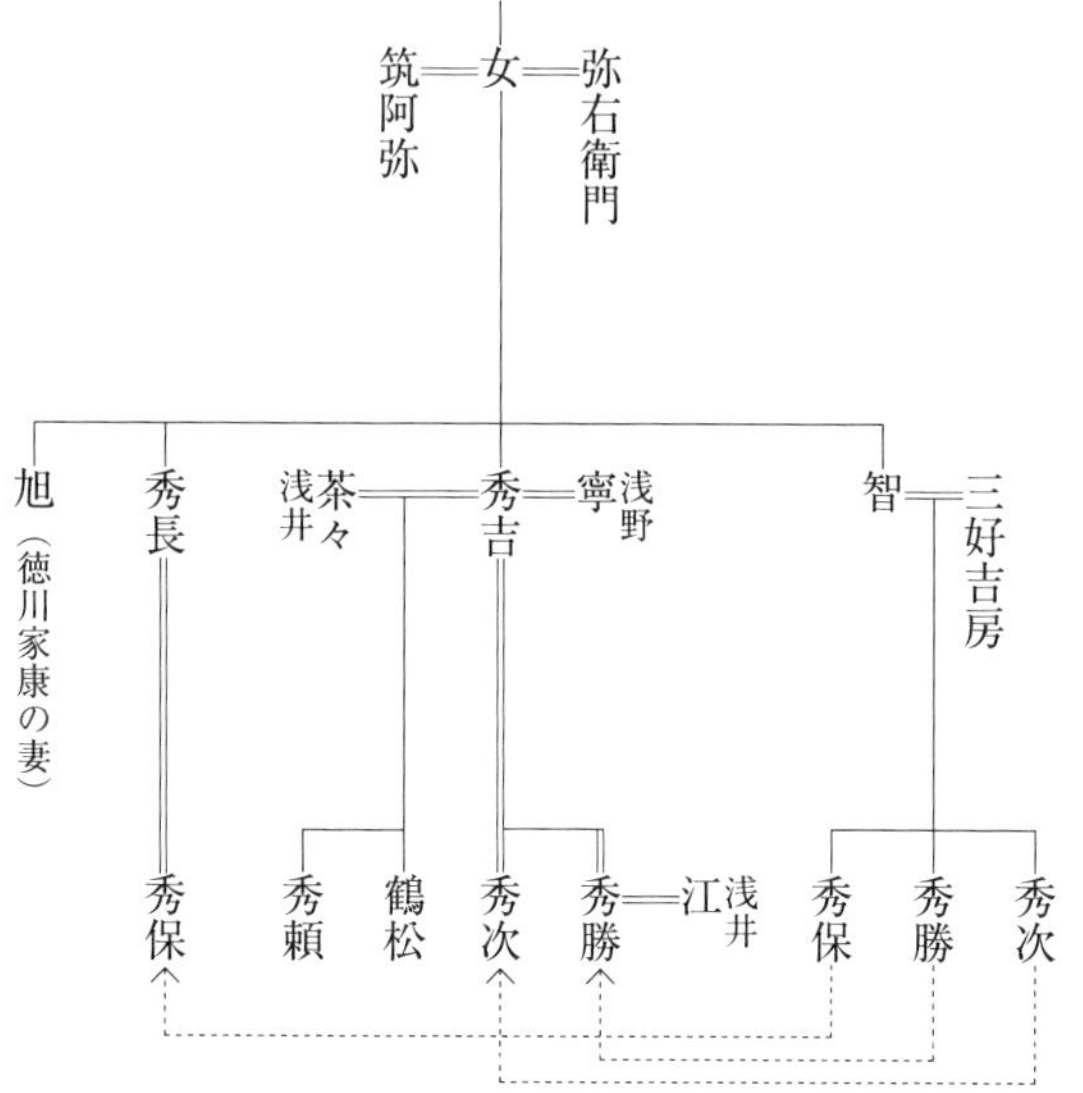
女
筑阿弥
弥右衛門
旭
（徳川家康の妻）
秀長
浅井茶々
秀吉
浅野寧
智
三好吉房
秀保
秀頼
鶴松
秀次
秀勝
浅井江
秀保
秀勝
秀次

略年譜

年次	西暦	年齢	事項	参考事項
享禄四	一五三一		この年、伯父杉原家次誕生	
天文五	一五三六		この年、豊臣（木下・羽柴）秀吉誕生	
一二	一五四三		この年、兄木下（杉原）家定誕生	
一六	一五四七		この年、義弟浅野長政（長勝養子）誕生	
一八	一五四九	一	この年、高台院（寧）誕生	
弘治三	一五五七	九	この年、長生院（屋々、長政妻）誕生	
永禄四	一五六一	一三	この年、秀吉と婚姻か	
一一	一五六八	二〇	この年、浅野長政、屋々と婚姻か○次秀勝（信長四男）誕生	
一二	一五六九	二一	この年、木下勝俊（家定長男）、甥三好小吉秀勝誕生	
天正元	一五七三	二五	この年、木下利房（家定次男）誕生	九月、秀吉、近江小谷城主となる
二	一五七四	二六	この年、杉原長房（家次長男）、養女豪（前田利家四女）誕生	正月、越前一向一揆蜂起○この年、長浜築城開始
三	一五七五	二七	九月一〇日、養父浅野長勝没か	八月一五日、越前一向一揆を壊滅

天正四	一五七六	二八	五月六日、竹生島に初穂奉加○浅野幸長（長政長男）誕生○一〇月一四日、石松丸（秀吉長男）死去か○この頃、織田信長の教訓状を得る	二月、安土城普請開始○四月、大坂天王寺一向一揆攻め○五月三日、信長、天王寺全伽藍を焼く
五	一五七七	二九	一〇月以降、黒田長政を長浜に預かる○この年、木下延俊（家定三男）誕生○この年前後、次秀勝を養子とする	二月、秀吉、紀伊雑賀一揆攻め○七月、秀吉、播磨攻略を命じられる
六	一五七八	三〇	二月一〇日、竹生島に寄進	二月、秀吉、姫路書写山に着陣○一一月、荒木村重離反○この年、秀吉養女菊（前田利家六女）誕生
七	一五七九	三一		九月四日、秀吉、安土城出仕○一一月一九日、有岡城開城
八	一五八〇	三二	二月一九日、秀吉、長浜で茶会を催す	正月一七日、播磨三木城落城、城主別所長治自刃
九	一五八一	三三	四月一〇日、秀吉、長浜城で織田信長を饗応	三月五日頃、秀吉、姫路城を築き本拠とする○一二月一二日、秀吉、安土城で信長に対面
一〇	一五八二	三四	六月、戦を避け長浜から美濃広瀬へ逃れる○六月二八日、秀吉、長浜城に帰着○七月、家次、山崎城の普請を担当○この年、木下秀俊（家定五男）誕生○この年、秀吉、京極龍を迎える○この年、山崎城に移る	六月二日、本能寺の変○同月一三日、山崎合戦○同月二七日、「清須会議」

一一	一五八三	三五	八月、有馬湯治○九月一日、大坂城普請開始○この年、秀吉、浅井三姉妹・前田利家娘を引き取り、前田豪を養女とする	四月二一日、賤ヶ岳合戦○七月一一日、秀吉、天王寺太子堂再興のため奉加○八月一日、近江他知行割
一二	一五八四	三六	九月九日、杉原家次没（五四歳）○一二月二六日、次秀勝と毛利輝元養女の婚儀	三月～一一月、小牧・長久手合戦○八月二一日、菊没（七歳）
一三	一五八五	三七	正月二二日～二月三日、有馬湯治○二月五日、摂津阿弥陀寺に寄進○七月一一日、秀吉に関白宣下、北政所となる○九月九日、豊臣賜姓○一〇月一八日、小吉秀勝と浅井江の婚儀○一一月二一日、秀吉、女中に三ヶ条掟を下す○一二月一〇日、次秀勝没（一八歳）○この年、「小姫」（織田信雄娘）誕生	七月、長宗我部元親降伏○八月、佐々成政降伏○一二月、小早川隆景ら大坂来訪
一四	一五八六	三八	正月、大坂城で新年○正月一三日、浅野長晟（長政次男）誕生○三月一六日、コエリユら大坂登城○五月一六日、旭（秀吉妹）、家康に嫁す○七月二七日、禁裏に和歌二首を進上○九月一八日、安禅寺宮を饗応○一〇月一八日、秀吉母三河到着○同月二六日、家康、大坂に行き秀吉に臣従	二月下旬、聚楽普請開始○四月、大友宗麟上洛○四月頃、京都大仏殿造営開始○八月、九州征討開始○一一月二五日、後陽成帝即位○一二月一六日、近衛前子（秀吉養女）入内○同月一九日、秀吉、太政大臣に昇任
一五	一五八七	三九	正月、大坂城で新年○九月一三日、大坂から聚楽城に徙る○同月二一日～二二日、禁裏女中、院御所の女中の参礼を受ける○秋頃、「小姫」を養女	○三月一日、秀吉、九州へ出陣○七月一四日、秀吉、大坂帰還

和暦	西暦	年齢	事項	一般事項
			とする○九月、家定、姫路一万石余、勝俊、龍野六万五〇〇〇石となる○一二月以前、帰坂	
天正一六	一五八八	四〇	正月、竹生島に奉加○三月一〇日、北野社屋根葺き替え奉加○同月二〇日、秀吉母、天王寺観音堂に寺領一〇〇石を寄進○四月以前、上洛○四月一五日、秀俊（小早川秀秋）を世嗣と定める○同月一九日、叙従一位○閏五月一三日、大坂下向○六月、秀吉母発病、奏請により内侍所で神楽興行○七月二四日、上洛した毛利輝元から進物を受ける○この年、豪、宇喜多秀家と婚姻か	四月一四日〜一八日、後陽成帝、聚楽行幸
一七	一五八九	四一	正月、大坂城で新年カ○二月二五日、落首事件○五月二七日、茶々、淀城で鶴松を生む○八月、大坂城本丸鉄門番定○八月二三日、茶々・鶴松が大坂城移徙○九月五日、上洛、聚楽城に入る○この年、石清水八幡宮に鶴松の祈禱を依頼する○この年、龍造寺高房上洛、対面する	正月、豊臣淀城普請開始○九月一日、諸大名に妻子の上洛を命じる○一一月二四日、小田原出兵を発令
一八	一五九〇	四二	正月、聚楽城で新年○正月一四日、旭没（四八歳）○同月二一日、徳川秀忠（家康嫡男）と「小姫」の婚約式○二月、茶々と鶴松が聚楽城に移徙○三月一日、秀吉、小田原に向けて出陣○五月、茶々、小田原に下向○七月、茶々、帰洛○九月一	七月五日、小田原の陣で北条氏降伏○八月一日、家康、関東に入部

年号	西暦	年齢	事項	一般事項
			日、秀吉、京都凱旋○一一月二四日、有馬則頼の借金を返弁される	
一九	一五九一	四三	正月、京都で新年○正月二二日、羽柴秀長没（五二歳）○閏正月三日、北野社争論を調停○七月九日、「小姫」没（七歳）○同月一七日、重病に罹る○八月五日、鶴松没（三歳）	二月二九日、千利休が切腹する○八月二一日、身分法令発令○一二月二八日、秀次に関白職と聚楽城を譲る
文禄元	一五九二	四四	正月、京都で新年○三月二〇日、秀俊が丹波亀山一万石を得る○同月二三日、一万石余の知行を得る○五月六日以前、大坂城に移る○七月二二日、秀吉母没（七六歳）○同月二九日頃、秀吉帰坂○八月八日、大坂—名護屋間の輸送制度が整えられる○九月九日、小吉秀勝没（二四歳）○一一月一日、秀吉、名護屋着○一一月頃、長命寺の寺領問題を調停	正月五日、朝鮮出兵発令○同月二六日、後陽成帝、聚楽行幸○三月二六日、秀吉、名護屋に出陣○七月一四日、秀次、秀吉母の病気快復祈願を諸寺社に命じる○八月、伏見に秀吉隠居所の普請開始
二	一五九三	四五	二月六日、父定利（道松）没○三月、秀吉、書状で寧を叱責○八月一日、大坂城に「小姫」の亡魂霊社遷宮○同月三日、秀頼、大坂城二の丸に誕生○同月二五日、秀吉大坂に戻る○九月二七日～閏九月七日、秀吉は有馬湯治○閏九月九日、有馬より大坂城に戻る○閏九月、秀吉、寧の侍女を叱責○一〇月、大坂城内での女中の不祥事を処罰	五月一日、豊後の大友義統を改易○一五日、明国使節、名護屋に到着○九月四日、秀吉、秀次に日本分割案を提示する○同月二四日、京都大仏殿上棟

文禄三	一五九四	四六	正月、大坂城で新年○同月二九日、秀次の年礼を受ける○二月四日、秀次から進物○同月一二日、京極龍、大坂城西の丸に入る○同月一三日、山里亭で花見○四月二〇日、宇喜多秀家邸に御成○六月五日、勝俊、若狭小浜に移る○七月二二日、東寺大塔供養○八月一三日、上洛○一〇月一九〜二二日、聚楽城御成○一一月二七日、秀俊、小早川隆景の養子となり下国○一二月八日〜一四日、有馬湯治○同月、延俊、加賀（細川幽斎娘）と婚姻	正月一九日、伏見城普請を本格化させる○二月二七日、吉野の花見○四月二九日〜五月一二日、秀吉、京極龍と有馬湯治○一〇月二〇〜二三日、秀吉、聚楽城御成○文禄検地
四	一五九五	四七	正月、大坂城で新年カ○正月一一日、一万五六七二石の知行を得る（代官小出秀政）○同月二八日、失物につき祈禱を吉田社に依頼○三月晦日、山里丸で藤見物○四月一六日、甥羽柴秀保没（一七歳）○同月、秀次庶子の存在を秀吉に伝える○七月までに伏見に移り、一一月以前、大坂下向	七月一五日、秀次切腹○八月二日、秀次一族処刑○同月、聚楽城破却○九月二五日、大仏千僧会始まる○一〇月八日、福島正則、清須城主となる
慶長元	一五九六	四八	正月、大坂城で新年カ○七月二四日、伏見城で義演から進物を受ける○閏七月一三日、京都大地震、大仏殿半壊○九月、小西行長の妻を慰藉する○一一月一八日、秀頼、伏見城から大坂城に移る	二月二七日、伏見向島に築城開始○七月、伏見山に築城開始○九月、秀吉、大坂城で明使と対面、講和が破れる
二	一五九七	四九	正月、伏見城で新年○三月一一日、京極龍、誓願寺堂供養執行○同月二一日、浅井茶々、高野山大	二月一七日、秀吉、醍醐寺五重塔の修復を命じる

			塔供養執行○四月二〇日、大坂城本丸掟・二の丸掟○五月一四日、秀頼、伏見城に移徙	
三	一五九八	五〇	正月、伏見城で新年○三月一五日、醍醐の花見○四月二日、堀直政を越後布出所の代官とする○八月五日、康徳寺に一〇〇石寄進される○同月一一日、朝日没○同月一八日、秀吉没（六三歳）○九月一七日、よめ・ちよぼ、預かり財産に関する起請文を提出○この年、東寺講堂を再興	六月末、大坂城普請を開始○九月、豊国社造営始まる
四	一五九九	五一	正月、伏見城で新年○一月一〇日、秀頼、大坂城へ移徙○閏三月七日、伏見騒動を調停○四月二五日、豊国社参詣後、大仏千僧会を聴聞○六月、石山観音堂を修復○八月、三井寺金堂を再建○八月末頃、大坂へ下向○九月二六日、大坂から京都新城に移徙○同月二八日、豊国社で湯立神楽二釜を奉納○一〇月一一日、内侍所での臨時神楽を奏請○この年、東寺金堂を再興	閏三月三日、前田利家没（六一歳）○同月七日、石田三成、佐和山に逼塞○四月一六日、豊国社遷宮祭開始○九月一一日、大坂雑説○同月二六日、家康、大坂城西の丸に入る○一〇月、浅野長政、蟄居とされる
五	一六〇〇	五二	正月、京都新城で新年○三月二七日、秀頼、天王寺堂供養執行○四月二〇日、家康の訪問を受ける○六月、大坂城で秀頼出陣阻止・大蔵卿局赦免を交渉○同月八日、大坂から上洛○七月二三〜二四日、北野社に祈禱依頼○八月二九日、京都新城の	六月一八日、家康、会津攻めに出発○七月一七日、明智玉没（三八歳）○八月一日、伏見城落城○同月二三日、岐阜城落城○九月一四日、大津城開城○同月一五日、関ヶ原合戦○

年号	西暦	年齢	事項	関連事項
			石垣などを破却○九月上旬、大津城に木食応其と孝蔵主を派遣○九月一七日、准后の屋敷に逃れる○同月一九日、秀秋の訪問を受ける○同月二一日、近衛前子の饗応を受ける	この後、秀秋、備前・美作を与えられ、勝俊は若狭没収、家定は備中足守延俊は豊後日出に転封となる
慶長六	一六〇一	五三	正月四日、北野社参詣○四月、北野社松梅院の禅昌を助け禅祐殺害事件を決着	
七	一六〇二	五四	二月三日、大坂住吉社に参詣○同月五日、上洛○一〇月一五日、木下俊定（家定四男）没○同月一八日、秀秋没（二一歳）	一二月四日、京都大仏殿焼失
八	一六〇三	五五	正月二八日まで、大坂滞在○二月一七日、嵯峨釈迦堂参詣○四月一八日、養母七曲没○七月二八日、秀頼と千（徳川秀忠長女）の婚儀○八月一四日まで、大坂滞在○一一月三日、高台院の院号勅許○同月七日、出家し快陽杲心の法名を授かる	二月一二日、伏見城で家康に将軍宣下○三月二一日、家康、上洛し二条城に初めて入る
九	一六〇四	五六	正月二一日〜二月一日、大坂滞在○三月二二日、小出秀政没（六五歳）、代官は木下家定に交替○六月二四日、二条城で能を催し、家康を饗応する○八月二日、豊国社で湯立神楽二七釜を奉納○一一月一四日、加賀没（二二歳）	六月二二日、家康参内○八月一二日〜一九日、豊国社臨時大祭（秀吉七回忌）
一〇	一六〇五	五七	四月、秀頼に上洛を要請する家康内存を伝える○九月一日、家康、高台寺に寺領一〇〇石を安堵○	四月一六日、徳川秀忠に将軍宣下○六月二八日、康徳寺が東山に移転○

年	西暦	年齢	事項	一般事項
			一〇月一三日、前田摩阿没（三四歳）○一〇月二～二〇日、大坂滞在	九月二八日、高台寺に三ヶ条の禁制が下される
一一	一六〇六	五八	三月中旬、大坂滞在○一一月、秀頼、高台院の屋敷の屋根修理を命じる○この年、東山に高台寺建立	
一二	一六〇七	五九	二月二〇日、北野社造営の件で大坂下向○同月二五日、『綱敷天満宮縁起』成る○同月二八日、在大坂○三月二日、高台院の肝入りで禁裏より秀頼に使者派遣○一一月二六日、勝俊の娘と萩原兼従の婚儀	九月六日、龍造寺高房自害（二二歳）○一二月一三日、北野社正遷宮
一三	一六〇八	六〇	正月五日、豊国社参詣○二月下旬、秀頼の疱瘡を見舞うため大坂下向○三月一三日、秀頼、快復○八月二六日、木下家定没（六六歳）、代官は木下勝俊に交代	
一四	一六〇九	六一	二月二六日～三月八日、大坂滞在○四月二六日、勝俊、将軍秀忠に目見え○七月、出奔した萩原兼従を説得する○この年、足守二万五〇〇〇石を没収され、勝俊は長嘯子と名を変え、東山に隠棲する	正月、京都大仏殿再建始まる
一五	一六一〇	六二	三月、長晟、備中足守を得る○五月一〇～二五日、大坂滞在○六月二〇日、平野庄代官を平野増重とする○八月一七日、豊国社参詣	六月一二日、京都大仏殿地鎮祭○八月一九日、豊国社臨時祭（秀吉一三回忌）○同月二二日、京都大仏殿柱

慶長一六	一六一一	六三	三月二八日、二条城会見に同席○四月七日、浅野長政没（六五歳）○同月一七日、家康の来訪を受ける○六月二四日、加藤清正没（五〇歳）○九月一四日、長政の遺物を受納○十月、大坂滞在	立 三月二七日、後陽成帝譲位、政仁親王受禅○同月二八日、家康、二条城で秀頼を接見
一七	一六一二	六四	二月二四日、秀頼の病気快復祈願を義演に依頼○閏一〇月、黒田長政に銀子を用立てる	五月一日、家康、高台寺に五〇〇石加増○六月二五日、小倉鍋没
一八	一六一三	六五	二月二〇日〜六月二八日、延俊、京都滞在○同月二六日、大坂城豊国社遷宮の人足二〇〇人分の飯米を下行○八月七日、大坂下向、一五日まで滞在○同月一三日、大坂城豊国社神宝奉納	六月一六日、公家諸法度・勅許紫衣法度○八月二五日浅野幸長没（三八歳）、弟長晟が紀伊和歌山を継ぐ
一九	一六一四	六六	四月一六日、豊国社参詣、お忍びで大仏殿の鐘撞場を見学○一〇月一日、大坂城へ向かうも鳥羽で引き返し、軟禁状態となる○一一月二二日、梵舜と萩原兼従が来訪○一二月、平野長泰の子息救出を断る○同月、秀頼に和議の祝儀を送る	正月、大久保忠麟、上洛してキリシタン改めを行うも、改易となる○四月一六日、大仏殿の鐘を鋳造○一〇月、大坂冬の陣開戦○一二月二〇日、和議成立
元和元	一六一五	六七	四月一二日、浅野茶々と徳川義直の婚儀○五月八日、秀頼・茶々自害○同月一九日、伊達政宗に書状を送る○同月二三日、国松斬殺（八歳）○七月二七日、木下利房、備中足守二万五〇〇〇石拝領	四月〜五月八日、大坂夏の陣○閏六月二八日、諸寺社に朱印状等の提出を命じる○七月九日、豊国社社頭の破却決定
二	一六一六	六八	二月二二日、長生院（浅野長政の妻）没（六〇	四月一七日、徳川家康没（七五歳）

			歳）○一〇月、高台寺の寺領配分を決める	○七月六日、松平忠輝改易○この年、徳川千、本多忠刻に再嫁
三	一六一七	六九	六月二七日、芳春院が来訪	七月一六日、芳春院（前田利家の妻）没（七一歳）○同月二一日、徳川秀忠、高台寺の寺領五〇〇石を安堵○一二月四日、見性院（山内一豊の妻）没（六一歳）
四	一六一八	七〇	正月七日、豊国社に祈念料を奉納○二月一日、不例につき野狐の札が梵舜から届く○一一月一〇日、一心寺に三ヶ条を命じる	
五	一六一九	七一	元旦、豊国社に神供奉納○六月、福島正則改易○九月、梵俊に豊国社神宮寺を与える家康の遺志が反故とされる○一〇月四日、梵舜より神供料の残余を返納される	九月一六日、神宮寺の妙心寺への引き渡しが決定○一一月二五日、豊国大明神を神龍院に遷座
六	一六二〇	七二	二月六日、豊国社の供灯明米を奉納	六月一八日、徳川和子（秀忠五女）入内
七	一六二一	七三		六月一二日、朝覚院（河村茶阿）没
八	一六二二	七四	七月四日、豊国大明神の夢につき祈禱依頼○七月二二日、松梅院禅意と木下豊（延俊次女）が婚姻○八月一日、高台寺、曹洞宗から臨済宗に転派	
九	一六二三	七五	この年、木下利次の養子を願い、許可される	七月二七日、徳川家光、将軍宣下○

年号	西暦	年齢	事項	一般事項
寛永 元	一六二四	七六	四月二二日、照福院（黒田長政の母）来訪○七月一三日、福島正則没（六四歳）○九月一日、連歌百韻興行○同月三日、高台寺住持に三江紹益、西堂に周南紹叔（家定七男）を置く○同月六日、高台院没（七六歳）○一〇月二一日、秀忠、悔み状を発す	八月四日、黒田長政没（五六歳）
二	一六二五		正月二三日、姉の長慶院没○四月二四日、瑞龍院（秀吉姉）没（九二歳）	
三	一六二六		この年、養子利次が遺領三〇〇〇石を継ぎ、近江山賀村に陣屋を置く	九月一五日、浅井江没（五四歳）

参考文献

一 史料

『家忠日記』（『続史料大成』一九・二〇）　臨川書店　一九八一年
「伊勢国司伝記」（『改定史籍集覧』一三七・別記類第一三）　近藤出版部　一九〇二年
上松寅三編纂校訂『石山本願寺日記』　清文堂出版　一九六六年
『猪熊文書』一・堂上文書其二　福武書店　一九八二年
『上杉家御年譜』二　米沢恩故会　一九七六年
『お湯殿の上の日記』九（『続群書類従』補遺三）　続群書類従完成会　一九三四年
『兼見卿記』一〜七（『史料纂集』）　続群書類従完成会　二〇一四〜一九年
『川角太閤記』『関白任官記』（『太閤史料集』）（『戦国史料叢書』一）　人物往来社　一九六五年
『寛永諸家系図伝』　続群書類従完成会　一九八〇年
『義演准后日記』一〜四（『史料纂集』）　続群書類従完成会　一九七六〜二〇〇六年
『北野社家日記』四〜六（『史料纂集』）　続群書類従完成会　一九七三年
「木下氏系図附言纂」（『大分県日出藩史料』八）　麻生書店　一九七〇年

二木謙一・荘美知子校訂　『木下延俊慶長日記』　新人物往来社　一九九〇年
「旧記雑録後編」三（『鹿児島県史料』）　鹿児島県　一九八三年
「清須翁物語」（名古屋市蓬左文庫蔵）
「組屋文書」「長井健一文書」（『小浜市史』諸家文書編一）　小浜市　一九七九年
『慶長日件録』一・二（『史料纂集』）　続群書類従完成会　一九八一・九六年
『三藐院記』（『史料纂集』）　続群書類従完成会　一九七五年
『舜旧記』一～六（『史料纂集』）　続群書類従完成会　一九七〇～九四年
松田毅一監修　『十六・七世紀イエズス会日本報告集』第Ⅰ期第2巻　同朋舎出版　一九八七年
伊藤真昭・上田純一・原田正俊・秋宗康子編　『相国寺蔵西笑和尚文案』　思文閣出版　二〇〇七年
『新訂寛政重修諸家譜』　続群書類従完成会　一九六四～六七年
藤田恒春校訂　『増補駒井日記』　文献出版　一九九二年
「太閤素生記」（金沢市立玉川図書館別館近世史料館蔵）
『平姓杉原氏御系図附言』（『図書館叢書』二）　日出町立万里図書館　一九六八年
『多聞院日記』二～五（『増補続史料大成』三九～四二）　臨川書店　一九七八年
田中暁龍編　『輝資卿記　付雅継卿記』　宮帯出版社　二〇〇二年
『当代記・駿府記』（『史籍雑纂』）　続群書類従完成会　一九九五年
『言緒卿記』上・下（『大日本古記録』）　岩波書店　一九九五・九八年

『言経卿記』一〜一四（『大日本古記録』）　岩波書店　一九五九〜九一年
時慶記研究会編『時慶記』一〜五　臨川書店　二〇〇一〜一九年
『豊鑑』（『群書類従』二〇・合戦部）　続群書類従完成会　一九二七年
木下聡編『豊臣期武家口宣案集』　東京堂出版　二〇一七年
『豊臣秀吉文書集』一〜八　吉川弘文館　二〇一五〜二三年
小松茂美編『日本書蹟大鑑』　講談社　一九八〇年
松田毅一・川崎桃太編訳『フロイス日本史』　中央公論社　一九七七年
東京帝国大学史料編纂所編『豊太閤真蹟集』　東京帝国大学史料編纂所　一九三八年
『本光国師日記』一〜三　続群書類従完成会　一九六六〜六八年
『本藩歴譜』（『金沢市史』資料編三・近世一）　金沢市　一九九九年
『光豊公記』（『京都大学史料叢書』一九）　思文閣出版　二〇二二年
『明良洪範』全　国書刊行会　一九一二年
『森家先代実録』（『岡山県史』二五・津山藩文書）　岡山県　一九八一年
『泰重卿記』一〜三（『史料纂集』）　続群書類従完成会　一九九三〜二〇〇四年
『鹿苑日録』二〜五　続群書類従完成会　一九三四〜三六年

＊右以外に関しては、東京大学史料編纂所が所蔵する謄写本・影写本・写真帳・出版物等を利用した。

二　編著書・論文

朝尾直弘「北政所の生糸」（『朝尾直弘著作集』六、初出一九八四年）　岩波書店　二〇〇四年

跡部信「高台院と豊臣家」（『豊臣政権の権力構造と天皇』、初出二〇〇六年）　戎光祥出版　二〇一六年

伊藤真昭『京都の寺社と豊臣政権』（『日本仏教史研究叢書』）　法藏館　二〇〇三年

井上智勝『吉田神道の四百年―神と葵の近世史―』（『講談社選書メチエ』五四二）　講談社　二〇一三年

内田九州男「北政所・高台院の所領について」（『ねねと木下家文書』）　山陽新聞社　一九八二年

内田九州男「お祢の生涯」（『写真太閤記』）　保育社　一九八三年

遠藤元男『職人の歴史―その生活と技術―』（『日本歴史新書』）　至文堂　一九五六年

尾下成敏「信長在世期の御次秀勝をめぐって」（『愛知県史研究』一九）　二〇一五年

小和田哲男『北政所と淀殿―豊臣家を守ろうとした妻たち―』（『歴史文化ライブラリー』二七四）　吉川弘文館　二〇〇九年

金井静香「北政所考―中世社会における公家女性―」（『史林』九九―一）　二〇一六年

川上孤山著・荻須純道補述『増補妙心寺史』　思文閣出版　一九七五年

河内将芳『大政所と北政所』（『戎光祥選書ソレイユ』〇〇八）　戎光祥出版　二〇二二年
河内将芳『秀吉没後の豊臣と徳川―京都・東山大仏の変遷からたどる―』　談交社　二〇二三年
黒田基樹『近世初期大名の身分秩序と文書』　戎光祥出版　二〇一七年
黒田基樹『小早川秀秋』　戎光祥出版　二〇一七年
桑田忠親『淀君』（『人物叢書』）　吉川弘文館　一九五八年
桑田忠親『豊臣秀吉研究』　角川書店　一九七五年
桑田忠親編『読める年表』四・戦国織豊篇　自由国民社　一九八二年
櫻井成廣『豊臣秀吉の居城』聚楽第・伏見城編　日本城郭資料館出版会　一九七一年
櫻井成廣『豊臣女系図―哲学教授櫻井成廣の秀吉論考集―』　桃山堂　二〇一四年
佐藤暁・工藤智弘編著『北政所消息の研究』（『日出町史料叢書』一）　日出町史料叢書刊行会　一九八二年
曽根勇二『片桐且元』（『人物叢書』二二八）　吉川弘文館　二〇〇一年
谷口克広『織田信長家臣団人物辞典』　吉川弘文館　一九九五年
田端泰子『北政所おね―大坂の事は、ことの葉もなし―』（『ミネルヴァ日本評伝選』）　ミネルヴァ書房　二〇〇七年
津島市教育委員会編『大橋家史料目録』　津島市　一九八二年

津田三郎『北政所―秀吉歿後の波瀾の半生―』(『中公新書』一一九七)　中央公論社　一九九四年
角田文衛『日本の女性名―歴史的展望―』　教育社　一九八〇～八八年。のち国書刊行会、二〇〇六年復刊
中村孝也『秀吉北政所』(『千姫シリーズ』四)　国民文化研究会　一九七〇年
中村博司『豊臣政権の形成過程と大坂城』(『日本史研究叢刊』三四)　和泉書院　二〇一九年
野村玄『豊国大明神の誕生―変えられた秀吉の遺言―』　平凡社　二〇一八年
橋本政次『姫路城史』上　姫路城史刊行会　一九五二年。のち臨川書店、一九九四年復刊
人見彰彦「北政所(高台院)と木下家の人々」(『ねねと木下家文書』)　山陽新聞社　一九八二年
人見彰彦「足守木下家文書調査」(『岡山県史研究』五)　一九八三年
福田千鶴『淀殿―われ太閤の妻となりて―』(『ミネルヴァ日本評伝選』)　ミネルヴァ書房　二〇〇七年
福田千鶴「豊臣秀吉発給こぼ宛書状について」(『九州産業大学国際文化学部紀要』五二)　二〇一二年
福田千鶴『江の生涯―徳川将軍家御台所の役割―』(『中公新書』二〇八〇)

福田千鶴『豊臣秀頼』（『歴史文化ライブラリー』三八七）　中央公論新社　二〇一〇年
福田千鶴「高台院（浅野寧）に関する素描五点」（『九州大学文化史研究所紀要』六五）　吉川弘文館　二〇一四年　二〇二二年
藤井讓治編『織豊期主要人物居所集成』第二版　思文閣出版　二〇一六年
藤井讓治『徳川家康』（『人物叢書』三〇〇）　吉川弘文館　二〇二〇年
藤田恒春『豊臣秀次』（『人物叢書』二八〇）　吉川弘文館　二〇一五年
藤田恒春『小堀遠江守正一発給文書の研究』　東京堂出版　二〇一二年
堀新「北政所の実名」（堀新・井上泰至編『秀吉の虚像と実像』）　笠間書院　二〇一六年
三鬼清一郎「豊国社の造営に関する一考察」（『織豊期の国家と秩序』、初出一九八七年）　青史出版　二〇一二年
光成準治『小早川隆景・秀秋―消え候わんとて、光増すと申す―』（『ミネルヴァ日本評伝選』）　ミネルヴァ書房　二〇一九年
森岡栄一「羽柴於次秀勝について」（『市立長浜城歴史博物館年報』一）　一九八七年
山本浩樹「関ヶ原合戦と尾張・美濃」（谷口央編『関ヶ原合戦の深層』）　高志書院　二〇一四年

渡辺江美子「甘棠院桂林少夫人―豊臣秀吉養女小姫君―」(米原正義先生古稀記念論文集刊行会編『戦国織豊期の政治と文化』) 続群書類従完成会 一九九三年

渡辺世祐『豊太閤の私的生活』(『豊太閤と其家族』日本学術普及会、一九一九年を改稿) 創元社 一九三九年。のち『講談社学術文庫』四八二、講談社、一九八〇年復刊

三 参考資料・自治体史・図録

『伊吹町史』通史編上 伊吹町 一九九七年

『北野天満宮神宝展』 京都国立博物館 二〇〇一年

『九州に残った豊臣氏―豊後国・日出藩主木下家と北政所―』 高台寺掌美術館 二〇一四年

『秀吉とねねの寺 高台寺の名宝』 高台寺・朝日新聞社 一九九五年

『戦国の女たち―それぞれの人生―』 大阪城天守閣 一九九九年

『龍野市史』二 龍野市 一九八一年

『東寺の建造物―古建築からのメッセージ―』 東寺(教王護国寺)宝物館 一九九五年

『豊臣家ゆかりの〝天女の島〟―びわ湖竹生島の歴史と宝物―』 大阪城天守閣・長浜市長浜城歴史博物館 二〇二〇年

『ねねと木下家文書』 山陽新聞社 一九八二年

『羽柴秀吉と湖北・長浜』 長浜城歴史博物館 一九八八年

『旗本木下家資料ハンドブック』　名古屋市秀吉清正記念館　二〇〇四年
『東浅井郡志』　滋賀県東浅井郡教育会　一九二七年
『日出町誌』史料編二　日出町　一九八六年
『不死鳥の寺　三井寺』　総本山園城寺　一九九〇年
『芳春院まつの書状　増補改訂図録』　前田土佐守家資料館　二〇一七年
『ゆの山御てん―有馬温泉・湯山遺跡発掘調査の記録―』　神戸市教育委員会　二〇〇〇年

著者略歴

一九六一年　福岡県生まれ
一九九三年　九州大学大学院文学研究科博士課程後期中途退学
一九九七年　九州大学博士（文学）取得
国文学研究資料館・史料館助手、東京都立大学助教授、九州産業大学教授等を経て、
現在　九州大学基幹教育院教授

主要著書

『幕藩制的秩序と御家騒動』（校倉書房、一九九九年）
『淀殿』（ミネルヴァ書房、二〇〇七年）
『豊臣秀頼』（吉川弘文館、二〇一四年）
『近世武家社会の奥向構造』（吉川弘文館、二〇一八年）
『大奥を創った女たち』（吉川弘文館、二〇二二年）

人物叢書　新装版

高台院

二〇二四年（令和六）二月十日　第一版第一刷発行

著　者　福田千鶴（ふくだちづる）
編集者　日本歴史学会
代表者　藤田　覚
発行者　吉川道郎
発行所　株式会社 吉川弘文館
東京都文京区本郷七丁目二番八号
郵便番号一一三—〇〇三三
電話〇三—三八一三—九一五一〈代表〉
振替口座〇〇一〇〇—五—二四四
https://www.yoshikawa-k.co.jp/
印刷＝株式会社 平文社
製本＝ナショナル製本協同組合

ISBN978-4-642-05316-7

『人物叢書』（新装版）刊行のことば

人物叢書は、個人が埋没された歴史書が盛行した時代に、「歴史を動かすものは人間である。個人の伝記が明らかにされないで、歴史の叙述は完全であり得ない」という信念のもとに、専門学者に執筆を依頼し、日本歴史学会が編集し、吉川弘文館が刊行した一大伝記集である。

幸いに読書界の支持を得て、百冊刊行の折には菊池寛賞を授けられる栄誉に浴した。

しかし発行以来すでに四半世紀を経過し、長期品切れ本が増加し、読書界の要望にそい得ない状態にもなったので、この際既刊本の体裁を一新して再編成し、定期的に配本できるような方策をとることにした。既刊本は一八四冊であるが、まだ未刊である重要人物の伝記についても鋭意刊行を進める方針であり、その体裁も新形式をとることとした。

こうして刊行当初の精神に思いを致し、人物叢書を蘇らせようとするのが、今回の企図である。大方のご支援を得ることができれば幸せである。

昭和六十年五月

日本歴史学会

代表者　坂本太郎

日本歴史学会編集

人物叢書〈新装版〉

▽没年順に配列　▽一、四〇〇円〜三、五〇〇円（税別）
▽書目の一部は電子書籍、オンデマンド版もございます。詳しくは出版図書目録、または小社ホームページをご覧ください。

日本武尊　上田正昭著
継体天皇　篠川　賢著
聖徳太子　坂本太郎著
秦　河勝　井上満郎著
蘇我蝦夷・入鹿　門脇禎二著
天智天皇　森　公章著
額田王　直木孝次郎著
持統天皇　直木孝次郎著
柿本人麻呂　多田一臣著
藤原不比等　高島正人著
長屋王　寺崎保広著
大伴旅人　鉄野昌弘著
県犬養橘三千代　義江明子著
山上憶良　稲岡耕二著
藤原広嗣　北　啓太著
道　慈　曾根正人著
行　基　井上　薫著
橘　諸兄　中村順昭著
光明皇后　林　陸朗著
鑑　真　安藤更生著
藤原仲麻呂　岸　俊男著
阿倍仲麻呂　森　公章著
道　鏡　横田健一著
吉備真備　宮田俊彦著
早良親王　西本昌弘著
佐伯今毛人　角田文衛著
和気清麻呂　平野邦雄著
桓武天皇　村尾次郎著
坂上田村麻呂　高橋　崇著
最　澄　田村晃祐著
平城天皇　春名宏昭著
藤原冬嗣　虎尾達哉著
仁明天皇　遠藤慶太著
橘　嘉智子　勝浦令子著
円　仁　佐伯有清著
伴　善男　佐伯有清著
清和天皇　神谷正昌著
円　珍　佐伯有清著
菅原道真　坂本太郎著
聖　宝　佐伯有清著
三善清行　所　　功著
藤原純友　松原弘宣著
紀　貫之　目崎徳衛著
小野道風　山本信吉著
良　源　平林盛得著
藤原佐理　春名好重著
紫式部　今井源衛著
慶滋保胤　小原　仁著
一条天皇　倉本一宏著
大江匡衡　後藤昭雄著
源　信　速水　侑著
源　頼光　朧谷　寿著
藤原道長　山中　裕著
藤原行成　黒板伸夫著
藤原彰子　服藤早苗著
源　頼義　元木泰雄著
成　尋　水口幹記著
清少納言　岸上慎二著
和泉式部　山中　裕著
源　義家　安田元久著
大江匡房　川口久雄著
奥州藤原氏四代　高橋富雄著
藤原頼長　橋本義彦著
藤原忠実　元木泰雄著
源　頼政　多賀宗隼著
平　清盛　五味文彦著
源　義経　渡辺　保著
西　行　目崎徳衛著
後白河上皇　安田元久著
千葉常胤　福田豊彦著
源　通親　橋本義彦著
文　覚　山田昭全著
藤原俊成　久保田　淳著
畠山重忠　貫　達人著
法　然　田村圓澄著

栄西　多賀宗隼著
北条義時　安田元久著
大江広元　上杉和彦著
北条政子　渡辺保著
慈円　多賀宗隼著
明恵　田中久夫著
三浦義村　高橋秀樹著
藤原定家　村山修一著
北条泰時　上横手雅敬著
道元　竹内道雄著
北条重時　森幸夫著
親鸞　赤松俊秀著
北条時頼　高橋慎一朗著
日蓮　大野達之助著
阿仏尼　田渕句美子著
北条時宗　川添昭二著
一遍　大橋俊雄著
叡尊・忍性　和島芳男著
京極為兼　井上宗雄著
金沢貞顕　永井晋著
菊池氏三代　杉本尚雄著
新田義貞　峰岸純夫著
花園天皇　岩橋小弥太著
赤松円心・満祐　高坂好著
卜部兼好　冨倉徳次郎著
覚如　重松明久著
足利直冬　瀬野精一郎著
佐々木導誉　森茂暁著
二条良基　小川剛生著
細川頼之　小川信著
足利義満　臼井信義著
今川了俊　川添昭二著
足利義持　伊藤喜良著
世阿弥　今泉淑夫著
上杉憲実　田辺久子著
山名宗全　川岡勉著
経覚　酒井紀美著
一条兼良　永島福太郎著
亀泉集証　今泉淑夫著
蓮如　笠原一男著
宗祇　奥田勲著
尋尊　安田次郎著
万里集九　中川徳之助著
三条西実隆　芳賀幸四郎著
大内義隆　福尾猛市郎著
ザヴィエル　吉田小五郎著
三好長慶　長江正一著
今川義元　有光友學著
武田信玄　奥野高広著
朝倉義景　水藤真著
浅井氏三代　宮島敬一著
里見義堯　滝川恒昭著
上杉謙信　山田邦明著
織田信長　池上裕子著
明智光秀　高柳光寿著
大友宗麟　外山幹夫著
千利休　芳賀幸四郎著
松井友閑　竹本千鶴著
豊臣秀次　藤田恒春著
ルイス・フロイス　五野井隆史著
足利義昭　奥野高広著
前田利家　岩沢愿彦著
長宗我部元親　山本大著
安国寺恵瓊　河合正治著
石田三成　今井林太郎著
黒田孝高　中野等著
真田昌幸　柴辻俊六著
最上義光　伊藤清郎著
前田利長　見瀬和雄著
高山右近　海老沢有道著
島井宗室　田中健夫著
淀君　桑田忠親著
片桐且元　曽根勇二著
徳川家康　藤井讓治著
藤原惺窩　太田青丘著
支倉常長　五野井隆史著
高台院　福田千鶴著
徳川秀忠　山本博文著
伊達政宗　小林清治著
天草時貞　岡田章雄著
立花宗茂　中野等著

宮本武蔵　大倉隆二著
小堀遠州　森　蘊著
徳川家光　藤井譲治著
由比正雪　進士慶幹著
佐倉惣五郎　児玉幸多著
林　羅山　堀　勇雄著
松平信綱　大野瑞男著
国姓爺　石原道博著
野中兼山　横川末吉著
保科正之　小池　進著
隠　元　平久保章著
徳川和子　久保貴子著
酒井忠清　福田千鶴著
朱　舜水　石原道博著
池田光政　谷口澄夫著
山鹿素行　堀　勇雄著
井原西鶴　森　銑三著
松尾芭蕉　阿部喜三男著
三井高利　中田易直著
河村瑞賢　古田良一著
徳川光圀　鈴木暎一著
契　沖　久松潜一著
市川団十郎　西山松之助著
伊藤仁斎　石田一良著
徳川綱吉　塚本　学著
貝原益軒　井上　忠著
前田綱紀　若林喜三郎著

近松門左衛門　河竹繁俊著
新井白石　宮崎道生著
鴻池善右衛門　宮本又次著
石田梅岩　柴田　実著
太宰春台　武部善人著
徳川吉宗　辻　達也著
大岡忠相　大石　学著
賀茂真淵　三枝康高著
平賀源内　城福　勇著
与謝蕪村　田中善信著
三浦梅園　田口正治著
毛利重就　小川國治著
本居宣長　城福　勇著
山村才助　鮎沢信太郎著
木内石亭　斎藤　忠著
小石元俊　山本四郎著
山東京伝　小池藤五郎著
杉田玄白　片桐一男著
塙　保己一　太田善麿著
上杉鷹山　横山昭男著
大田南畝　浜田義一郎著
只野真葛　関　民子著
小林一茶　小林計一郎著
大黒屋光太夫　亀井高孝著
松平定信　高澤憲治著
菅江真澄　菊池勇夫著
鶴屋南北　古井戸秀夫著

島津重豪　芳　即正著
狩谷棭斎　梅谷文夫著
最上徳内　島谷良吉著
遠山景晋　藤田　覚著
渡辺崋山　佐藤昌介著
柳亭種彦　伊狩　章著
香川景樹　兼清正徳著
平田篤胤　田原嗣郎著
間宮林蔵　洞　富雄著
滝沢馬琴　麻生磯次著
調所広郷　芳　即正著
橘　守部　鈴木暎一著
黒住宗忠　原　敬吾著
水野忠邦　北島正元著
帆足万里　帆足図南次著
江川坦庵　仲田正之著
藤田東湖　鈴木暎一著
二宮尊徳　大藤　修著
広瀬淡窓　井上義巳著
大原幽学　中井信彦著
島津斉彬　芳　即正著
月　照　友松圓諦著
橋本左内　山口宗之著
井伊直弼　吉田常吉著
吉田東洋　平尾道雄著
緒方洪庵　梅溪　昇著
佐久間象山　大平喜間多著

真木和泉　山口宗之著
高島秋帆　有馬成甫著
シーボルト　板沢武雄著
高杉晋作　梅溪　昇著
川路聖謨　川田貞夫著
横井小楠　圭室諦成著
小松帯刀　高村直助著
山内容堂　平尾道雄著
江藤新平　杉谷　昭著
和宮　武部敏夫著
西郷隆盛　田中惣五郎著
ハリス　坂田精一著
森有礼　犬塚孝明著
松平春嶽　川端太平著
中村敬宇　高橋昌郎著
河竹黙阿弥　河竹繁俊著
寺島宗則　犬塚孝明著
樋口一葉　塩田良平著
ジョセフ＝ヒコ　近盛晴嘉著
勝海舟　石井　孝著
臥雲辰致　村瀬正章著
黒田清隆　井黒弥太郎著
伊藤圭介　杉本　勲著
福沢諭吉　会田倉吉著
星亨　中村菊男著
中江兆民　飛鳥井雅道著
西村茂樹　高橋昌郎著
正岡子規　久保田正文著
清沢満之　吉田久一著
滝廉太郎　小長久子著
副島種臣　安岡昭男著
田口卯吉　田口　親著
福地桜痴　柳田　泉著
陸羯南　有山輝雄著
児島惟謙　田畑　忍著
荒井郁之助　原田　朗著
幸徳秋水　西尾陽太郎著
ヘボン　高谷道男著
石川啄木　岩城之徳著
乃木希典　松下芳男著
岡倉天心　斎藤隆三著
桂太郎　宇野俊一著
徳川慶喜　家近良樹著
加藤弘之　田畑　忍著
山路愛山　坂本多加雄著
伊沢修二　上沼八郎著
秋山真之　田中宏巳著
前島密　山口　修著
成瀬仁蔵　中嶌　邦著
前田正名　祖田　修著
大隈重信　中村尚美著
山県有朋　藤村道生著
大井憲太郎　平野義太郎著
河野広中　長井純市著
富岡鉄斎　小高根太郎著
大正天皇　古川隆久著
津田梅子　山崎孝子著
豊田佐吉　楫西光速著
渋沢栄一　土屋喬雄著
有馬四郎助　三吉　明著
武藤山治　入交好脩著
坪内逍遙　大村弘毅著
山室軍平　三吉　明著
阪谷芳郎　西尾林太郎著
南方熊楠　笠井　清著
山本五十六　田中宏巳著
中野正剛　猪俣敬太郎著
三宅雪嶺　中野目　徹著
近衛文麿　古川隆久著
河上肇　住谷悦治著
牧野伸顕　茶谷誠一著
幣原喜重郎　種稲秀司著
御木本幸吉　大林日出雄著
尾崎行雄　伊佐秀雄著
緒方竹虎　栗田直樹著
中田薫　北　康宏著
石橋湛山　姜　克實著
八木秀次　沢井　実著
森戸辰男　小池聖一著

▽以下続刊